「源氏物語」を7日で制覇する

この一冊で受験古文は完全クリア！

著
板野博行
東進ハイスクール講師
アルス工房主宰

ダイヤモンド社

前書き

大学入試出典不動の一位は『源氏物語』

過去20年以上にわたり大学入試を調査した結果、古文出典の不動の一位は予想通り『源氏物語』でした。ちなみに二位は『徒然草』、三位は『枕草子』で、このベスト3の順位はほぼ不動と言ってもいいでしょう。

上位大学ほど『源氏物語』の出題は増加! もちろん東大だって。

特に上位大学では『源氏物語』が出題される確率は高くなります。東大・早稲田大をはじめ、毎年『源氏物語』を出題する国学院大などを受験する生徒にとっては、『源氏物語』の制覇は欠かすことができません。国公立大学と私大上位大学においては出題率は約10%にものぼります。

❖『源氏物語』制覇の鍵ベスト5

しかし問題は54巻にも及ぶ長編物語の『源氏物語』をどうやって制覇するかということです。この『源氏物語を7日で制覇する』では、以下のような五つの工夫を凝らしました。

❶ 巻ごとではなく「人物中心の物語」にすることで、面白く読める

❷ 入試頻出箇所はわかりやすく「漫画化」する

❸ 受験生の苦手な「和歌」をピックアップし、解釈と入試にでるポイントの説明を加える

❹ 入試頻出のポイントを一目でわかるよう図式化する

❺ 入試頻出箇所を見開きの形（古文⬍現代語訳）で読みやすくまとめる

以上のような工夫を凝らし、まずは楽しく『源氏物語』を読んでもらえる本にしました。源氏の登場人物をなるべく強く印象付けるよう、ややデフォルメしたり著者の感想を書き加えたりもしました。

また漫画とイラスト部分は個性の異なる4人のイラストレーターの合作になるもので、一人の描き手では判別しにくい大勢のキャラクターの個性が、一目で分かるようになっているはずです。

『源氏物語』制覇の最大の鍵は人物把握にあり！

大学入試で『源氏物語』が出題された場合、受験生が最も困るのが、人物関係です。そこでこの本でそれぞれの人物の個性を把握し、どういう人物関係が書かれているのかをつかむことで『源氏物語』を攻略してください。

今日から7日で『源氏物語』を制覇だ！

『源氏物語』が入試にでたらどうしよう、と心配していた人も、この本を読めば7日で源氏を制覇できます。それどころか『源氏物語』通にまでなってしまうこと請け合いです。では楽しく『源氏物語』の世界に入っていきましょう。

目次

❖ 本書の使い方 ❖

❶ 各章の扉

各章の主人公キャラを中心に、その人物を**わかりやすく特徴づけ**ました。

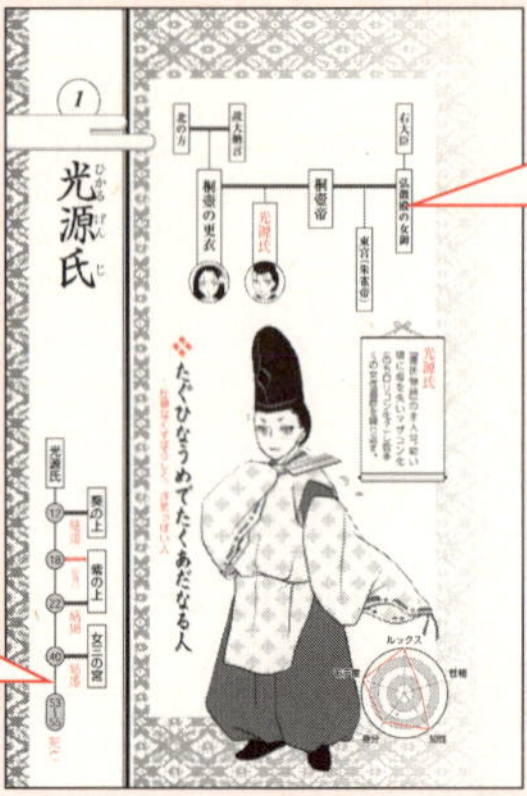

‖は夫婦関係
‖は恋人関係

○の中の数字は年齢

❷ 21人の物語

『源氏物語』の主要人物21人の物語です。入試でポイントとなる**「話の流れ」**と**「人物関係」**を押さえよう！

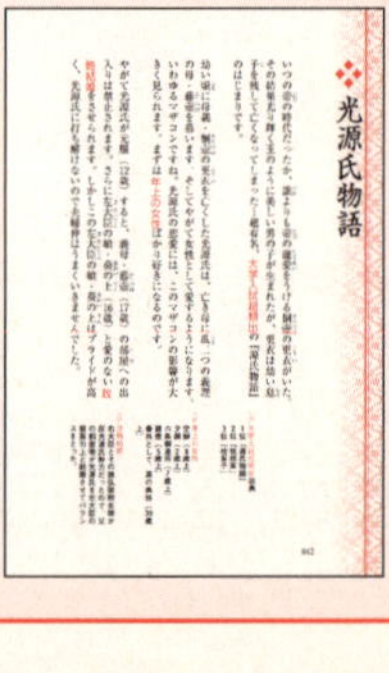

❸ マンガ

入試最頻出箇所を**マンガ化**しました。楽しく読んで得点力アップをはかろう！

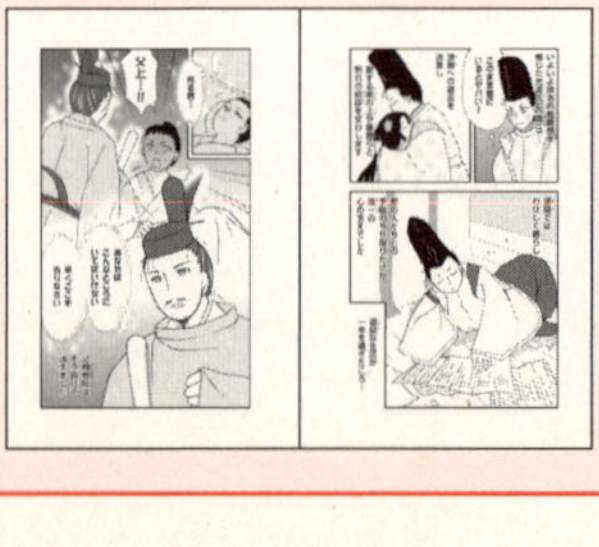

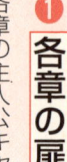

④ 和歌

各人物の詠んだ和歌で、入試頻出のものを選んで解説を加えました。「入試ポイント」「和歌の技法」をよ〜く読んで和歌を完全マスターしよう！

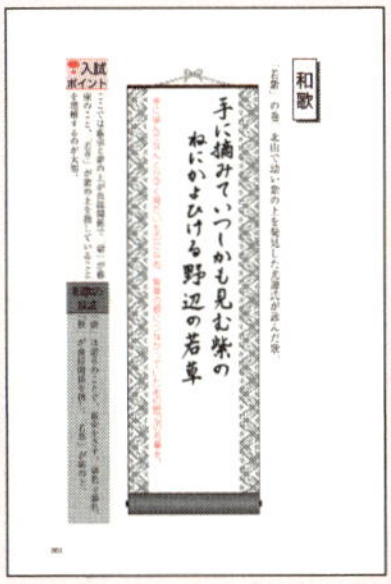

⑤ 入試頻出古文

『源氏物語』中の入試頻出箇所をピックアップしました。見開き対照で古文と現代語訳を載せています。覚えるまで読もう！

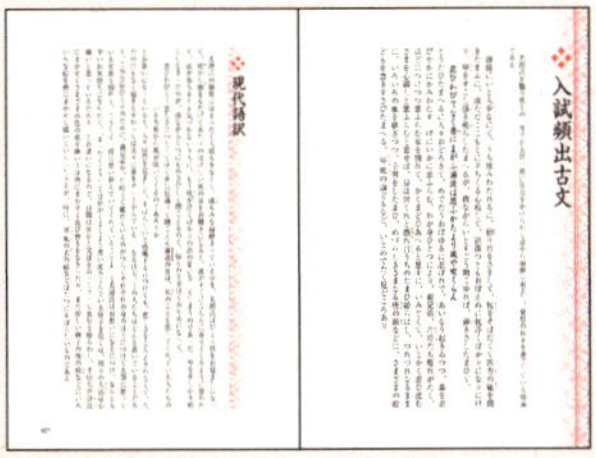

⑥ ダイジェスト21人

各章の人物をダイジェストし、さらに「入試ポイント」を加えました。ここだけ読んでも『源氏物語』を理解できるというすぐれモノのページです。

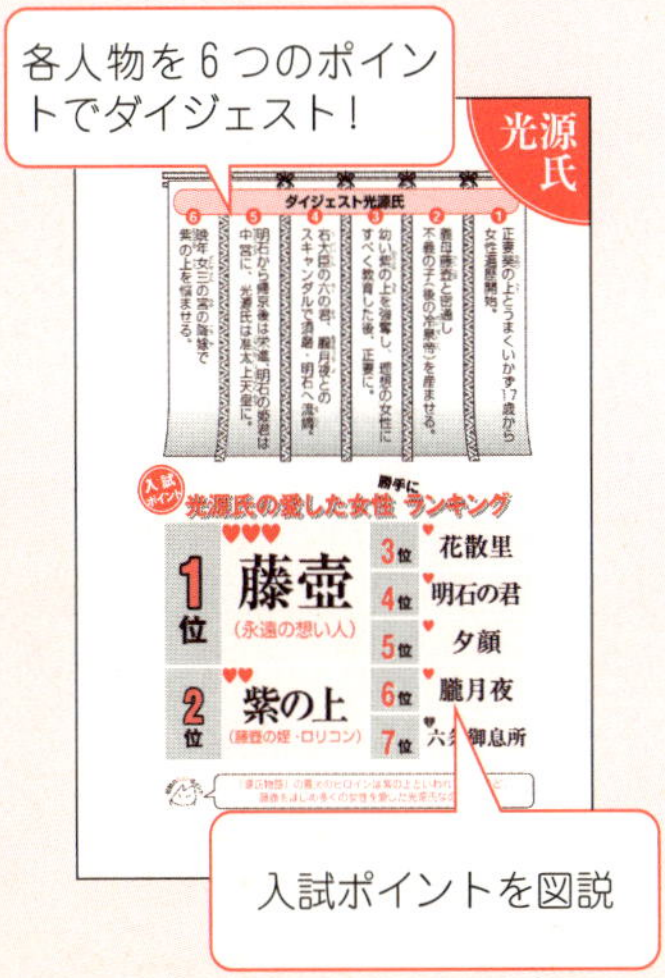

⑦ 巻末おまけ

巻末に「人物関係図」と「年表」のおまけ付き！

『源氏物語』入試出題箇所ベスト10

1位	「須磨《すま》」	朧月夜との一件で右大臣とその娘弘徽殿の女御からの圧迫を受けた光源氏は、自ら須磨へ退居する。そして須磨ではわずかな供とともに侘しい生活に耐え忍ぶ。都の女性たちとの手紙のやり取りだけが心の支えであった。
2位	「夕顔《ゆうがお》」	五条に住む乳母の病気見舞いに訪れた光源氏は、夕顔の花の咲く隣家の女性に興味を持つ。それが夕顔であり、二人は恋に落ちる。ある日光源氏は夕顔を廃院に連れ出すが、六条御息所の物の怪が現れて夕顔は取り殺されてしまう。
3位	「明石《あかし》」	光源氏の夢に亡父桐壺院が現れ須磨を去るように諭す。夢のお告げで訪れた明石の入道に導かれ、光源氏は明石へと移る。明石の君と契り翌年明石の君は懐妊するが、折しも光源氏に召還の宣旨が下り、三年ぶりに都へ帰る。
4位	「桐壺《きりつぼ》」	桐壺の更衣が桐壺帝の寵愛を一身に受け光源氏を産む。しかし後見のない桐壺の更衣は弘徽殿の女御らのいじめを受けて病気になり、光源氏が3歳の時にこの世を去る。光源氏は東宮争いを避けるために臣下に下る。
5位	「薄雲《うすぐも》」	光源氏は明石の君との間の娘の将来を考え、実母から引き離し、紫の上の養女とすることを決意する。明石の君は泣く泣く姫君を手放して光源氏に託す。二条院に迎えられた姫君は次第に紫の上になついていく。
6位	「葵《あおい》」	桐壺帝から朱雀帝への御代がわりの翌年、葵祭の御禊の儀で光源氏の愛人六条御息所と正妻葵の上との間で車争いが起きる。辱められた六条御息所は生霊となって葵の上を苦しめる。葵の上は夕霧出産後急逝する。
7位	「若紫《わかむらさき》」	夕顔死亡後、病気になった光源氏は加持を受けるため北山に赴き、そこで10歳くらいの美しい紫の上を見いだし、後に略奪さながら二条院に迎えとる。一方、光源氏は義母藤壺と不義密通を犯し藤壺は懐妊してしまう。
8位	「橋姫《はしひめ》」	桐壺帝の皇子で落魄した八の宮という人が宇治にいた。北の方に先立たれ、二人の姫君（大君・中の君）を養育しつつ俗世のまま仏道修行していた。薫君は八の宮と親交を結び、三年後姉妹を垣間見て姉の大君に恋をする。
9位	「少女《おとめ》」	光源氏の嫡男夕霧が12歳で元服し大学に入学する。夕霧は雲居の雁と相思相愛の仲になるが、雲居の雁の父頭の中将に仲を裂かれる。壮大な六条院が完成し、四季の町に紫の上、花散里、秋好中宮、明石の君を住まわせる。
10位	「若菜上《わかなじょう》」	朱雀院は出家をするにあたり、娘の女三の宮の将来を案じて光源氏に託す。女三の宮の降嫁により紫の上は苦しむが、40歳の光源氏は14歳の女三の宮の幼さに失望する。一方柏木は女三の宮を垣間見て恋をする。

1

光《ひかる》源《げん》氏《じ》

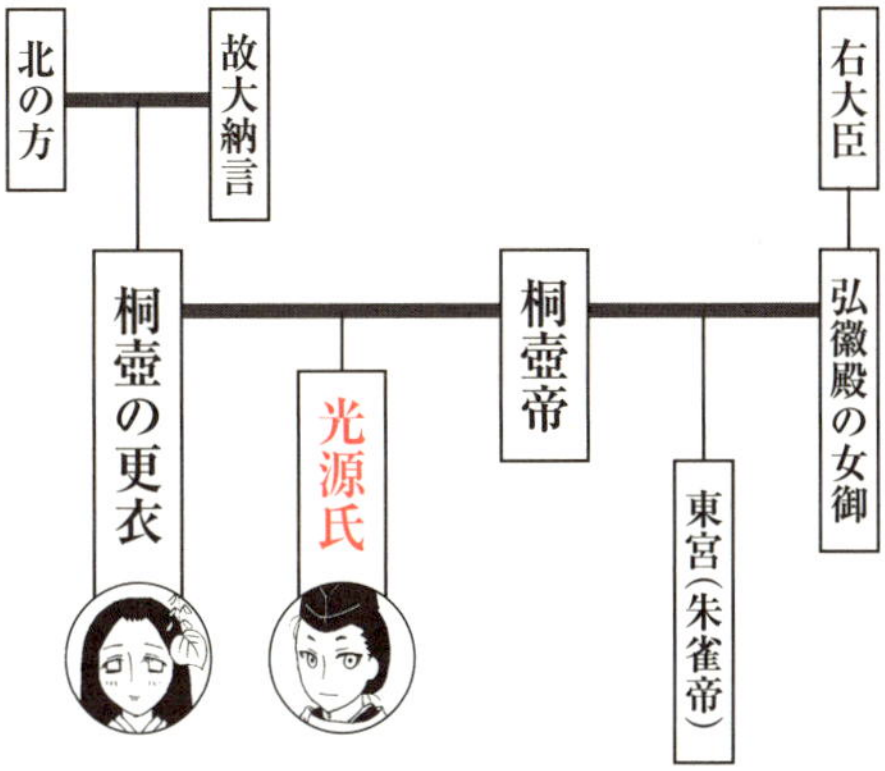

たぐひなうめでたくあだなる人

…比類なくすばらしく、浮気っぽい人

光源氏
『源氏物語』の主人公。幼い頃に母を失いマザコン化（のちロリコン化？）し数多くの女性遍歴を繰り返す。

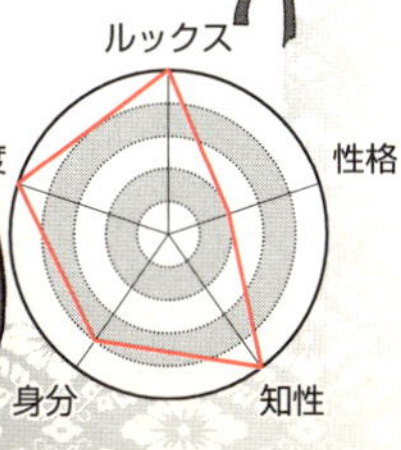

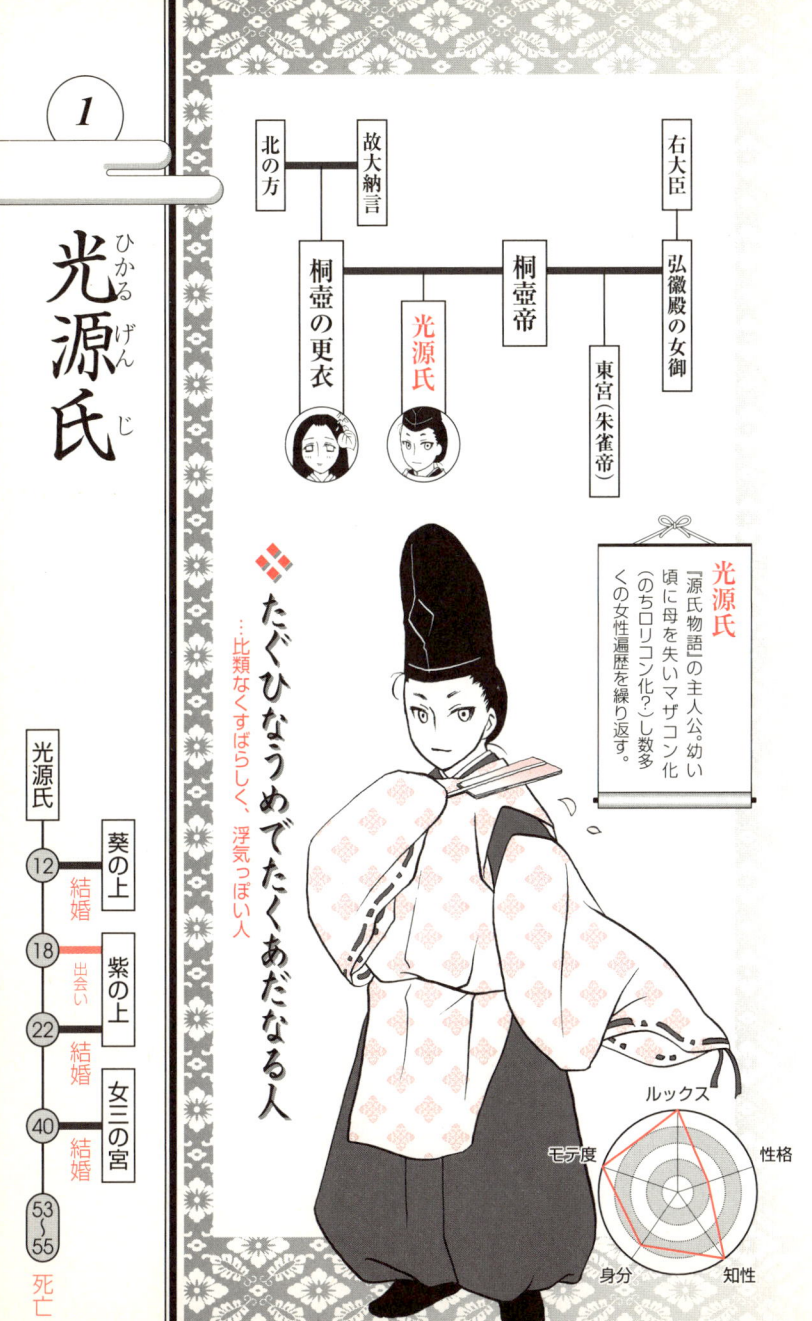

光源氏物語

いつの帝《みかど》の時代だったか、誰《だれ》よりも帝《みかど》の寵愛《ちょうあい》をうける桐壺《きりつぼ》の更衣《こうい》という女性がいた。その結果光輝く玉のように美しい男の子が生まれたが、更《こう》衣《い》は幼い息子《むすこ》を残して亡くなってしまった…超有名、大学入試超頻出の『源氏物語』のはじまりです。

幼い頃に母親桐壺《きりつぼ》の更衣《こうい》を亡くした光源氏は、亡き母に瓜《うり》二つの義理の母藤壺《ふじつぼ》を慕います。そしてやがて女性として愛するようになります。いわゆるマザコンですね。光源氏の恋愛には、このマザコンの影響が大きく見られます。まずは年上の女性ばかり好きになるのです。

やがて光源氏が元服（12歳）すると、義母藤壺《ふじつぼ》（17歳）の部屋への出入りは禁止されます。さらに左大臣《さだいじん》の娘葵《あおい》の上《うえ》（16歳）と愛のない政略結婚をさせられます。しかしこの左大臣《さだいじん》の娘葵《あおい》の上《うえ》はプライドが高く、光源氏に打ち解けないので夫婦仲はうまくいきませんでした。

☞大学入試超頻出出典ベスト3
1位『源氏物語』
2位『徒然草』
3位『枕草子』

☞年上の女性
空蝉（8歳上）
夕顔（2歳上）
六条御息所（7歳上）
藤壺（5歳上）
番外として、源の典侍（39歳上）

☞政略結婚
右大臣とその娘弘徽殿の女御が反光源氏勢力だったので、父の桐壺帝が光源氏を左大臣の娘葵の上と結婚させてバランスをとった。

ああ、藤壺《ふじつぼ》様に逢《あ》いたい！　葵《あおい》の上《うえ》はイヤだな…。そして光源氏は17歳になり、恋の季節を迎えます。

寂しい光源氏は義兄頭《とう》の中将《ちゅうじょう》などに刺激され、中流階級の人妻空蟬《うつせみ》（25歳）を好きになり関係をもちます。しかし空蟬《うつせみ》は自らの身分や運命をわきまえ、一度きりの関係のみで二度と光源氏に逢《あ》おうとはしませんでした。光源氏はきっぱりふられちゃいました。

その後、前の皇太子の妻で未亡人の六条御息所《ろくじょうのみやすんどころ》（24歳）と恋愛しますが、この六条御息所《ろくじょうのみやすんどころ》もプライドの高い女性でした。しかも嫉妬《しっと》心が強くてマジな恋愛観の持ち主でした。光源氏は重すぎる愛に耐えかねて彼女の元から足が遠のくようになっていきます。

そんなある日偶然通りかかった五条の邸《やしき》で光源氏は夕顔《ゆうがお》（19歳）と出会います。若い二人は互いに素性《すじょう》を明かさないまま、ただ運命に身をまかせて愛し合います。ところが、嫉妬《しっと》に狂った六条御息所《ろくじょうのみやすんどころ》の魂が生霊《いきりょう》となり、光源氏の隣で眠っている夕顔《ゆうがお》を取り殺してしまいます。

恋の季節
17歳からの光源氏の恋愛。主に愛した女性は藤壺、空蟬、夕顔、六条御息所、末摘花、紫の上、朧月夜。

生霊
夕顔の他に、葵の上、紫の上、女三の宮と光源氏の正妻たちを嫉妬して次々に襲う。

愛する夕顔《ゆうがお》ちゃんが死んじゃったよ〜。ショックから光源氏は病に倒れます。その後この夕顔《ゆうがお》が義兄頭《とう》の中将《ちゅうじょう》の元愛人であり、娘玉鬘《たまかずら》がいることを光源氏は知りました。

18歳になった光源氏は、春になって北山に病気の祈禱《きとう》にでかけます。夕《ゆう》顔《がお》の死のショックで死にそうになっていたのです。その途中で想《おも》い人藤《ふじ》壺《つぼ》によく似た少女を見かけビックリ仰天!!　早速その少女の素性《すじょう》を調べてみると、なんと**藤壺《ふじつぼ》の姪《めい》**でした。そう、彼女こそまだ10歳の姫君、後の紫《むらさき》の上《うえ》なのです。ここで光源氏の恋愛のもう一つの大きな特徴としてロリコンの傾向が現れます。

マザコン＋ロリコン＝理想の女性＝紫《むらさき》の上《うえ》、となるのですね。

さて、まだ紫《むらさき》の上《うえ》が若すぎて手に入らなかった光源氏は都に戻り、ライバルの頭《とう》の中将《ちゅうじょう》と女性の奪い合いを演じます。一人は末摘花《すえつむはな》という女性。もう一人は源《げん》の典侍《ないしのすけ》という女性ですが、どちらも個性的でした。

藤壺の姪
紫の上の父親式部卿の宮は藤壺の兄。

まず末摘花《すえつむはな》は高貴で美しいと評判の女性でした。そこで光源氏は猛烈にアタックし、頭《とう》の中将《ちゅうじょう》との争奪戦に勝ちます。しかしいざ結ばれてみるとビックリ仰天！　とんでもなく不器量な女性だったのです。これには光源氏も腰を抜かしてしまいます。

もう一人の女性、源《げん》の典侍《ないしのすけ》はなんと57歳のおばあちゃん。なにをトチ狂ったか、若い貴公子二人がこのおばあちゃんを巡《めぐ》って恋の争奪戦！　結果は両者引き分け、というか源《げん》の典侍《ないしのすけ》に振り回されて終わります。これには光源氏も頭《とう》の中将《ちゅうじょう》も楽しく苦笑いです。

そんなこんなしている間も義母藤壺《ふじつぼ》への想《おも》いを断ち切れない光源氏（18歳）は、ついに藤壺《ふじつぼ》の部屋に強引に押し入り契《ちぎ》ってしまいます。

ひと夏の経験…義理とはいえ、親子。罪の意識に苦しむ二人ですが、光源氏はその後も藤壺《ふじつぼ》に迫《せま》ります。その結果、藤壺《ふじつぼ》は懐妊し、翌年に皇子（後の冷泉帝《れいぜいてい》）を出産します。

☞末摘花
故常陸の宮の娘。その醜貌や古風な頑固さを批判されるが、黒髪と内面の律義さ美しさを光源氏に愛された。

☞源の典侍
好色の老女。57〜58歳。光源氏と頭の中将との滑稽な三角関係を形成した。光源氏が恋したというよりも、源の典侍に手玉に取られたというのが正解。

同じ年の冬、北山で見かけた姫君を育てていた尼君が亡くなったために、光源氏はこの薄幸の紫の上（11歳）を二条院に引き取り、自分の理想の女性にすべく大切に育てます。すごい計画ですね。

20歳になった光源氏は桜の花の宴のあった夜、右大臣《うだいじん》の六番目の娘で入内《じゅだい》予定の朧月夜《おぼろづきよ》と出会い、甘美な一夜をともにします。スリルある恋愛です。敵方右大臣《うだいじん》の娘との恋愛ですからね。ゾクゾクします。

光源氏が22歳の春、父桐壺帝《きりつぼてい》が譲位することになり、兄朱雀帝《すざくてい》が即位しました。藤壺《ふじつぼ》との不義の子は東宮《とうぐう》となり、藤壺《ふじつぼ》と光源氏は複雑な思いで見守ります。この年、正妻葵《あおい》の上《うえ》（26歳）が懐妊します。嫌い嫌いと言いながらこれか…。と言っても光源氏もやはり人の子。懐妊した葵《あおい》の上《うえ》との間に夫婦の愛情が芽生えてきます。

ところが、ここで現れるのがあの六条御息所《ろくじょうのみやすんどころ》です。不運にも葵《あおい》の上《うえ》は車争いの事件で六条御息所《ろくじょうのみやすんどころ》の恨みを買ってしまい、息子《むすこ》夕霧《ゆうぎり》を出産した後に六条御息所《ろくじょうのみやすんどころ》の生霊《いきりょう》に乗り移られ、それが原因で急死しま

二条院
桐壺の更衣の実家を改築した光源氏の自邸。内裏から結構近い（内裏の南門である朱雀門から歩いて10分くらい）。

朧月夜
父右大臣や姉弘徽殿の女御の政略によって、甥の朱雀帝の妃候補となるが、それに納得できず政敵光源氏と恋愛する。

車争い
葵祭の御禊の儀の見物時に起こった葵の上と六条御息所の車の場所取り争い。正妻葵の上が勝利して六条御息所のプライドはひどく傷つく。

す。夕顔《ゆうがお》に次いで六条御息所《ろくじょうのみやすんどころ》の生霊《いきりょう》二人目の犠牲者です。

葵《あおい》の上《うえ》が亡くなったために正妻のいなくなった光源氏（22歳）はその年の冬、大切に養育され美しく成長した**紫《むらさき》の上《うえ》**（15歳）と結婚します。結果的には光源氏にとって喜ぶべき事態ですね。

光源氏23歳の冬、父桐壺院《きりつぼいん》が亡くなります。困ったのは藤壺《ふじつぼ》です。桐壺《きりつぼ》院《いん》という強力な**後見《うしろみ》**のいなくなった藤壺《ふじつぼ》は、息子《むすこ》（東宮《とうぐう》）のために「出家する」という道を選択します。これは光源氏の愛を退けつつ実父の光源氏の後見を受けるための最後の手段でした。聡明《そうめい》な彼女らしいナイスな判断です。

これに驚き悲しんだのは光源氏でした。藤壺《ふじつぼ》の出家により、想《おも》いを実現することがかなわなくなった光源氏（25歳）は、朱雀帝《すざくてい》に入内《じゅだい》した朧月《おぼろづき》夜《よ》とあいかわらず密会を重ねていました。おいおい、やばいよ~、今は右大臣《うだいじん》一派の時代だよ~。ということで、予想通り右大臣《うだいじん》と弘徽殿《こきでん》の大《おお》后《きさき》に知られてしまい、光源氏の政治的立場が危なくなります。

紫の上
藤壺の姪にあたり、幼い頃孤児同然となった紫の上を光源氏が強引に二条邸に引き取って愛育した。

後見
実権を握った弘徽殿の女御が藤壺に嫌がらせをはじめた。桐壺院という強力な後見を失った東宮と藤壺は公的な後見として光源氏を頼っている。

いよいよ政治的危機感を感じた光源氏(26歳《さい》)は…
このまま都にいるとヤバい!
須磨《すま》への退居を決意し
愛する紫《むらさき》の上《うえ》や藤壺《ふじつぼ》らと別れの挨拶《あいさつ》を交わします
須磨《すま》ではわびしく暮らし
都の人たちとの手紙のやり取りだけが唯一《ゆいいつ》の心の支えでした
退屈《たいくつ》な生活が一年を過ぎたころ…

光る君…
父上…!!
あなたは こんなところに いてはいけない
早くここを 去りなさい
亡父《ぼうふ》桐壺院《きりつぼいん》は 夢の中で そう告げて 消えました

夢のお告げで須磨《すま》を離れた光源氏（27歳）は、明石《あかし》の入道《にゅうどう》の案内で明石《あかし》にたどり着きます。実は明石《あかし》の入道《にゅうどう》にも夢のお告げがあったのです。明石《あかし》の入道《にゅうどう》の強い願いで娘の明石《あかし》の君《きみ》（18歳）と結婚した光源氏は、毎晩のように愛し合い、明石《あかし》の君《きみ》はめでたく懐妊します。

都のことなんか忘れたかのように幸せいっぱいの光源氏でしたが、都に戻ってもいいよ～という知らせを受けて、妊娠中の明石《あかし》の君《きみ》を残して三年ぶりに都に戻ります。光源氏がいない間、**朱雀帝《すざくてい》**は病気になり、都も天災に見舞われていたのです。

光源氏（28歳）が帰還すると、朱雀帝《すざくてい》（32歳）は譲位して藤壺《ふじつぼ》の子、冷泉帝《れいぜいてい》（11歳）が即位します。光源氏は幼い帝《みかど》の補佐として**内大臣《ないだいじん》**に昇進します。右大臣《うだいじん》一派は没落し、左大臣《さだいじん》一派の天下が訪れました。

光源氏が都に戻った後、明石《あかし》の君《きみ》（22歳）が女の子（**明石《あかし》の姫君《ひめぎみ》**）を出産します。光源氏はその娘の将来のことを考えて、身分の高い紫《むらさき》の上《うえ》（23歳）に養育させることにしました。

朱雀帝
桐壺院と弘徽殿の大后の息子。光源氏の異母兄。祖父右大臣と母弘徽殿の大后の強力な後見により帝になるが、光源氏に比べると平凡。

内大臣
左右大臣の下の地位。ナンバー3の地位。「うちのおとど」とも。

明石の姫君
後に今上帝に入内し、中宮にまでのぼりつめた。光源氏の娘が中宮になるという予言を見事達成。

光源氏32歳の春、藤壺《ふじつぼ》（37歳）が亡くなりました。光源氏は大ショックです。それにも増してショックだったのは冷泉帝《れいぜいてい》です。自分の出生の秘密を知ってしまったのです。冷泉帝《れいぜいてい》は実父光源氏に譲位をほのめかしますが、事実を知られた光源氏はただ困惑し、辞退するのでした。

光源氏35歳の秋、この世の極楽ともいえる六条院が完成しました。紫《むらさき》の上《うえ》と光源氏は春の町、花散里《はなちるさと》が夏の町、秋好中宮《あきこのむちゅうぐう》が秋の町、そして明石《あかし》の君《きみ》が冬の町に移り住みました。さながらハーレム状態です。

このころ亡き夕顔《ゆうがお》の忘れ形見、玉鬘《たまかずら》を偶然発見した光源氏は、実の父内大臣《ないだいじん》（かつての頭《とう》の中将《ちゅうじょう》）に内緒で六条院に引き取ってしまいます。夕顔《ゆうがお》に似て美しかったからなんですね。また光源氏の悪い癖がでたか…。

光源氏39歳の冬、朱雀院《すざくいん》（42歳）は床に臥《ふ》し、残していく女三《おんなさん》の宮《みや》の結婚について悩んでいました。そして悩んだ結果、光源氏に女三《おんなさん》の宮《みや》の後見《うしろみ》を依頼することにしました。光源氏としては生涯の伴侶《はんりょ》と決めた紫《むらさき》の上《うえ》のことや、自らがすでに老齢であることを理由に断ろうと思っていま

六条院
光源氏は六条御息所の娘の後見をした縁から、六条の地に極楽浄土のような六条院の大邸宅を造築した。光源氏の栄華の象徴ともいえる。内裏からは二条院の倍以上離れた所にある。ちなみに左京区。

玉鬘
『源氏物語』の中のかぐや姫といわれている。六条院に引き取られてからは多くの男性から求婚されるモテモテ女。しかし鬚黒の大将と結婚後は子沢山の母。

したが、死に臨んでいる義兄朱雀院《すざくいん》の頼みなのでついに承知します。

40歳の光源氏に14歳の女三《おんなさん》の宮《みや》が正妻として降嫁《こうか》したのです。

それ以来、紫《むらさき》の上《うえ》は光源氏への愛に不信を抱き、病気がちになってしまいます。さらに六条《ろくじょうの》御息所《みやすんどころ》の物《もの》の怪《け》が紫《むらさき》の上《うえ》を襲います。被害者三人目です。死んでも出てくるか…執念深いやつ。

一方、光源氏は期待していた女三《おんなさん》の宮《みや》が、幼い頃の紫《むらさき》の上《うえ》と比べてもあまりにも幼稚過ぎることに落胆します。そして逆に紫《むらさき》の上《うえ》への愛を再認識したのですが、その間に女三《おんなさん》の宮《みや》と柏木《かしわぎ》が密通し、女三《おんなさん》の宮《みや》は懐妊してしまいます。

これにはさすがに光源氏もショックを受けます。若き日に自らが犯した罪への報いであると感じた光源氏でした。しかしちゃんと柏木《かしわぎ》には報復し、気の弱い柏木《かしわぎ》は光源氏におののいて病気になり、ついには死んでしまいます。

正妻
後見のいない紫の上は正妻格にすぎず、朱雀院という強力な後見のいる女三の宮が正妻となる。全ては身分で決まる時代。

密通
内大臣の息子柏木は以前から好意を寄せていた女三の宮への想いを断ち切れず、光源氏の留守をねらって女三の宮を強引に犯した。

自らが犯した罪
光源氏は若き日に義理の母藤壺と不義密通し、息子(後の冷泉帝)まで産ませている。父桐壺院は気づくことなく崩御。これが光源氏と藤壺の一生の罪の意識となる。

死を予感する紫《むらさき》の上《うえ》は
残りの人生を
仏道に専心したいと考え
ひたすら出家を
願いますが…
光源氏は
決して許そうとは
しませんでした
愛する人と
この世で別れることだけは
したくなかったのです

光源氏 51歳の秋
紫《むらさき》の上《うえ》(43歳)は養女明石の中宮に手を取られて亡くなります
最愛の妻を失った光源氏の悲しみは深く出家を思いながら呆然と暮らすようになります

和歌

「若紫《わかむらさき》」の巻。北山で幼い紫《むらさき》の上《うえ》を発見した光源氏が詠んだ歌。

手に摘みていつしかも見む紫の
ねにかよひける野辺の若草

手に摘んでなんとか早く見たいものだなあ、紫草の根につながっていたあの野辺の若草を。

入試ポイント

ここでは藤壺《ふじつぼ》と紫《むらさき》の上《うえ》が血縁関係で「紫」が藤《ふじ》壺《つぼ》のこと、「若草」が紫《むらさき》の上《うえ》を指していることを理解するのが大切。

和歌の技法

「紫」は紫草のことで、藤壺《ふじつぼ》をさす。紫色≒藤色。「ね(根)」が血縁関係を指し、「若草」が紫《むらさき》の上《うえ》。

入試頻出古文

光源氏が朧月夜との一件で右大臣一派に圧力をかけられて京から須磨《すま》に退居し、憂愁の日々を過ごしている場面である。

御前にいと人少《すく》なにて、うち休みわたれるに、独《ひと》り目をさまして、枕《まくら》をそばだてて四方《よも》の嵐《あらし》を聞きたまふに、波ただここもとに立ちくる心地して、涙落つともおぼえぬに枕浮くばかりになりにけり。琴《きん》をすこし掻《か》き鳴《な》らしたまへるが、我ながらいとすごう聞こゆれば、弾《ひ》きさしたまひて、

恋ひわびてなく音《ね》にまがふ浦波は思ふかたより風や吹くらん

とうたひたまへるに人々おどろきて、めでたうおぼゆるに忍《しの》ばれで、あいなう起きゐつつ、鼻を忍びやかにかみわたす。げにいかに思ふらむ、わが身ひとつにより、親兄弟《はらから》、片時《かたとき》たち離れがたく、ほどにつけつつ思ふらむ家を別れて、かくまどひあへると思すに、いみじくて、いとかく思ひ沈むさまを心細しと思《おぼ》ふらむと思せば、昼は何くれと戯《たはぶ》れ言《ごと》うちのたまひ紛《まぎ》らはし、つれづれなるままに、いろいろの紙を継ぎつつ、手習をしたまひ、めづらしきさまなる唐《から》の綾《あや》などに、さまざまの絵どもを書きすさびたまへる、屛風《びょうぶ》の面どもなど、いとめでたく見どころあり。

現代語訳

光源氏の御前にはまったく人数も少なくて、誰《だれ》もみな寝静まっている中を、光源氏はひとり目をお覚ましになって、枕《まくら》から頭をもたげてあたりのはげしい風の音をお聞きになると、波がすぐにこちらに寄せてくるように思われて、涙が落ちるとも気づかないうちに、もう枕が浮くばかりの涙の量になってしまうのであった。琴を少しかき鳴らしなさったのが、我ながらじつにものさびしく聞こえるので、弾くのを半ばでおやめになって、

恋ひわびて…恋しさにつらくて泣く声に似通って聞こえる浦波の音は、私のことを思ってくれている人たちのいる方角から風が吹いてくるのであろうか

とお歌いになっていると、人々は目を覚まして、すばらしいと感嘆するにつけても、悲しさをこらえきれなくて、ただわけもなく起きてすわっては次々に鼻をそっとかんでいる。「なるほど、この人たちはどんな思いでいることだろう、この自分ひとりのために、親兄弟や、片時とて離れているのがつらくそれぞれの身のほどにつけて大事に思っている家族と別れて、こうして一緒に思い悩んでくれていることよ」と光源氏はお思いになるにつけ、なんとも辛《つら》いお気持ちになられて、「まったくこうして自分がくよくよと思い沈みこんでいる様子を見ては、周りの人《ひと》たちは心細いと思っているだろう」とお思いになるので、昼間は何かと冗談をおっしゃって気分を紛らわし、手持ち無沙汰《ぶさた》にまかせてさまざまの色の紙を継いでは興にまかせて遊び書きをなさったり、また珍しい様子の唐《から》の綾《あや》などにいろいろな絵を興にまかせて描いていらっしゃるが、特に、屛風《びょうぶ》の表《おもて》の絵などはじつにすばらしいものである。

ダイジェスト光源氏

1. 正妻葵《あおい》の上《うえ》とうまくいかず17歳から女性遍歴開始。
2. 義母藤壺《ふじつぼ》と密通し不義の子（後の冷泉帝《れいぜいてい》）を産ませる。
3. 幼い紫《むらさき》の上《うえ》を強奪し、理想の女性にすべく教育した後、正妻に。
4. 右大臣《うだいじん》の六《ろく》の君《きみ》、朧月夜《おぼろづきよ》とのスキャンダルで須磨《すま》・明石《あかし》へ流謫《るたく》。
5. 明石から帰京後は栄進、明石《あかし》の姫君《ひめぎみ》は中宮《ちゅうぐう》に、光源氏は准太上天皇《じゅんだいじょうてんのう》に。
6. 晩年女三《おんなさん》の宮《みや》の降嫁《こうか》で紫《むらさき》の上《うえ》を悩ませる。

入試ポイント

光源氏の愛した女性 勝手にランキング

順位	女性
1位 ♥♥♥	藤壺（永遠の想い人）
2位 ♥♥	紫の上（藤壺の姪・ロリコン）
3位 ♥	花散里
4位 ♥	明石の君
5位 ♥	夕顔
6位 ♥	朧月夜
7位	六条御息所

板野のニャンポイント

『源氏物語』の最大のヒロインは紫の上といわれているけど、藤壺をはじめ多くの女性を愛した光源氏なのニャ

2

葵《あおい》の上《うえ》

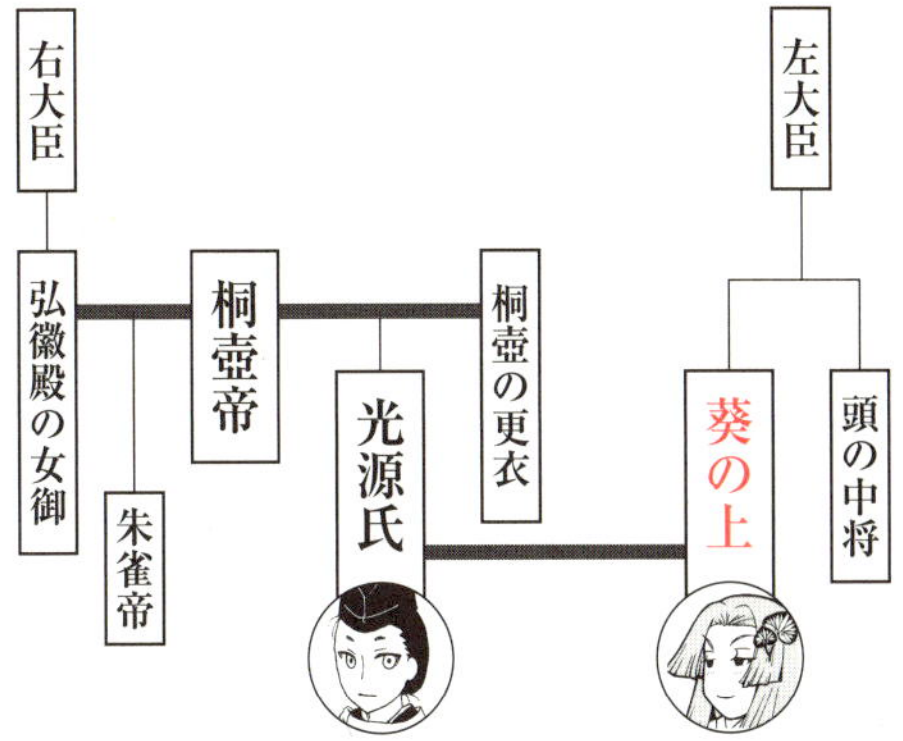

あてなれどこころへだつる人

…高貴だが打ち解けない人

葵の上

光源氏の最初の正妻。頭の中将の妹。夕霧出産後六条御息所の生霊にとりつかれあえなく死亡。

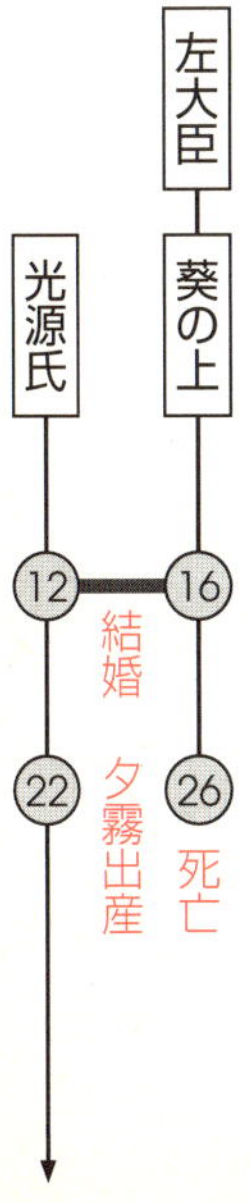

葵の上物語

光源氏のお父ちゃんである桐壺帝《きりつぼてい》は桐壺《きりつぼ》の更衣《こうい》（光源氏の母）を寵愛《ちょうあい》していました。その桐壺《きりつぼ》の更衣《こうい》が死んだあとも、この更衣《こうい》にそっくりな藤壺《ふじつぼ》という妃を迎え入れます。

さて光源氏は3歳で母ちゃんを亡くしたわけで、それがかえって母を理想化してしまい、いわゆるマザコンになります。光源氏の恋のスタートは「マザコン」がキーワードです。そこで、この母ちゃんに瓜《うり》二つだといわれている藤壺《ふじつぼ》を母代わりとして慕っているうちに女性として愛してしまいます。義理の母と息子《むすこ》…禁断の愛…。

しかし、当時は元服するともう母には簡単には会えなくなります。12歳で元服した光源氏もとーぜん大好きな藤壺《ふじつぼ》の部屋には入れてもらえません。もう大人なんですから。さらに左大臣《さだいじん》家の葵《あおい》の上《うえ》と政略結婚させられます。これはひとえに右大臣《うだいじん》側とのの権力争いのバランスを取るための

桐壺帝
桐壺帝は桐壺の更衣を愛するあまり、更衣死後は政治もおろそかになるほどの落ち込みようだった。そこで迎えたのが桐壺の更衣そっくりな藤壺というわけ。

藤壺
先帝の第四皇女。桐壺の更衣に似ていたので桐壺帝に入内する。桐壺の更衣と違って身分が高いのでいじめられずにすんだ。

マザコン
3歳で母桐壺の更衣を失った光源氏は母を理想化し、母に似ているといわれる義理の母藤壺を愛するようになる。

元服
男子の成人式。髪型を変え、

ものなんです。愛のない結婚。空しい夫婦生活。
光源氏12歳。葵《あおい》の上《うえ》16歳。ひな人形のようなカップルです。藤壺《ふじつぼ》みたいな素敵な女性と結婚した〜い、と思っていたマザコン光源氏でしたが、葵《あおい》の上《うえ》は違いました。

左大臣《さだいじん》家という高貴な家庭に育った葵《あおい》の上《うえ》はちょびっとタカビーな女性でした。葵《あおい》の上《うえ》としては帝《みかど》と結婚するくらいが当然！ と思っていたので、これは仕方のないところです。しかし葵《あおい》の上《うえ》は光源氏が訪ねてきても人形のようにとりすましていて心を開いてくれません。これには光源氏もガックリです。

光源氏が大病を患《わずら》った時にも葵《あおい》の上《うえ》は見舞いに行きません。病気が癒《い》えてようやく葵《あおい》の上《うえ》のもとを訪れた光源氏とのやりとりも、二人の間に愛がないことを確認するだけのものです。義理の父、左大臣《さだいじん》は娘の大切な夫としてなにかと光源氏に気を使ってくれます。義理の兄、**頭《とう》の中将《ちゅうじょう》**とも仲良し（悪友？）です。問題は葵《あおい》の上《うえ》だけなんですね。

大人の装束を着、初めて冠をつける儀式。初冠（ういこうぶり）、初元結（はつもとゆい）とも言う。女性の場合は裳着（もぎ）と言う。通常元服の日の夜に結婚する。元服の年齢としては光源氏が12歳、冷泉帝が11歳、夕霧が12歳、薫君が14歳。

頭の中将
葵の上の兄。頭の中将だけは『源氏物語』の中であだ名がなく役職名で呼ばれている。一般的には「頭の中将」、晩年は「内大臣」。

ちなみに左大臣家《さだいじん》と結婚した光源氏は、とーぜん右大臣家《うだいじん》とは対立の関係になります。こちらにはこわ～いあの弘徽殿《こきでん》の女御《にょうご》（桐壺《きりつぼ》の更衣《こうい》をいじめ殺した人）とその息子《むすこ》（光源氏の異母兄、後の朱雀帝《すざくてい》）がいます。

正妻葵《あおい》の上《うえ》が光源氏に打ち解けない→光源氏は他の女性のもとへいく→かっこいい光源氏は浮気《うわき》しまくり。

これは当然の流れといえます。もちろん「藤壺《ふじつぼ》命！」の光源氏でしたが、義理とはいえ母である藤壺《ふじつぼ》は彼の性欲を満たしてはくれないので（結局過ちは起こりますが…）、ここから多くの女性たちとの関係が始まります。

1. 空蟬《うつせみ》（人妻。その義理の娘の軒端《のきば》の荻《おぎ》ちゃんとも関係したりして）
2. 六条御息所《ろくじょうのみやすんどころ》（もののけ～）
3. 夕顔《ゆうがお》（六条御息所《ろくじょうのみやすんどころ》に呪《のろ》い殺されちゃう）
4. 末摘花《すえつむはな》（赤鼻のブスちゃん）
5. 源の典侍《げんないしのすけ》（57歳の自称元ミス小町）

6. さらには朧月夜《おぼろづきよ》（敵側の右大臣《うだいじん》の娘！）

光源氏17歳から20歳までは、まさに恋の季節と言うべきでしょう（相手に問題がありすぎですが…）。後の正妻紫《むらさき》の上《うえ》とも18歳の時に出会っています。

しかし、ただ単に光源氏の性欲を満たすために女性たちが登場したのではありません。当時は妻や愛人の父からの財政的な援助が、男にとってとても大切なバックアップでした。光源氏の場合も、関係をもった女性たちが彼を栄華への道へと導くことになります。

話を葵《あおい》の上《うえ》に戻します。再び登場するのが9巻目の「葵《あおい》」です。ここでの彼女はなんと光源氏の子供を身ごもっているのです。ケンカというか冷戦状態の仮面夫婦だったはずなのに、いつのまに…。

この時光源氏22歳。葵《あおい》の上《うえ》26歳。

この時期とても大切な
ある事件がおきます
京の一大イベント
賀茂祭《かも》（通称《つうしょう》 葵祭《あおいまつり》）
の前に行われる御禊の儀
光源氏の正妻 葵《あおい》の上《うえ》
祭りに間に合わないわ
急いで！
ドドド
光源氏のお荷物愛人
六条御息所《ろくじょうのみやすんどころ》
いい場所とれたわん♥
鉢合《はちあ》わせした二人《ふたり》は
場所取り合戦
をしちゃいます！
あそこがいいわ♪
んまーっ！なんて図々《ずうずう》しい！
光源氏様の正妻だ
そこをどけぃ！
今で言う
花見の席の取り合い
みたいなもんですね

なんといっても今年《ことし》は光源氏が行列に参加するので
キラーン
愛人VS正妻
どきなさいよ～
両者とも譲《ゆず》れない事情があるわけです
バチバチ
当然正妻葵《あおい》の上《うえ》が勝ちます
WIN!!
全《すべ》ては身分、立場で決まるのです
ホホホホホ
キーーッ!
先に場所を取っていたのは六条《ろくじょうの》御息所《みやすんどころ》なのに…
ボロッ…

暴力的に押し退けられた六条《ろくじょうの》御息所《みやすんどころ》は
きゃーっ!光源氏様～
なんとお美しい!
オオ
光源氏様ステキ!
キャー
祭りはもちろん光源氏を見ることもかないませんでした
さらに葵《あおい》の上《うえ》が妊娠《にんしん》していることまで知ってしまいます
ガーン
100t
タイミング悪すぎ
ぱたむ
おのれ…
葵《あおい》の上《うえ》えぇぇぇぇ!

そうです、六条御息所《ろくじょうのみやすんどころ》は夕顔《ゆうがお》を呪《のろ》い殺した（P60参照）ように、恨みが頂点に達すると体から霊魂が抜け出して相手を呪《のろ》うという特殊体質の女性なのです。ということで六条御息所《ろくじょうのみやすんどころ》は生霊《いきりょう》となって憎っくき葵《あおい》の上《うえ》の体に乗り移り、光源氏の前に現れます。こわ〜い。

いよいよ出産が近づいてきた時、物《もの》の怪《け》と化した六条御息所《ろくじょうのみやすんどころ》が葵《あおい》の上《うえ》に乗り移り、光源氏を愛するあまりの嫉妬《しっと》と切ない苦しみを訴えたのです。**加持祈禱**《かじきとう》をしていた光源氏もこれにはびっくり！　気持ちはわかるとしても、出産間近の葵《あおい》の上《うえ》にとってはいい迷惑。

秋、葵《あおい》の上《うえ》は男児（夕霧《ゆうぎり》）をなんとか無事に産んだものの、突然死んでしまいます。六条御息所《ろくじょうのみやすんどころ》の呪《のろ》いが原因とも言えます。やっと光源氏の長男を産んだのにねえ。といっても、光源氏にとっては実は二人目の子供です。藤壺《ふじつぼ》との不義密通の子がすでに存在するのでした。

生前の葵《あおい》の上《うえ》とはなにかとうまくいかない光源氏でしたが、夕霧《ゆうぎり》出産後にようやく心を通わせることができたと思っていたので、光源氏はとて

加持祈禱
願い事の成就や病気平癒などのために行われた密教の呪法。仏の法力による加護を祈ること。

も悲しみます。

そしてこの事件によって光源氏と六条御息所《ろくじょうのみやすんどころ》との別れが決定的になりました。夕顔《ゆうがお》と葵《あおい》の上《うえ》、二人の女性を呪《のろ》い殺されたとなれば、犯人とも言える六条御息所《ろくじょうのみやすんどころ》とつき合い続けることはさすがの光源氏にもできません。一方、光源氏のことがあきらめきれないでいた六条御息所《ろくじょうのみやすんどころ》も、ついに光源氏と別れ、**斎宮**《さいぐう》となる娘とともに伊勢《いせ》へ下る決意を固めます。

正妻のいなくなった光源氏は、葵《あおい》の上《うえ》の喪《も》が明けたこの冬に、あの紫《むらさき》の上《うえ》と**新枕**《にいまくら》をかわします。光源氏と紫《むらさき》の上《うえ》とが北山で出会ってから五年の歳月が流れていました。

さてさて葵《あおい》の上《うえ》が素直で可愛《かわい》い奥さんだったら『源氏物語』って成り立っていないんですね〜。「愛する正妻」、この言葉自体が矛盾しているんでしょうか。それとも男はどうあれ浮気《うわき》をする生き物なんでしょうか。残された夕霧《ゆうぎり》もかわいそうな気がします。ちなみに夕霧《ゆうぎり》君は、花散里《はなちるさと》に引き取られて無事に育てられます（P182参照）。

斎宮
帝の代わりに天照大神を奉斎する巫女。帝の崩御・譲位や斎宮の父母の喪によって交替する。伊勢の斎宮には六条御息所の娘が任命された。一方、賀茂の斎院は都の平安と豊穣を願うもので、弘徽殿の大后の娘が任命された。

新枕
男女が初めて共寝すること。ここではかなり強引に光源氏が紫の上と新枕して紫の上はショックを受ける。

和歌

「葵《あおい》」の巻。葵《あおい》の上《うえ》が死んで火葬される場面で光源氏が詠んだ歌。

のぼりぬる煙はそれと分かねども
なべて雲ゐのあはれなるかな

葵《あおい》の上《うえ》の亡骸《なきがら》を焼いた時に立ちのぼった煙はどの雲になっているのかわからないが、空全体がしみじみとあわれを誘うものだなあ。

入試ポイント

当時、火葬場といえば鳥辺《とりべ》（部）野《の》だった。鳥辺《とりべ》（部）野《の》・鳥辺《とりべ》山《やま》＝火葬場・煙＝人の死・世の無常、という関係を押さえる。

入試頻出古文

光源氏の二十二歳の年の四月、賀茂神社の葵《あおい》祭の日を控え、新斎院（桐壺帝と弘徽殿の大后の娘）が賀茂川で御《ご》禊《けい》の儀を行うこととなった。その日、光源氏が行列に供奉《ぐぶ》するとあって、一目その姿を見ようとする人々で一条大路は混雑をきわめる。光源氏の正妻葵の上も懐妊の身ではあったが女房たちに勧められて見物に出て来た。そして車の列の中に割り込もうとする。そこには光源氏とかつてねんごろな仲であった六条御息所の車も来合わせていて、有名な車争いの場面になる。

日たけゆきて、儀式もわざとならぬさまにて出でたまへり。隙《ひま》もなう立ちわたりたるに、よそほしうひきつづきて立ちわづらふ。よき女房車《にょうばうぐるま》多くて、雑々《ざふ》の人なき隙《ひま》を思ひ定めてみなさし退《の》けさする中に、網《あむ》代《じろ》の少し馴れたるが、下簾《したすだれ》のさまなどよしばめるに、いたうひき入りて、ほのかなる袖口、裳《も》の裾《すそ》、汗衫《かざみ》など、物の色いときよらにて、ことさらにやつれたるけはひしるく見ゆる車二つあり。「これは、さらにさやうにさし退《の》けなどすべき御車にもあらず」と、口強《くちごは》くて手触れさせず。いづ方にも、若き者ども酔《ゑ》ひすぎ立ち騒ぎたるほどのことは、えしたためあへず。おとなおとなしき御前《ごぜん》の人々は、「かくな」などいへど、え止《とど》めあへず。

斎宮の御母御息所《みやすんどころ》、もの思し乱るる慰めにもやと、忍《しの》びて出でたまへるなりけり。つれなしづくれど、おのづから見知りぬ。「さばかりにては、さな言はせそ。大将殿をぞ豪家《がうけ》には思ひきこゆらむ」など言ふを、その御方の人もまじれれば、いとほしと見ながら、用意せむもわづらはしければ、知らず顔をつくる。つひに御車ども立てつづけつれば、副車《ひとだまひ》の奥に押しやられてものも見えず。

現代語訳

夏の日盛りのころになって、葵《あおい》の上《うえ》は外出の支度も本格的に格式ばらぬ程度にしてお出かけになった。一条大路は隙間《すきま》もなく物見車がずらりと立ち並んでいるので、葵《あおい》の上《うえ》一行は威儀をととのえて列をなしたまま、牛を車からはずして車の立てようがなく困っている。身分の高い女房車が多いので、その中で雑人《ぞうにん》どもの付いていない隙間《すきま》を見つけ、ここにしようと決めて、まわりの車を残らず取りのけさせようとした中に、網代車《あじろぐるま》で真新しくはない車が、下簾《したすだれ》の様子なども優雅な感じであるうえに、乗り手は車の奥に引っ込んでおり、わずかに見える袖口《そでぐち》、裳《も》の裾《すそ》、汗衫《かざみ》などの色合いもとても美しく、わざと目立たぬようにしている様子のはっきりとわかる車が二台ある。供人が、「これは、全くもってそんなにして押しのけなどしていい御車ではないのだ」と強く言いはって、手をつけさせない。しかもどちらの側にしても、若い連中が酔っぱらって、わいわい騒いでいるときのことなので、どうにも手のつけようがない。判断力のある年配のお供の人々は、「そんな乱暴はよせ」などというが、とても制しきれるものではない。

実は斎宮の母君の六条《ろくじょうの》御息所《みやすんどころ》が、光源氏を思ってもの思いに乱れていらっしゃるお気持ちの慰めにもなろうかと、人目につかぬようにお出かけになった車だったのである。それとは気づかれぬようにしていたが、自然に六《ろく》条《じょうの》御息所《みやすんどころ》とわかってしまった。「その程度の身分の車には、そんな口をたたかせるな。光源氏大将殿の威を借りようとあてにし申しているのだろう」などと言うのを、光源氏大将家の者もお供の中にいるので、六《ろく》条《じょうの》御息所《みやすんどころ》にお気の毒なと思いながらも、引きとめようとするのも厄介《やっかい》と思うので、そ知らぬ顔をしている。とうとう車の列をわりこんで乗り入れてしまったので、六《ろく》条《じょうの》御息所《みやすんどころ》は、お供の車の後に押しやられて何も見えない。

ダイジェスト葵の上

1. 左大臣《さだいじん》家に生まれ、兄は頭《とう》の中将《ちゅうじょう》。本人は中宮《ちゅうぐう》も期待された姫君。
2. 年下光源氏との愛のない政略結婚。
3. プライドが高く光源氏とはうまくいかない妻。
4. 光源氏との間に長男夕霧《ゆうぎり》をもうける。
5. 六条御息所《ろくじょうのみやすんどころ》と車争いのバトル。
6. 夕霧《ゆうぎり》出産後六条御息所《ろくじょうのみやすんどころ》の物《もの》の怪《け》により急死。

入試ポイント 右大臣家VS左大臣家

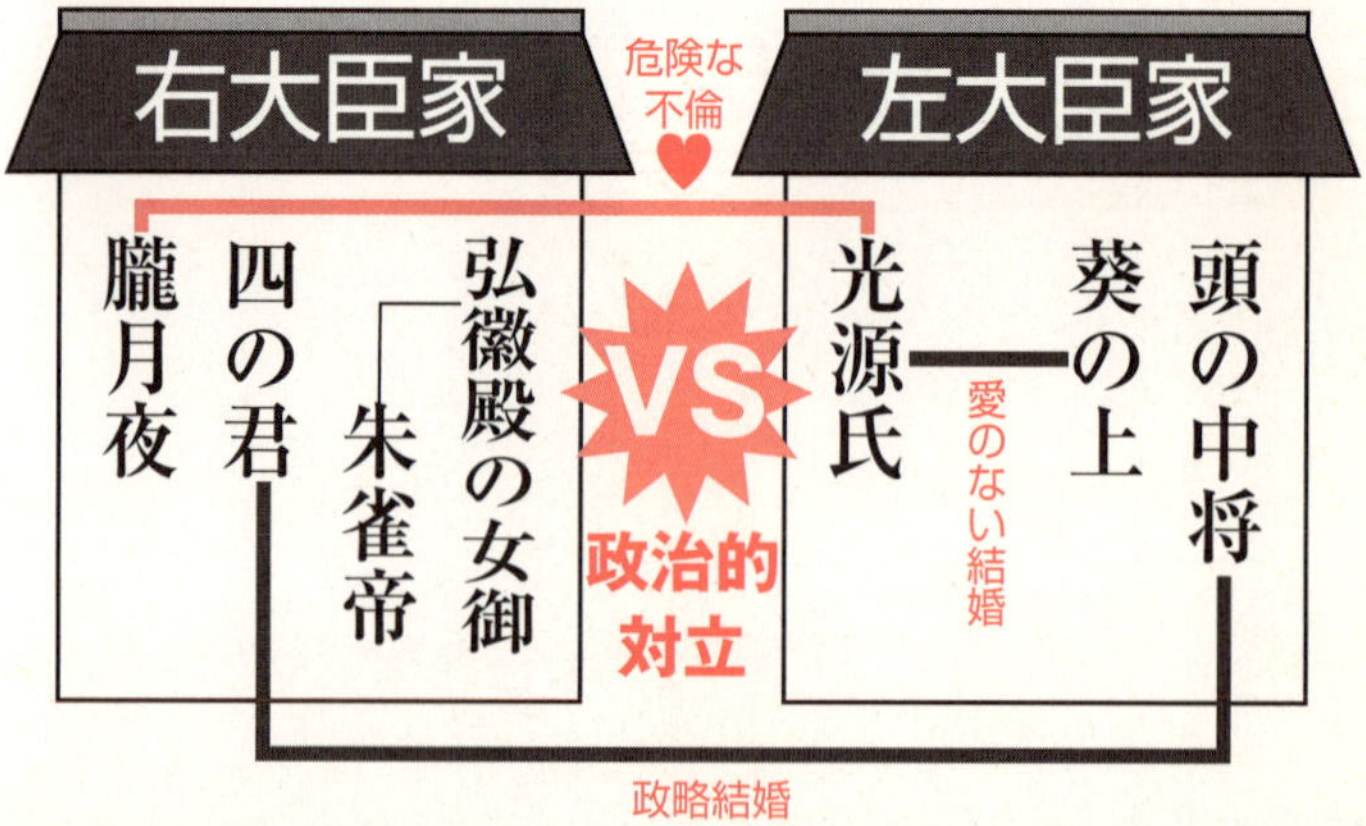

板野のニャンポイント

光源氏と頭の中将が左大臣家だということを覚えるのニャー

3

空《うつ》蝉《せみ》

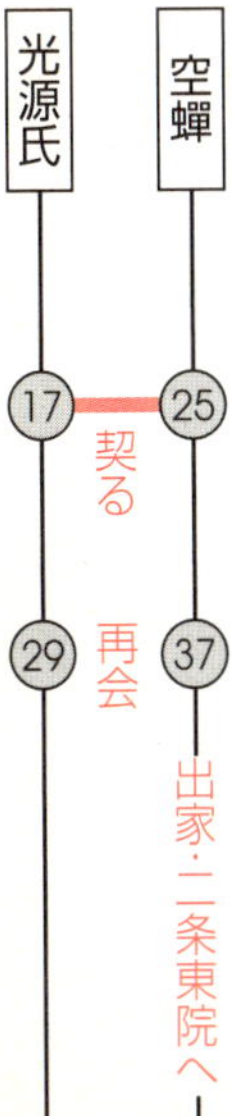

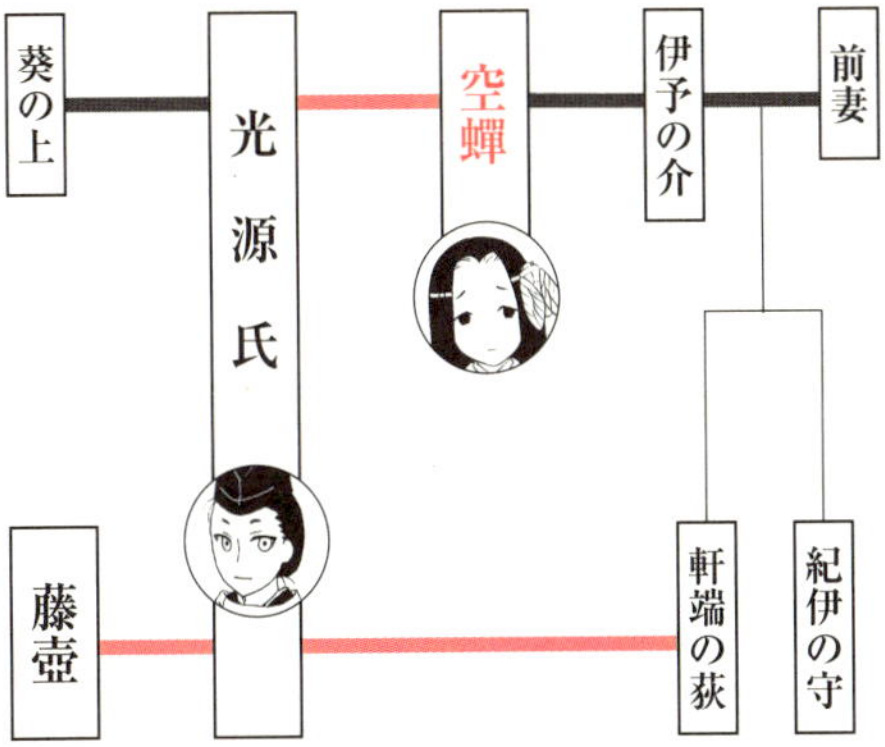

たをやぎてなよ竹ならむ人

…柔和でなよ竹のような(芯の強い)人

空蝉
老齢の地方官伊予の介の後妻。八歳年下の光源氏と一夜限りの契りを交わすが以後は拒み通す。

空蟬物語

光源氏と空蟬《うつせみ》との出会いのきっかけは、光源氏が男友達と女性談義をしたことに始まります。

あるとき、長雨続きで部屋にこもっていた光源氏のもとに頭の中将《とうのちゅうじょう》(葵の上《あおいのうえ》の兄)や左馬頭《さまのかみ》、藤式部丞《とうのしきぶのじょう》が遊びにきます。みんな若い男です。となると自然に話す内容としては女のこと。それぞれが自分の恋愛体験を自慢げに語るんですね。ちょっとホラも吹きながら。若い光源氏(17歳)は語るほどの恋愛経験もないので、もっぱら聞き役です。

左馬頭《さまのかみ》は、嫉妬《しっと》に狂って指に食いついてきた「指食いやきもち女」の話や、風流なんだけど浮気《うわき》っぽかった「木枯らしの女」の話をおもしろく話します。藤式部丞《とうのしきぶのじょう》は学者の娘との恋愛の失敗談を語ります。彼女の常用していた薬がニンニク臭くて別れちゃった、などと本当か嘘《うそ》かわからない内容です。

左馬頭
左馬寮の長官。馬寮は宮中で官馬の飼育・調教・馬具のことをつかさどった役所。

藤式部丞
式部省の三等官。式部省は朝廷の儀式、役人の採用・任官などの人事や、大学寮の管理、学問・教育方面の担当をした。

頭《とう》の中将《ちゅうじょう》の恋愛話には深いものがありました。頭《とう》の中将《ちゅうじょう》には正妻（右大《うだい》臣《じん》の娘）がいますが、昔こっそり浮気《うわき》をしたことがあったのです。しかし、その相手があまりにいじらしくて深く愛してしまい、ついには女の子まで生まれてしまったのです。その女性のことを「常夏《とこなつ》の女」と呼びます。しかしそのことが頭《とう》の中将《ちゅうじょう》の北《きた》の方《かた》にバレてしまい、いじめられた「常夏《とこなつ》の女」は娘とともに行方《ゆくえ》不明になってしまったと言うのです。

常夏の女
後の夕顔。P56参照。

これがかの有名な「雨夜《あまよ》の品定め」というやつです。男が四人集まって経験談を語りながら、どんな女がイイ女なのかを品定めするのです。

ここで光源氏がわかったことは、上流階級より中流階級の中にいい女がいるということです。プライドがそれほど高くなく、金のある親に大切に育てられていて、十分に教養も備えた女性がいるということを光源氏は教えられちゃうのです。上流階級でもなく、まして下流階級でもない、シンデレラのような女性…まだ恋愛初心者だった光源氏にとって新鮮な内容の話です。思わず想像が膨らんでしまう光源氏でした。

で、ここから空蟬《うつせみ》が登場します。というのも、この「雨夜《あまよ》の品定め」の翌朝、正妻の葵《あおい》の上《うえ》のところに行くんですよ。もとから打ち解けてくれない彼女でしたが、この日も相変わらずよそよそしい。ってことで昨日《さくじつ》の女の話でムラムラの源氏は（女を求めて？）紀伊《きい》の守《かみ》の中川邸に泊まりに行きます。口実としては方違え《かたたがえ》ってことにして。

紀伊《きい》の守《かみ》の中川邸に着くと、早速光源氏のもとに女の情報が入ってきます。サスガ好き者。そこには年老いた伊予《いよ》の介《すけ》の若い後妻である空蟬《うつせみ》が滞在していました。光源氏は昨夜の話を思い出します。「中流階級の女がいいって言ってたな…」ということで興味津々《しんしん》。早速夜中に忍び込んで空蟬《うつせみ》を襲っちゃいます。

この時光源氏17歳。空蟬《うつせみ》25歳。8歳年上ですが、マザコン光源氏にとってはちょうどいいくらいの年の差です。

しかーし、空蟬《うつせみ》の側からすると光源氏に愛されることを素直に喜べないのでした。だって自分は人妻。ただの老地方官の後妻。しかも年上。相

紀伊の守（後の河内の守）
紀伊の長官。光源氏の家来。空蟬の夫である伊予の介と前妻との間の子供。伊予の介の死後、義母空蟬に迫る。紀伊は現在の和歌山県のあたり。

方違え
陰陽道の禁忌の思想に従って天一神（なかがみ）・大将軍（だいしょうぐん）などのいる方角に当たる場合はこれを避けて、前夜吉方の家に一泊して方角を変えて目的地に行くこと。光源氏はこの方違えにかこつけて忍ぶ女の元に出掛けた。

伊予の介
伊予の長官。空蟬の夫。前妻との間に紀伊の守、軒端の荻がいる。伊予は現在の愛媛県のあたり。

手は今を時めくモテモテの光源氏。すぐに捨てられる～。

ということで一度きりの契りの後、空蟬《うつせみ》は光源氏を拒絶します。しかし拒まれれば拒まれるほど逆に燃え上がるのも恋というもの。光源氏はそんな空蟬《うつせみ》を強情な奴《やつ》！と思いつつアタックします。

旦那《だんな》の留守で再び空蟬《うつせみ》を襲う？　チャンスを得た光源氏はルンルン気分で中川邸を訪れます。空蟬《うつせみ》の弟の小君《こぎみ》くんの手引きのおかげです。そこで義理の娘の軒端《のきば》の荻《おぎ》と碁《ご》を打っている空蟬《うつせみ》をこっそり垣間見《かいまみ》しちゃいます。

で、実際に見てみると空蟬《うつせみ》は美人じゃなかったんですよ。でも恋する光源氏には奥ゆかしく上品な方だ～、と映るわけですね。軒端《のきば》の荻《おぎ》ちゃんと比べてみて、空蟬《うつせみ》はなんて大人の色気がある方なんだ～なんて思います。客観的には軒端《のきば》の荻《おぎ》ちゃんのほうが若くて色白でポッチャリしていていいんですけどねえ。

☞軒端の荻
伊予の介と前妻との間の娘。空蟬の義理の娘にあたる。

夜になって
忍《しの》び込《こ》む光源氏
しかし
間抜《まぬ》けな事に
空蝉《うつせみ》に気づかれて
しまいます
サラ…ッ
男の衣《きぬ》ずれの
音を聞いた
空蝉《うつせみ》は
あせっ
あせっ
すか～
軒端《のきば》の荻《おぎ》を
残したまま
逃《に》げ出《だ》します
でもただでは逃《に》げず
そこに小袿《こうちぎ》を
残していきます
「本当は会いたいけど
だめなの!」
てな感じでしょうか

そうとも知らない
光源氏は
誰《だれ》？
あっ！
軒端《のきば》の荻《おぎ》を
空蟬《うつせみ》だと思って
契《ちぎ》ってしまいます
（オイオイ…
いくら暗いからって……）
……？
あれ？
この前と違《ちが》う？
…なんか太ってる？
ごそ
ごそ
え……？
源氏の君
……？
間違《まちが》えた！
ガーン

私《わたし》がこんなに想っているのになんて頑固《がんこ》で薄情《はくじょう》なんだ……
拒絶《きょぜつ》されてとても悔《くや》しかった光源氏ですが
それでもやっぱり空蝉《うつせみ》のことを諦《あきら》め切れません
……でも愛おしい……
ということでその胸の内を歌に詠《よ》んで空蝉《うつせみ》の残した小袿《こうちぎ》を虚《むな》しく持ち帰ります

しかし、拒絶した空蝉《うつせみ》のほうがよほど虚《むな》しい思いをしていました。「老地方官の後妻なんかではなくて、高貴な光源氏さまに先に出会ってプロポーズされていたら…、でも光源氏とは住む世界が違いすぎる…、私の人生はなんて不運なんでしょう…」、ということで光源氏を諦《あきら》めるしかなかったのです。

その後空蝉《うつせみ》は、夕顔《ゆうがお》の死によってショックで寝込んでいる光源氏のもとにお見舞いの手紙なんかをよこします。また自分自身も夫と一緒に地方に下っていく寂しさを書いたりします。ってことで空蝉《うつせみ》は夫とともに地方に下っていきました。

その後いろんなことがありまして、光源氏が帰京し石山詣《もう》でに出かける途中、偶然にも逢坂の関《おうさかのせき》で空蝉《うつせみ》と再会することになります。空蝉《うつせみ》も上京の途中でした。

この時光源氏29歳。空蝉《うつせみ》37歳。なんと12年ぶりの再会でした。光源氏は空蝉《うつせみ》の実弟でもある小君《こぎみ》に命じて手紙を送ります。空蝉《うつせみ》家来でもあり、

逢坂の関
鈴鹿の関、不破の関とともに三関の一つ。近江の国の逢坂山(現在の滋賀県大津市)にある関所。東海道・東山道から都への行き来には必ず通らなければならない関所だったので、出会いと別れの場所だった。和歌ではしばしば男女の逢う瀬に掛けていわれる。男女が契りを結ぶことを「逢坂の関を越ゆ」と言う。

小君
空蝉の弟。空蝉とともに伊予の介に世話になっている。

のほうも当時のことを思い出して、胸にこみ上げるものをひそかに歌に詠みます。

その後空蟬《うつせみ》の夫は死んじゃいます。若い後家《ごけ》さん誕生です。といっても当時の女30代は決して若くはありません。30代で孫がいたりする時代ですからね。それに後妻で相手はジイさんでしたから、まあそれは仕方のないところ。しかし継子の河内《かわち》の守《かみ》（昔の紀伊《きい》の守《かみ》）のイヤラシ～イ言い寄りにうんざりしていた空蟬《うつせみ》は、「やっぱり私の人生って不運だわ～」ってことで、一人寂しく出家してしまいます。

ここまでくると、何だか悲しいだけの空蟬《うつせみ》の人生ですが、その後光源氏の二条東院に引き取られて、ひたすら仏道に専心する静か～な生活を送ります。

空蟬《うつせみ》が光源氏を拒んだのは、結局は終わりよければすべてよし、ってことで賢明な選択だったのでしょうね。

出家
俗世間を捨てて仏道修行に入ること。当時は結婚を第二の人生とするならば、出家は第三の人生とも言うべきものだった。

和歌

「空蝉《うつせみ》」の巻。光源氏の求愛を拒否しつつも煩悶《はんもん》する空蝉《うつせみ》の歌。

空蝉の羽におく露の木がくれて
しのびしのびにぬるる袖かな

空蝉《うつせみ》の羽に降りる露のように、木陰に隠れて人目を忍んでは涙に袖《そで》が濡れることです。

入試ポイント

霜や露が降りることを「おく」と言う。また「露の」の「の」は連用修飾格（比喩）で、「～のように」と訳す。

ダイジェスト空蝉

1. 老齢の地方官の後妻で光源氏とは身分違い。
2. 光源氏とたった一度だけの契《ちぎ》りを交わす。
3. 自らの身分を考え光源氏を拒絶。
4. 夫の死後、この世をはかなんで出家。
5. 光源氏によって二条東院に引き取られる。
6. 作者紫式部がモデルと言われている。

入試ポイント

雨夜の品定め ～光源氏17歳の夏～

愛し合って
子供までできて別れた
女がいたのだ

頭の中将

学者の娘は
ムズカシイ…

藤式部丞

指に食いつく女や
浮気っぽい女もいたよ

左馬頭

藤壺様が
やっぱり一番だ♥

光源氏

結論:「中流の女がいいらしい」

板野のニャンポイント

この雨夜の品定めをきっかけに、光源氏は
空蝉・夕顔と恋に落ちるのニャー

4

夕《ゆう》顔《がお》

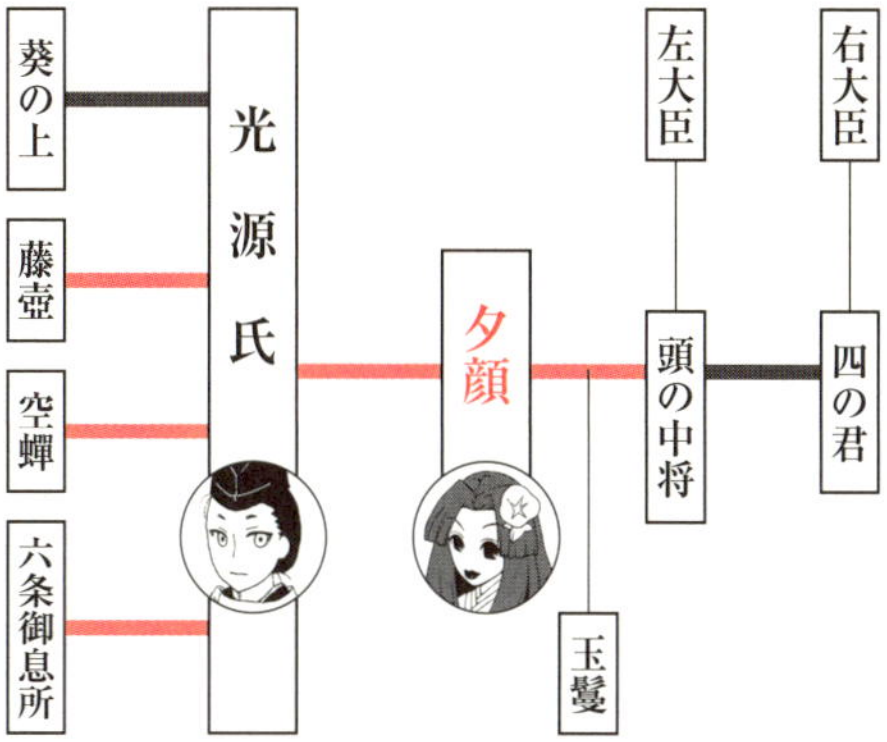

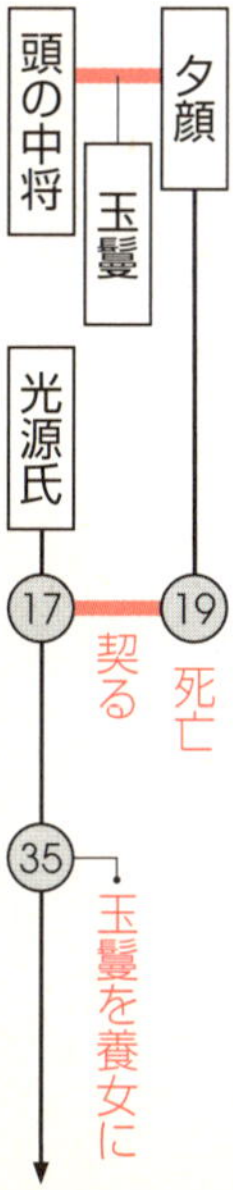

夕顔

頭の中将の愛人で玉鬘をもうける。光源氏とも恋に落ちるが六条御息所の生霊にとりつかれ死亡。

らうたげにてあえかなる人

…かわいらしい様子できゃしゃな美しい人

夕顔物語

夕顔《ゆうがお》の登場はたったの一巻。4巻目にあたる「夕顔《ゆうがお》」の巻だけです。ここでは愛に生き、愛に死んだ夕顔《ゆうがお》の物語があります。

光源氏が17歳の夏、五条大路の**乳母**《めのと》のところにお見舞いに出かけます。なんでまた光源氏ともあろうものが、そんなとこへノコノコ出かけたかというと、その頃すでにあの六条御息所《ろくじょうのみやすんどころ》の元に通っていて、ちょうど五条あたりで一休みしてたついでなんです。

さて、案内があるまでの間、光源氏は車の中でぼ～っと待っていると、ふと隣家に咲く白い夕顔《ゆうがお》の花に目が止まります。

召使いの**惟光**《これみつ》にこの花を取りにいかせたところ、中から童女が現れて惟《これ》光《みつ》に扇を差し出しました。惟光《これみつ》は扇の上に**夕顔**《ゆうがお》**の花**をのせて光源氏のもとに運びました。扇には香がくゆらせてあり、しかも端のほうに歌まで

乳母
生母に代わってその子供を育てる女性。女房のなかで強い発言力をもつ。紫の上の乳母や玉鬘の乳母などは重要な役割を果たしている。『源氏物語』に限らず平安文学ではたくさんの乳母が登場する。また乳母の子、乳母子（めのとご）の存在も重要。

惟光
光源氏の乳母子。家来であると同時に私的には兄弟のような関係で、光源氏の女性への手引き役によく使われるちょっと損な役割。

書き添えてありました。なんか風流〜。

女の方から歌を詠みかけてきたことに光源氏は興味津々《しんしん》。これって逆ナン？　やるね夕顔《ゆうがお》。しかも筆跡は奥ゆかしく、歌の内容も意味深長。風流好みの光源氏の心が動かないわけはないですな。

さっそく惟光《これみつ》にこの女のことを調べさせたところ、なんと！　この女はあの**頭《とう》の中将《ちゅうじょう》**と関係があったらしい、というところまでわかります。

ますます興味のわいた光源氏は夕顔《ゆうがお》のもとに通いだします。ちょうど空蝉《うつせみ》から失恋の痛手を被《こうむ》り、六条御息所《ろくじょうのみやすんどころ》を持て余していた時期ですから、恋の火が点《つ》くのも早いというもの。もちろん正妻葵《あおい》の上《うえ》のところには足が遠のいたまま…。

でも自分は今を時めく貴公子光源氏。相手はただの一般庶民。あまりに身分不相応なので堂々と通うわけにはいきません。ということで光源氏は身分素性《すじょう》を隠して通います。頭にかぶりものまでして顔を隠すという

☞夕顔の花

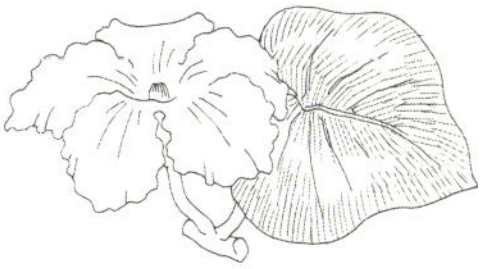

☞頭の中将
その昔夕顔と愛しあって娘（玉鬘）まで産ませている。雨夜の品定め（P143参照）で頭の中将が語った「常夏の女」が実は夕顔。

念の入れよう（想像すると笑っちゃいます。覆面レスラーみたい）。お互いに身分素性《すじょう》を秘密にしている二人でしたが、あっという間に恋に落ちちゃいます。秘め事というのは恋の炎に油を注ぐ効果のあるものなんですね。

この時光源氏は17歳、夕顔《ゆうがお》は19歳。つまり夕顔《ゆうがお》が年上なんですが、年上とは思えないくらい細身でなよなよ～っとしてて、若い光源氏の男心をくすぐっちゃいます。自分に頼ってくる無垢《むく》な夕顔《ゆうがお》が光源氏はかわいくてかわいくてたまらない。こうなると粗末な夕顔《ゆうがお》宅もかえって風情《ふぜい》があるように思えてくるから、あーら不思議。

この頃光源氏は、あの高貴な六条御息所《ろくじょうのみやすんどころ》様（24歳）とおつき合いしていますが、これがうまくいっていません。光源氏の方は軽～い遊びのつもりだったのに、プライドの高い六条御息所《ろくじょうのみやすんどころ》は本気も本気。浮気《うわき》なんて許しません。「う～、オニモツ…」とちょっと退き気味なのです。何といってもまだ17歳だからねー。

細身
本文では「ほそやかにたをたをとして」と書かれている。光源氏は細身が好みだったと想像される。

それに比べて夕顔《ゆうがお》はもぉ～っ、なんてかわいいんだ！　ってことで光源氏は夕顔《ゆうがお》の虜《とりこ》です。夕顔《ゆうがお》に逢《あ》いに行けない日は、無性に切なくて胸がキュ～ッとしめつけられます。そのくらい光源氏は夕顔《ゆうがお》を愛してしまいます。ついには来世までもの約束をするような和歌を贈ったりなんかします。

八月十五日《はづきもち》の夜、いつものように夕顔《ゆうがお》とあま～い時を過ごした光源氏は、二人きりになろう！　と夕顔《ゆうがお》を連れだします。付いて来たのは夕顔《ゆうがお》の侍女の右近《うこん》だけ。このことがあとで皮肉な運命をもたらすことになろうとは…

連れてこられた荒れ果ててこわ～い某《なにがし》の院に夕顔《ゆうがお》はちょっとビビっちゃいます。光源氏はそんな夕顔《ゆうがお》がかわいくてかわいくて抱き締めます。二人きりってことでもう幸せモード全開の二人。イチャイチャしまくります。ここでも光源氏の問いに対して夕顔《ゆうがお》は自分の正体を明かしません。なかなかガードの固い夕顔《ゆうがお》ちゃんです。

☞八月十五日の夜
いわゆる「十五夜の満月」。仲秋の名月。陰暦では七、八、九月が秋なので八月は仲秋にあたる。

☞侍女の右近
夕顔につきっきりで世話をしている。後に夕顔の娘玉鬘と劇的な再会を果たす（P205参照）。

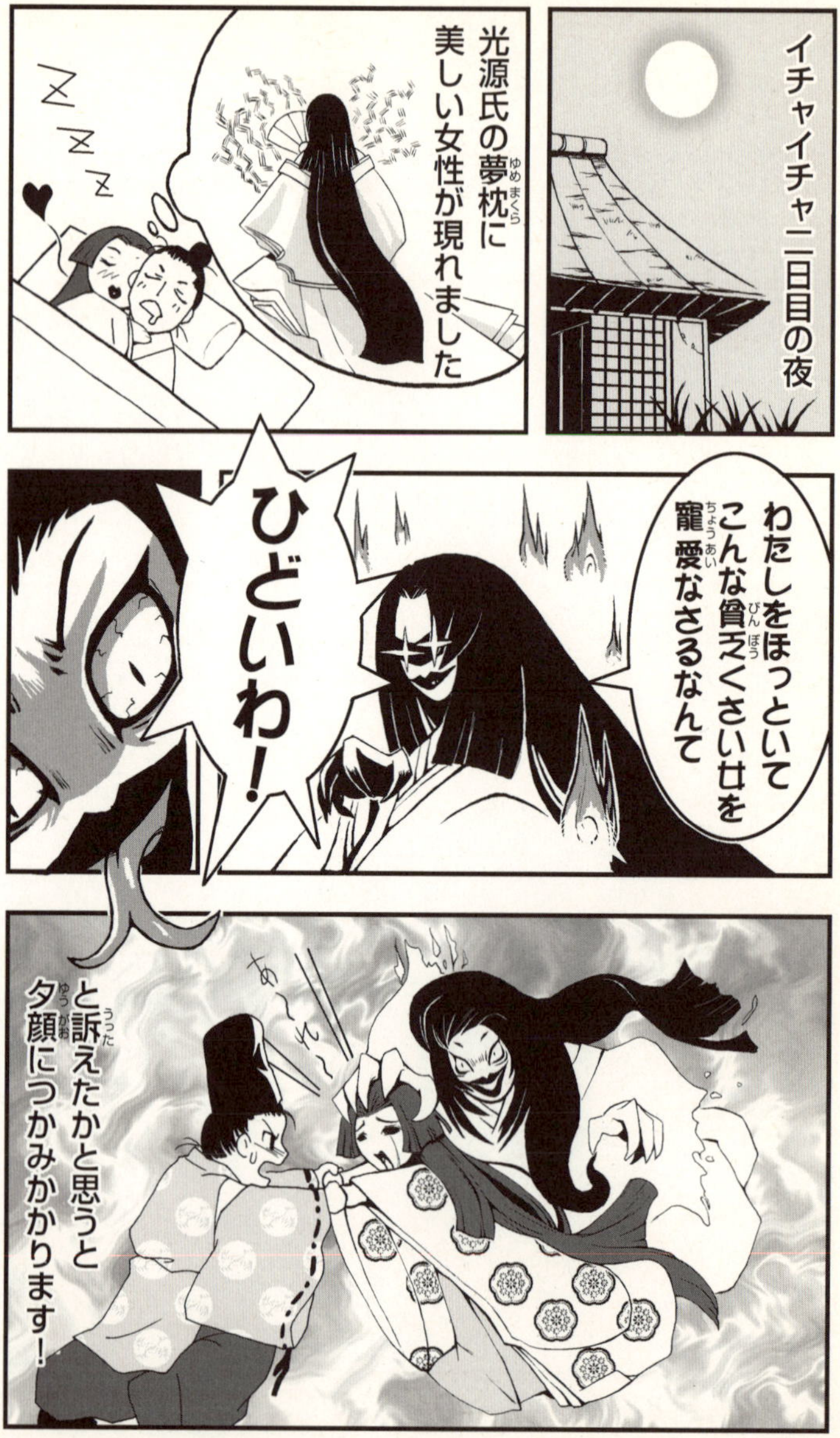

イチャイチャ二日目の夜
光源氏の夢枕《ゆめまくら》に美しい女性が現れました
ZZZ
わたしをほっといてこんな貧乏《びんぼう》くさい女を寵愛《ちょうあい》なさるなんて
ひどいわ！
と訴《うった》えたかと思うと夕顔《ゆうがお》につかみかかります！
あ〜れ〜

ドキーーン
悪夢に飛び起きた光源氏は
すぐに夕顔《ゆうがお》の様子を
うかがいますが
真っ暗で何も見えません
光源氏は魔性《ましょう》のものを感じ
魔除《まよ》けに太刀《たち》を抜《ぬ》きます
スッ
夕顔《ゆうがお》は正気を失って
いるようです

近くにいた右近はあてにならないので
おろ
おろ
ひ～
光源氏自ら宿直人《とのいびと》を起こしにいき明かりを持ってこさせます
Zzz
お～き～ろ
さて、やっと明かりがついたので光源氏は急いで夕顔《ゆうがお》の様子を見るとすでに死んで冷たくなっていました
何度体を揺《ゆ》すっても夕顔《ゆうがお》は息《いき》絶えたままです
夕《ゆう》顔《がお》ちゃーん！

夕顔《ゆうがお》はさっき光源氏の**夢枕《ゆめまくら》**に出てきた物《もの》の怪《け》にとりつかれて殺されちゃったのですね。この時の物《もの》の怪《け》は実は**六条御息所《ろくじょうのみやすんどころ》の生霊《いきりょう》**なんですが、他の女をとり殺すくらい光源氏を愛していたのですねえ。

ともかくも夕顔《ゆうがお》は帰らぬ人となりました。光源氏は五条の夕顔《ゆうがお》宅にも黙って夕顔《ゆうがお》をひそかに葬り、そのままショックで病床に臥《ふ》します。二十日あまり寝込んだ光源氏は一時は命も危なくなります。そのくらい夕顔《ゆうがお》の死は彼にとって辛《つら》いものでした。

その後、この事件の口止めをするために夕顔《ゆうがお》に付き添っていた侍女右近《うこん》を自分の家来にした光源氏は右近《うこん》から夕顔《ゆうがお》の素性《すじょう》を知ることになります。

光源氏が思っていたように夕顔《ゆうがお》は頭《とう》の中将《ちゅうじょう》の元愛人「常夏《とこなつ》の女」と同一人物でした。頭《とう》の中将《ちゅうじょう》とのあいだに女児（玉鬘《たまかずら》ちゃん）まで産んで、と～っても愛されていましたが、頭《とう》の中将《ちゅうじょう》の本妻（右大臣《うだいじん》の四《よん》の君《きみ》）に脅《おど》されて五条の家に逃げ隠れて住んでいたのです。いつもなにかに脅《おび》えていたのはそういうことだったのですね。

夢枕
夢の中で神仏などが枕頭に現れて、あることを告げること。

六条御息所の生霊
●被害者一覧
葵の上（乗り移られ死去）
夕顔（とりつかれ死去）
紫の上（とりつかれ一時危篤）
女三の宮（とりつかれ若くして出家）

光源氏としては義理の兄、頭《とう》の中将《ちゅうじょう》に文句の一つも言ってやりたいところですが、今回のことは一切秘密にされます。なんせこの事件が表沙汰《おもてざた》になると大スキャンダルですからね。

夕顔《ゆうがお》の死から立ち直れない光源氏は、夕顔《ゆうがお》の忘れ形見である女の子（玉《たま》鬘《かずら》）を育てた～い！　なんて思ったりします。

しかしその肝心の玉鬘《たまかずら》ちゃんは行方《ゆくえ》不明になってしまうのです。そもそも五条宅に秘密で夕顔《ゆうがお》を連れ出し、死んだことも伝えてないのですから。残された五条宅の人々としては出ていったきりの夕顔《ゆうがお》と右近《うこん》の消息はわからないし、帰ってこない夕顔《ゆうがお》をあてどなく待つわけもいかず、恨みつつ玉鬘《たまかずら》を連れて都から離れて九州に行ってしまったのでした。

その後、玉鬘《たまかずら》は十数年ぶりに偶然発見され、光源氏が引き取ることになります。右近《うこん》と玉鬘《たまかずら》が再会するこのシーンは非常に有名なところですから覚えておいてくださいね。P205で出てきます。

九州
乳母は夫の任地、筑紫に玉鬘を連れて行った。筑紫は現在の福岡県。

和歌

「夕顔《ゆうがお》」の巻。五条を通りかかった光源氏に夕顔《ゆうがお》が贈った歌。

心あてにそれかとぞ見る白露の
光そへたる夕顔の花

当て推量で光源氏の君かとお見受けします。白露が降りて輝きを増している夕顔の花(夕日の中の美しい顔)を見てそう思います。

入試ポイント

心あてに折らばや折らむ初霜のおきまどはせる白菊の花＝もし折るのなら、あて推量で折ろう。初霜が降りてその白さでどれが花だかわからなくなっている白菊の花よ。『古今集』を下敷きにしている。

和歌の技法

「光」は光源氏を暗示している。

入試頻出古文

光源氏が六条御息所を御忍びで訪問していたある日、五条の乳母の病気を見舞ったが、その時偶然夕顔と出会う場面である。

六条わたりの御忍《しの》び歩《あり》きのころ、内裏《うち》よりまかでたまふ中宿《なかやどり》に、大弐《だいに》の乳母《めのと》のいたくわづらひて、尼《あま》になりにけるとぶらはむとて、五条なる家たづねておはしたり。

御車入るべき門《かど》は鎖《さ》したりければ、人して惟光《これみつ》召させて、待たせたまひけるほど、むつかしげなる大路《おほぢ》のさまを見わたしたまへるに、この家のかたはらに、檜垣《ひがき》といふもの新しうして、上は半蔀《はじとみ》四五間《けん》ばかり上げわたして、簾《すだれ》などもいと白う涼しげなるに、をかしき額《ひたひ》つきの透影《すきかげ》あまた見えてのぞく。立ちさまよふらむ下《しも》つ方《かた》思ひやるに、あながちに丈《たけ》高き心地ぞする。いかなる者の集《つど》へるならむと、やう変りて思《おぼ》さる。

御車もいたくやつしたまへり、前駆《さき》も追はせたまはず、誰《たれ》とか知らむと、うちとけたまひて、すこしさしのぞきたまへれば、門《かど》は蔀《しとみ》のやうなる押し上げたる、見入れのほどなくものはかなき住まひを、あはれに、いづこかさしてと思ほしなせば、玉の台《うてな》も同じことなり。

切懸《きりかけ》だつ物に、いと青やかなる葛《かづら》の心地よげに這《は》ひかかれるに、白き花ぞ、おのれひとり笑《ゑ》みの眉《まゆ》ひらけたる。「をちかた人にもの申す」と、ひとりごちたまふを、御随身《みずいじん》ついゐて、「かの白く咲けるをなむ、夕《ゆふ》顔《がほ》と申しはべる。花の名は人めきて、かうあやしき垣根になん咲きはべりける」と、申す。

現代語訳

光源氏が六条のあたりにお忍びで通っていらっしゃったころ、宮中からお出かけになる途中に立ち寄る所として、大弐《だいに》の乳母《めのと》が重い病気をして、尼になっている所を見舞おうと思って、五条にある家を訪ねておいでになった。

お車を引き入れることのできる門は錠《じょう》が降ろしてあったので、光源氏は従者に命じて惟光《これみつ》をお呼ばせになってお待ちになっている間、さびれた大路の様子を見わたしていらっしゃると、この家の傍《かたわら》に檜垣《ひがき》というものを新しく作って、上の方は半蔀《はじとみ》を四、五間程ずっと上げて簾《すだれ》などもとても白く涼しげにしてある所に、美しい額の見える人影が簾《すだれ》をすかして何人も、こちらをのぞいているのが見える。女たちはあちこち立ち歩いているらしいが、その下半身を想像するとむやみに背丈が高いという気がする。どんな人たちが集まっているのだろうと、異様にお思いになる。

光源氏は忍び歩きなのでお車も格式以下のものをお使いになっているし、先払いをおさせになったわけでもないから、自分を誰《だれ》と知るわけはないと気をお許しになって、車から少し顔を出してごらんになると、門は蔀《しとみ》のような扉を押し上げてある、奥行も浅くささやかな様子の住まいだが、しみじみとした思いで、「ついの住みかなどはないものだ」と思ってみれば、豪華な金殿玉楼もこれも同じことである。

切懸《きりかけ》めいた物に、とても青々と茂った蔓草《つるくさ》が気持ちよさそうに這《は》いかかっている所に、白い花が、自分だけは笑っている様子で咲いている。「向こうのお方にお尋ね申す。その、そこに咲いている白い花は何ですか」と、光源氏が独り言をおっしゃるのを、聞きつけた御随身《みずいじん》が、ひざまづいて、「あの白く咲いております花を、夕顔《ゆうがお》と申します。花の名は一人前の人間のようでございまして、そのくせこうして粗末な垣根に咲いております」と申しあげる。

ダイジェスト夕顔

1. 夕顔《ゆうがお》はかつての頭《とう》の中将《ちゅうじょう》の愛人「常夏《とこなつ》の女」。
2. 頭《とう》の中将《ちゅうじょう》との間に玉鬘《たまかずら》をもうけた後、正妻にいじめられ行方不明に。
3. 光源氏とは互いに素性《すじょう》を明かさず愛し合う。
4. 密会中、六条御息所《ろくじょうのみやすんどころ》の物《もの》の怪《け》にとりつかれ死亡。
5. 光源氏にとって忘れられない女性となる。
6. 遺児《いじ》玉鬘《たまかずら》は後に発見され光源氏に引き取られる。

入試ポイント

夕顔をめぐるトライアングル+α《アルファ》

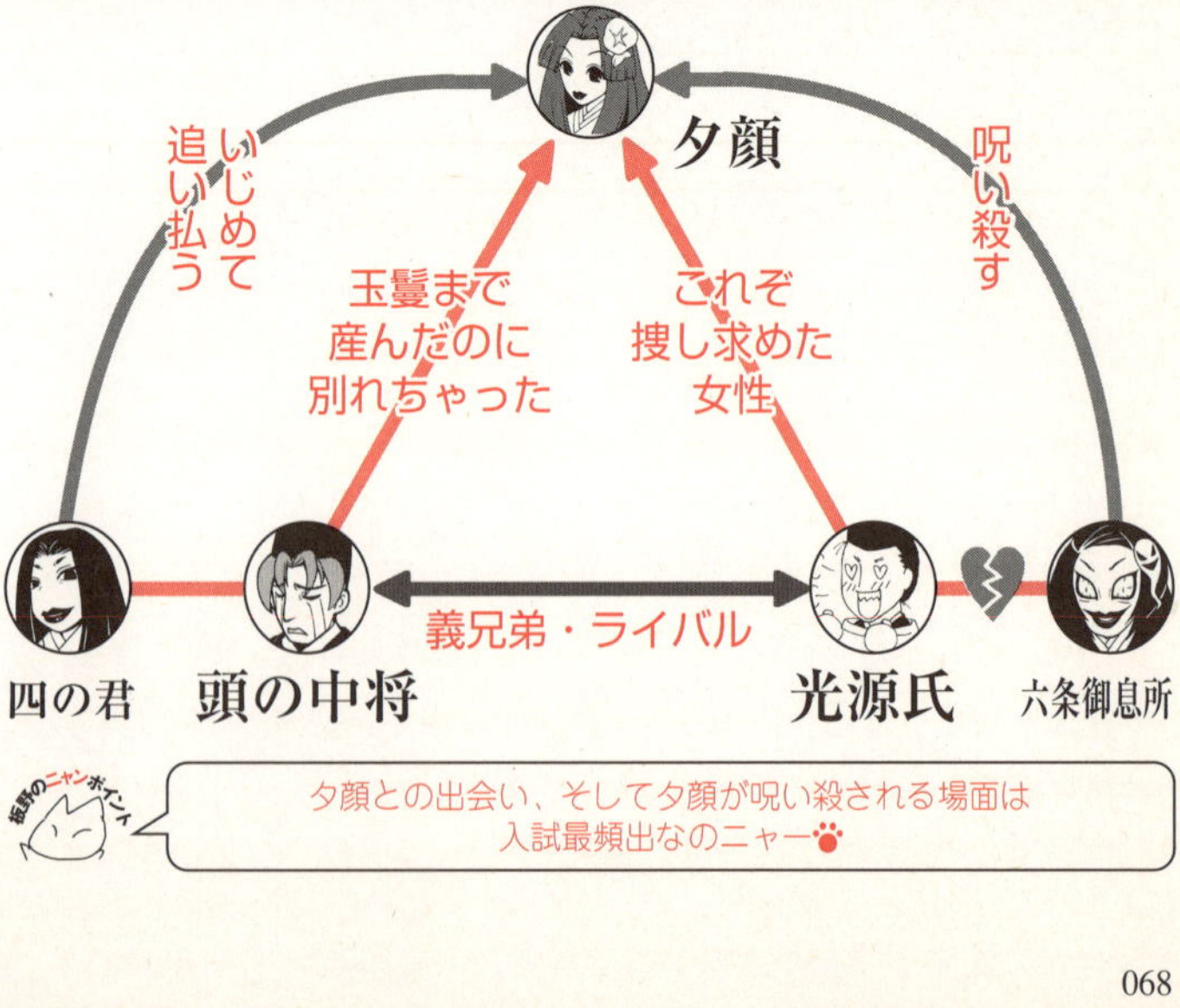

荻野のニャンポイント

夕顔との出会い、そして夕顔が呪い殺される場面は入試最頻出なのニャー

5

六《ろく》条《じょうの》御《み》息《やすん》所《どころ》

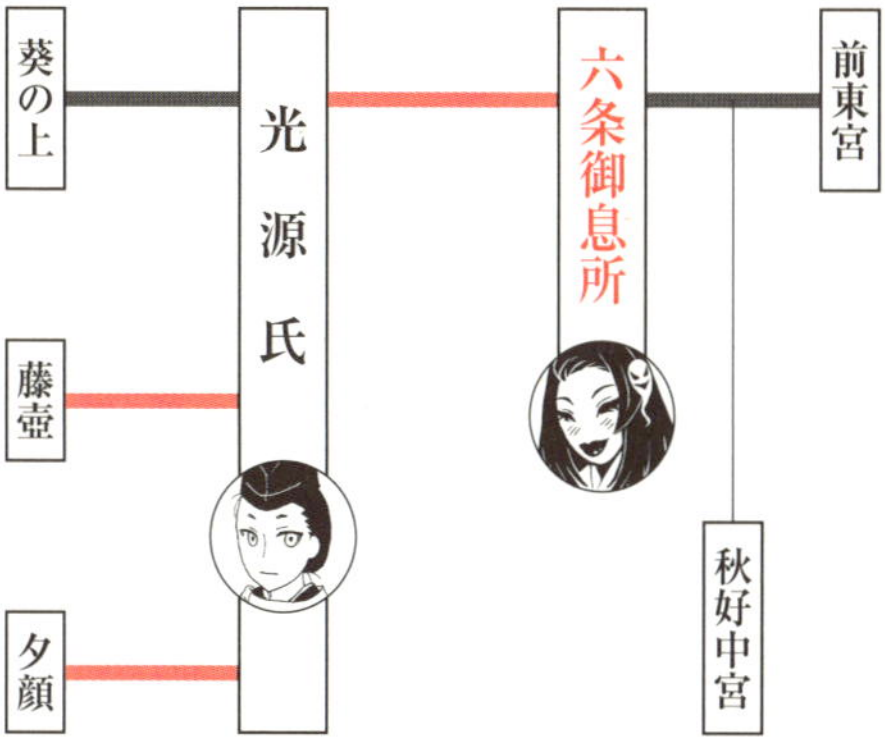

六条御息所

前東宮妃で秋好中宮の母。生霊となり夕顔・葵の上を死なせ娘と伊勢に下向。後に娘を光源氏に託して死亡。

みやびやかなれど愛執深き人

…上品で優雅であるが、愛欲が深い人

六条御息所物語

六条御息所《ろくじょうのみやすんどころ》と光源氏の出会いは正確には書かれていないのですが、だいたい光源氏17歳、六条御息所《ろくじょうのみやすんどころ》24歳の夏ということになっています。

大臣の娘として生まれた六条御息所《ろくじょうのみやすんどころ》は、16歳の時に東宮《とうぐう》妃として宮廷に入ります。才色兼備の六条御息所《ろくじょうのみやすんどころ》はまさにファーストレディーへの道を歩むのです。しかし姫君を産んだ後、夫である東宮《とうぐう》と死別し、わずか20歳で未亡人になってしまいました。ということで六条邸に出戻りです。

20歳で未亡人になってしまった六条御息所《ろくじょうのみやすんどころ》なんですが、美貌《びぼう》と教養を兼ね備え、元東宮《とうぐう》妃という地位にふさわしく、上流階級の女性としてのプライドの中に生きていました。

そんな彼女を恋する季節の光源氏が見逃すはずもなく、猛烈にアタックして愛人にしちゃいます。

夏
陰暦では四月（うづき）、五月（さつき）、六月（みなづき）が夏。

東宮
皇太子の敬称。「春宮（とうぐう）」とも。

しかし、若い光源氏にとってはしょせん火遊びに過ぎない恋。多くの愛人のうちの一人くらいにしか考えていません。一方、一度結婚も経験している妙齢の六条御息所《ろくじょうのみやすんどころ》のほうは、次第に激しくこの年下の愛人を愛してしまいます。そしてその愛は独占欲へと変わっていくのでした。

嫉妬《しっと》深い六条御息所《ろくじょうのみやすんどころ》の愛の激しさは、若い光源氏にとってはだんだん重荷になってきます。正妻葵の上《あおいのうえ》同様、プライドが高いのも鼻につきます。あれほど自分から恋した光源氏の気持ちも一気に冷めてしまいます。まだまだ若い恋の季節にいる光源氏に過ぎません。

そもそも六条御息所《ろくじょうのみやすんどころ》という人は、ちょっと考えすぎるお方でした。元皇太子妃で子供もいる自分に、7歳も年下の愛人光源氏。そのことで世間体を気にして恥じたりします。一方だんだん少なくなりつつある光源氏の訪問を恨んで、一人寝床でさびしく物思いに沈んだりもします。

そんな中、光源氏のほうはかわいい夕顔《ゆうがお》ちゃんに出会い、そちらに夢中になってしまいます。夕顔《ゆうがお》といると、葵の上《あおいのうえ》よりも六条御息所《ろくじょうのみやすんどころ》よりも楽ちんで、空蟬《うつせみ》との痛手も癒《いや》される光源氏でした。

しかし、プライドの高い六条御息所《ろくじょうのみやすんどころ》には光源氏が身分の低い夕顔《ゆうがお》と浮気《うわき》することが許せませんでした。

うらめしや〜〜、光源氏の君〜〜。そして愛人夕顔《ゆうがお》〜〜！

ということで、その嫉妬《しっと》心が身体から抜け出し、その生霊《いきりょう》が夕顔《ゆうがお》をとり殺してしまいます。うーん、悪いのは光源氏のような気もするのですが…。しかし生霊《いきりょう》を目の当たりにした光源氏は、ますます六条御息所《ろくじょうのみやすんどころ》に嫌気がさし、訪問を避けるようになります。

この後、光源氏は紫の上《むらさきのうえ》の養育に熱心になったり、末摘花《すえつむはな》と出会ったり、藤壺《ふじつぼ》を襲って子供をつくったり、朧月夜《おぼろづきよ》と密会してみたり…といろいろやらかして忙しい日々です。

そうこうしているうちに光源氏の父ちゃんである桐壺帝《きりつぼてい》が引退します。

御代《みよ》代わりってやつで、兄ちゃんの朱雀帝《すざくてい》が25歳で即位します。光源氏も22歳で**右大将**となります。帝《みかど》の交代によっていろんなところの役も交代します。伊勢神宮《いせじんぐう》の**斎宮**《さいぐう》には六条御息所《ろくじょうのみやすんどころ》の娘（13歳。のちの梅壺《うめつぼ》の女御《にょうご》→秋好中宮《あきこのむちゅうぐう》）、賀茂《かも》神社の斎宮《さいぐう》には**弘徽殿の大后**《こきでんのおおきさき》（弘徽殿《こきでん》の女御《にょうご》が昇進しました）の娘が任命されました。

光源氏が好き勝手やっている間も、六条御息所《ろくじょうのみやすんどころ》は相変わらず光源氏への愛を断ち切ることができずに苦しんでいました。疎遠になった光源氏に対して耐えに耐えているうちに、もうじき30歳です。なので、斎宮《さいぐう》に任命された娘にくっついて伊勢《いせ》に行っちゃおうかな～なんて思います。

この時、光源氏22歳。六条御息所《ろくじょうのみやすんどころ》29歳。そして事件は起こります。

京の一大イベント、賀茂《かも》祭（別名「葵祭《あおいまつり》」）の前に行われる**御禊の儀**《ごけいのぎ》に光源氏が参加することになりました。今を時めく若き貴公子の晴れ姿を一目見ようと、通りは見物の車でごったがえします。そんな中、懐妊中の葵の上《あおいのうえ》（26歳）も、気晴らしを兼ねて夫光源氏の晴れ姿を見物に出か

右大将
右近衛府の長官。宮中の警備、行幸の警護にあたる。

斎宮
占いで斎宮に決まると宮中内に設けられた初斎院で約一年、つづいて嵯峨野の野の宮で約一年精進潔斎し、決まってから三年目の九月に天皇に「別れの櫛」をさしてもらい、旅立つ。

弘徽殿の大后
弘徽殿の女御の息子が即位し朱雀帝となるのに合わせて大后となる。物語中最大の悪役。桐壺の更衣をいじめ殺し、光源氏を須磨・明石へ流謫させた。

御禊の儀
斎宮や斎院が賀茂川で行う禊をいう場合が多い。特に葵祭（賀茂祭）に先立って賀茂川で行う斎院の禊をいう場合が多い。

けます。
六条御息所《ろくじょうのみやすんどころ》も光源氏の美しい姿を一目見ようと、お忍びで出かけます。訪問がないことを恨みつつも、やはり光源氏のことを愛しているのですね。そして一条大路で光源氏の行列を待っていました。ケナゲ…。

そこへ遅くやって来たのが葵《あおい》の上《うえ》の車です。しかしそこは今日の主役である光源氏の正妻ってことで、従者たちも強気です。「オラオラどけどけ」ってなもんです。が、そこに一台だけ頑固《がんこ》にどかない車があったのです。それがよりによって六条御息所《ろくじょうのみやすんどころ》の車だったわけですね、もちろん。

そこで車を動かしている従者同士が大乱闘。そして六条御息所《ろくじょうのみやすんどころ》のほうの車がメチャクチャに壊されてしまい、通りの後ろのほうに押し込められます。暴力的に体面をけがされて六条御息所《ろくじょうのみやすんどころ》のプライドは傷つきます。しかも行列の光源氏は自分には気がつかず、にっくき葵《あおい》の上《うえ》と目を合わせて通り過ぎていくのでした。六条御息所《ろくじょうのみやすんどころ》、ダブルパ～ンチ。いったい私が何をしたって言うの～!?

六条御息所《ろくじょうのみやすんどころ》のプライドはズタズタです。

光源氏はこの事件のことを後から知りました。疎遠になっていた間柄とは言え、さすがに六条御息所《ろくじょうのみやすんどころ》が可哀相《かわいそう》だと思った光源氏はお見舞いに六条邸《ろくじょうてい》を訪れます。しかしもう身も心もズタズタに傷ついてしまった六条御息所《ろくじょうのみやすんどころ》は、光源氏に会おうとはしませんでした。

さらに事件が起こります。というのは、あのにっくき葵《あおい》の上《うえ》が妊娠していることを六条御息所《ろくじょうのみやすんどころ》が知ってしまうのです。

おのれ～。私の愛する光源氏の子供を産むなんて～。「車争い」の恨みも忘れてないわよ～～。と思っているうちに失神してしまいます。そして生霊《いきりょう》が体から抜け出して…これはいつかと同じ…。

今回の六条御息所《ろくじょうのみやすんどころ》の生霊《いきりょう》は葵《あおい》の上《うえ》に乗り移り、光源氏を愛するあまりの苦しみと嫉妬《しっと》を訴えます。その声を聞いた光源氏は、葵の上《あおいのうえ》を苦しめていた物の怪《もののけ》が六条御息所《ろくじょうのみやすんどころ》の生霊《いきりょう》であることを知り、ショックを受けて深く悲しみます。

生霊《いきりょう》に乗り移られたものの、葵の上《あおいのうえ》はなんとか無事に男児（夕霧《ゆうぎり》）を産みます。しかし、それもつかの間。六条御息所《ろくじょうのみやすんどころ》の呪《のろ》いでしょうか、葵の上《あおいのうえ》は突然胸の苦しみを訴えて死んじゃいます。光源氏も左大臣《さだいじん》家も夕霧《ゆうぎり》誕生で喜んでいた直後のことで、あまりの落差に大ショックです。葵の上《あおいのうえ》の兄である頭の中将《とうのちゅうじょう》が光源氏をなぐさめたりしてくれますが、光源氏は悲しみの中、葵の上《あおいのうえ》のためにお経を唱える日々を送り、出家することすら考えます。

一方六条御息所《ろくじょうのみやすんどころ》のほうも、自分の衣服に祈禱《きとう》で使う芥子《けし》の匂《にお》いが染み着いていたことに気がつきます。まさか自分の生霊《いきりょう》が人を呪《のろ》っているなんて…信じられないことですが、本当のことです。それを恥じて、鬱々《うつうつ》とした日を送っていたときに葵の上《あおいのうえ》の訃報《ふほう》…。ああ、恐ろしきは女の怨念《おんねん》。

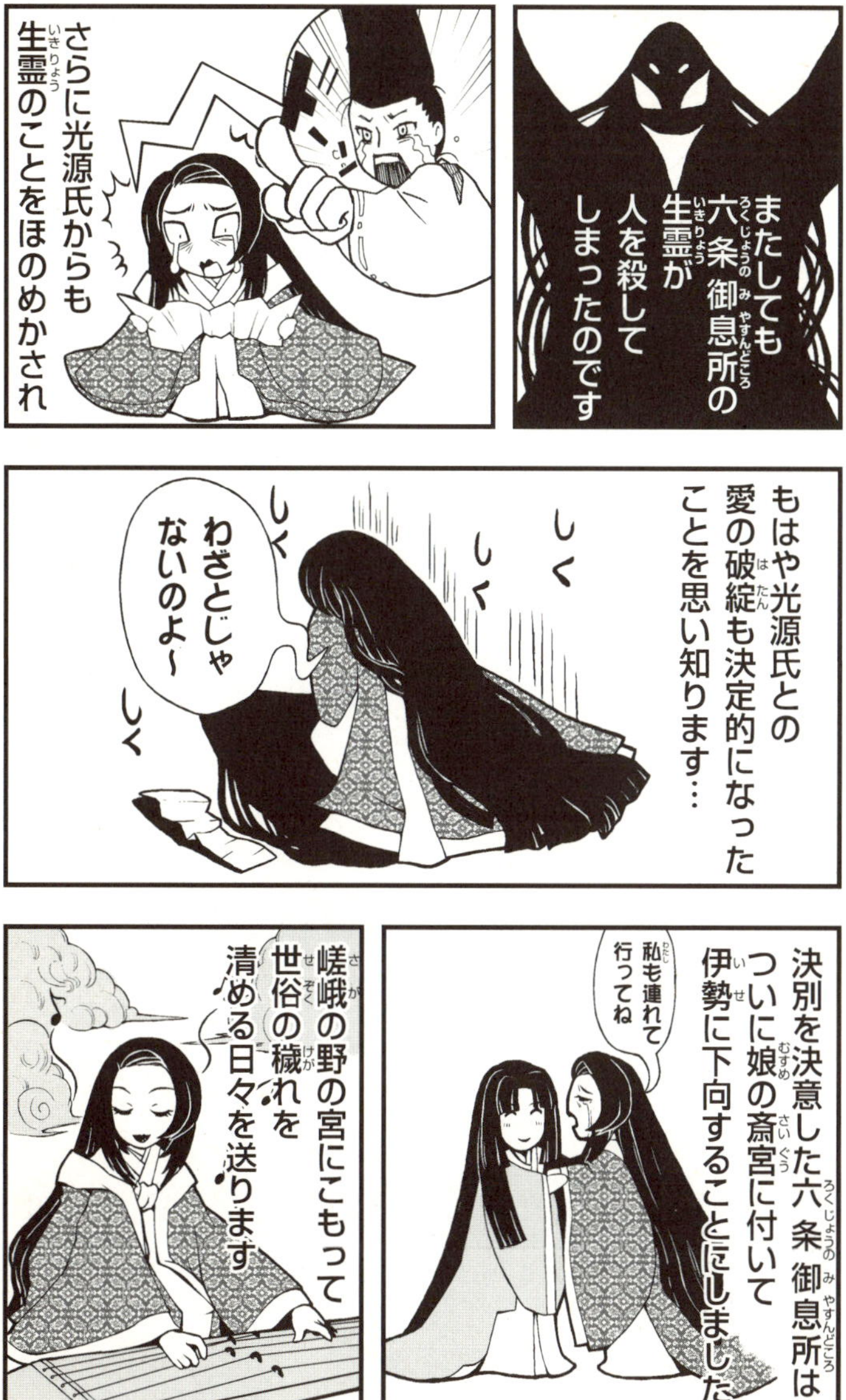
またしても
六条御息所《ろくじょうのみやすんどころ》の
生霊《いきりょう》が
人を殺して
しまったのです
さらに光源氏からも
生霊《いきりょう》のことをほのめかされ
もはや光源氏との
愛の破綻《はたん》も決定的になった
ことを思い知ります…
しく
しく
しく
わざとじゃ
ないのよ~
しく
決別を決意した六条御息所《ろくじょうのみやすんどころ》は
ついに娘《むすめ》の斎宮《さいぐう》に付いて
伊勢《いせ》に下向することにしました
私《わたし》も連れて
行ってね
嵯峨《さが》の野の宮にこもって
世俗《せぞく》の穢《けが》れを
清める日々を送ります

時は九月の晩秋
さすがに去っていく愛人を
哀《あわ》れに思った光源氏は
嵯峨《さが》を訪れます
あたりに哀愁《あいしゅう》漂《ただよ》う中
六条御息所《ろくじょうのみやすんどころ》と
光源氏は
ともに過《す》ぎ去りし
青春の思い出を夜通し
語り明かします
こうして六条は
娘《むすめ》の斎宮《さいぐう》とともに
伊勢《いせ》に下っていきました
この時光源氏23歳《さい》
六条御息所《ろくじょうのみやすんどころ》30歳《さい》の秋でした

六年後、斎宮《さいぐう》の任期が切れたことによって六条御息所《ろくじょうのみやすんどころ》は娘とともに元の六条邸《ろくじょうてい》に帰京します。六条御息所《ろくじょうのみやすんどころ》はすでに36歳、娘の前斎宮《さいぐう》は20歳です。

帰京後まもなく六条御息所《ろくじょうのみやすんどころ》は重病にかかり、将来を不安に思って出家してしまいます。それに驚いた光源氏は六条邸《ろくじょうてい》に駆けつけます。別れた愛人でも、出家したとなるともったいないと思うセコい光源氏です。

それでも六条御息所《ろくじょうのみやすんどころ》は光源氏の思いやりに感謝し、たった一つの心残りである娘（前斎宮《さいぐう》）の後見《うしろみ》を依頼します。死に臨んだ六条御息所《ろくじょうのみやすんどころ》は遺言として、娘には決して手を出さないようにと光源氏にお願いして、わずか36年の生涯を閉じました。遺言の内容は自分と同じ苦労を娘にはさせたくないという母心ですねえ。というか、光源氏の下心を鋭く見抜いたと言うべきでしょうか。

その後、光源氏は前斎宮《さいぐう》（21歳）を養女として迎えます。そして藤壺《ふじつぼ》の宮と相談の上、朱雀院《すざくいん》（33歳）ではなく冷泉帝《れいぜいてい》（12歳）の妃として入内《じゅだい》

六条邸
六条邸は六条御息所の死後光源氏が譲り受け、その地に壮大な六条院を建てている。

させ、六条御息所《ろくじょうのみやすんどころ》への償いを果たします。

しかし、母に似た美しさを持つ若い前斎宮《さいぐう》にしばしば心を奪われそうになり、そのたびに六条御息所《ろくじょうのみやすんどころ》の遺言を思い出してはぐっと堪えるのでした。スケベジジー。

こうして前斎宮《さいぐう》（22歳）は光源氏の絶大なる後見《うしろみ》により、冷泉帝《れいぜいてい》（13歳）へ入内《じゅだい》して梅壺《うめつぼ》の女御《にょうご》となり、その後秋好中宮《あきこのむちゅうぐう》へと進み、栄華を極めます。

しかし六条御息所《ろくじょうのみやすんどころ》は愛執のために往生できず、紫《むらさき》の上《うえ》の病気の時や、女三の宮《おんなさんのみや》の出産の時に物の怪《もののけ》として現れたりします。死んでもまだ残る女の怨念《おんねん》…げに恐ろしや恐ろしや。

梅壺
内裏の北半分にある后たちの住まいの一つの凝華舎（ぎょうかしゃ）の別名が梅壺。

秋好中宮
内大臣の娘弘徽殿の女御との中宮争いで見事勝った。母六条御息所が亡くなった季節の「秋」を好むところから秋好中宮と呼ばれた。

和歌

「賢木《ははきぎ》」の巻。娘（斎宮《さいぐう》）と伊勢に下向するにあたり、光源氏との別れに六条御息所《ろくじょうのみやすんどころ》が詠んだ歌。

おほかたの秋の別れもかなしきに鳴く音な添へそ野辺の松虫

普通秋に別れるというだけで悲しいのに、そのうえ悲しく鳴く音を添えないでください、野辺の松虫よ。

入試ポイント

「な〜そ」が丁寧な禁止「〜しないでください」。「添ふ」は加えること。一般的に「秋の別れ」とは悲しくせつないもの。そのうえに松虫の悲しい鳴き声を加えないでください、という内容。

入試頻出古文

光源氏の正妻葵の上をとり殺した六条御息所は、娘の斎宮につき添って伊勢下向を決意するが、光源氏のたっての願いを受け入れて九月のはじめ、嵯峨野の野の宮で出会いの一時をもった場面である。

心にまかせて見たてまつりつべく、人も慕《した》ひざまに思したりつる年月は、のどかなりつる御心おごりに、さしも思されざりき。また心の中《うち》に、いかにぞや、瑕《きず》ありて思ひきこえたまひにし後《のち》、はたあはれもさめつつ、かく御仲も隔たりぬるを、めづらしき御対面《たいめ》の昔おぼえたるに、あはれと思し乱るること限りなし。来《き》し方行く先思しつづけられて、心弱く泣きたまひぬ。女は、さしも見えじと思しつつむめれど、え忍びたまはぬ御けしきを、いよいよ心苦しう、なほ思しとまるべきさまにぞ聞こえたまふめる。月も入りぬるにや、あはれなる空をながめつつ、恨みきこえたまふに、こここら思ひあつめたまへるつらさも消えぬべし。やうやう今はと思ひ離れたまへるに、さればよと、なかなか心動きて思し乱る。

現代語訳

思いどおりにお逢《あ》い申しあげることができ、また六条御息所《ろくじょうのみやすんどころ》としても光源氏の君を慕わしくお思いになっていた往時の年月は、のんびりといい気になっておられたから、それほどつらいお気持ちにはならなかった。また光源氏の心の中で、（夕顔《ゆうがお》の事件以降）なんとしたことかと、女君（六条御息所《ろくじょうのみやすんどころ》）に悪い所があるように思いこんでおしまいになられての後は、やはり愛情もしだいに冷え冷えになって、このような二人の仲も疎遠になってしまっているのだが、今宵《こよい》の久しぶりのご対面が昔日《せきじつ》を思い出させるにつけて、しみじみと悲しみが胸に限りなくこみあげてくるのである。これまでのことや、これから先のことが思いつづけられて、情けなくも光源氏の君はお泣きになった。女（六条御息所《ろくじょうのみやすんどころ》）はこんなにも苦しみ悩んでいる自分であることを気づかれまいと、思いこらえているようだが、とても堪えられぬご様子を見て、それを光源氏の君はいよいよ心苦しくお思いになって、やはり今からでも伊勢《いせ》への御下向はお思いとどまるべきよう、申しあげなさる様子である。月も沈んでしまったのだろうか、心にしみ入るような空をながめなさりつつ、恋のつらさを申しあげなさっているうちに、長年胸のうちに積もっておいでになったうらめしい思いも、きっと消え失《う》せてしまうのであろう。ようやく、今度こそもう最後と、光源氏の君との仲を終わりにしようと六条御息所《ろくじょうのみやすんどころ》は思っておいでになっていたのに、やはり懸念《けねん》していたとおりだったと、お逢《あ》いしたためにかえって決心がぐらつき、思い乱れておいでになる。

ダイジェスト六条御息所

1. 16歳で東宮《とうぐう》妃となるが東宮《とうぐう》が若死し20歳で未亡人に。
2. 知性と教養が抜群で六条邸《てい》はサロン的存在になる。
3. 年下の光源氏を愛してしまいプライドの裏返しで愛執《あいしゅう》の鬼と化す。
4. 生霊《いきりょう》・死霊《しりょう》となり光源氏の愛する女性を次々と襲う。
5. 娘が斎宮《さいぐう》になると一緒に伊勢に下向。
6. 娘（秋好中宮《あきこのむちゅうぐう》）を光源氏に託して36歳で死亡。

入試ポイント

六条御息所の生霊・死霊の被害者

夕顔

光源氏と密会中、生霊にとりつかれ死亡。

葵の上

生霊に乗り移られ、夕霧出産後死亡。

紫の上

死霊にとりつかれ、一時危篤。

女三の宮

死霊にとりつかれて出家。

板野のニャンポイント

六条御息所は、結局光源氏に一番愛されるということがなかったかわいそうな女性なのニャー

6

紫《むらさき》の上《うえ》

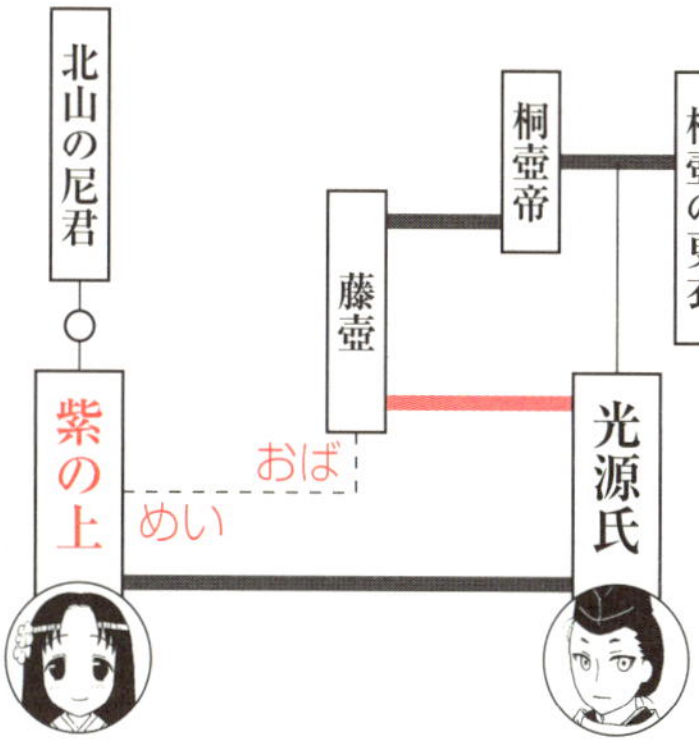

紫の上
『源氏物語』のヒロイン。葵の上が死亡後14歳で光源氏の正妻格に。晩年出家を望むがかなわず死亡。

またなくきよげにてめづらしき人

…この上なく美しくてすばらしい人

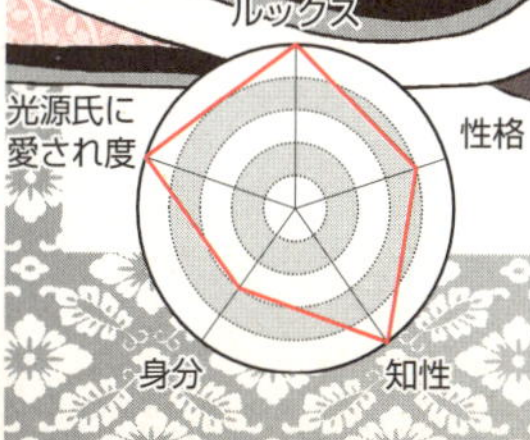

紫の上物語

『源氏物語』の最大のヒロインといえば紫《むらさき》の上《うえ》でしょう。光源氏に最も愛されたと言える女性です。ただし、紫《むらさき》の上《うえ》本人の立場に立って考えてみると、その幸不幸の判断はなかなか複雑なものがあります。

光源氏に最も愛された女性、とはいっても身分上「正妻」にはなりえず、「正妻格」のままで一生を終えます。その途中では光源氏のたび重なる浮気と女三《おんなさん》の宮《みや》の正妻降嫁《こうか》など、いろいろな心を痛める事件に遭うのです。

はっきり言って「不幸」というべきかも…。

紫《むらさき》の上《うえ》の物語は「若紫」の巻から始まります。光源氏18歳の春、病気の祈禱《きとう》のために北山の僧のところに出かけていきます。夕顔《ゆうがお》を失った後のことです。光源氏が山辺を散歩していると家があったので、垣根から中を窺《うかが》ってみました。このへんは相変わらずの好色ぶり…。

病気の祈禱
この時代の人は病気を治すために神仏にお願いした。「祈禱」は「加持」と合わせて「加持祈禱」と言われた。その行者を験者（げんざ）と呼び、病気治癒や出産祈願、あるいは物の怪退治などにおいて加持祈禱が行われた。

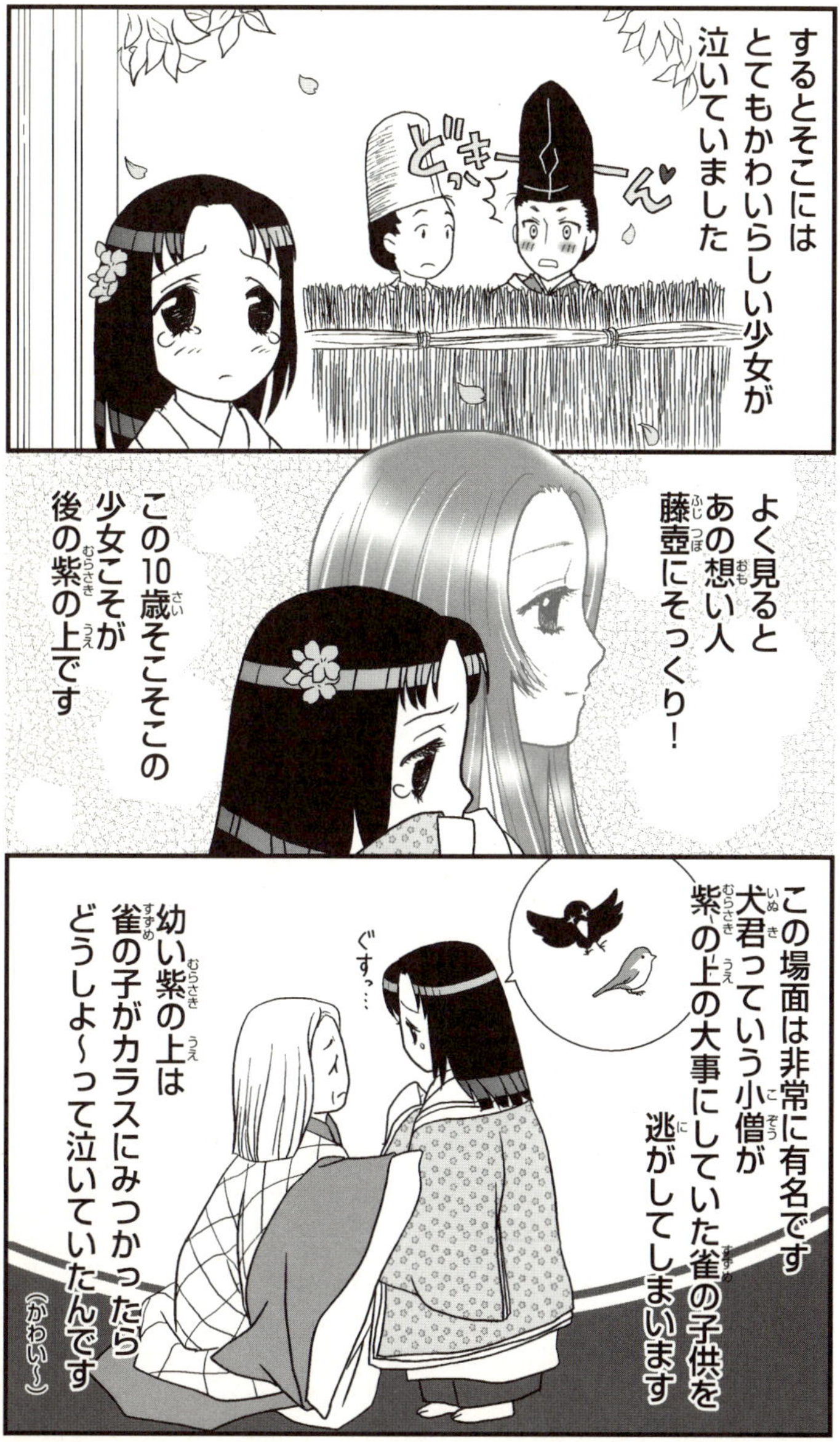
するとそこには
とてもかわいらしい少女が
泣いていました
どっきーーん
よく見ると
あの想《おも》い人
藤壺《ふじつぼ》にそっくり！
この10歳《さい》そこそこの
少女こそが
後の紫《むらさき》の上《うえ》です
この場面は非常に有名です
犬君《いぬき》っていう小僧《こぞう》が
紫《むらさき》の上《うえ》の大事にしていた雀《すずめ》の子供を
逃《に》がしてしまいます
ぐすっ…
幼い紫《むらさき》の上《うえ》は
雀《すずめ》の子がカラスにみつかったら
どうしよ～って泣いていたんです
（かわい～）

その後光源氏は僧都《そうず》から
この少女がなんと藤壺《ふじつぼ》の兄である
式部卿《しきぶきょう》の宮の娘であると聞きます
実は……
藤壺《ふじつぼ》の中宮《ちゅうぐう》
兄妹
式部卿《しきぶきょう》の宮《みや》
親子
紫《むらさき》の上《うえ》
おおっ!!
母親が亡くなり
父親に引き取られずに祖母（僧都《そうず》の妹）
の元で育てられていたのです
つまり紫《むらさき》の上《うえ》は
あの光源氏の想《おも》い人
藤壺《ふじつぼ》の
姪《めい》
にあたるわけです
どーりで
好みのはず
ぐっ

藤壺《ふじつぼ》にゆかりの人…。光源氏の心はもうドキドキです。さっそく光源氏は紫《むらさき》の上《うえ》を育てている尼君に少女の後見人《こうけんにん》を申し出ます。たった11歳の子に光源氏が結婚を前提として世話をしたいなんて、おかしいな、と思った尼君はこの場は断ります。ところが秋になって尼君は病気になってしまいます。尼君は見舞いに来た光源氏に少女のことをお願いして亡くなってしまいました。なんて好都合な…。

光源氏は、紫《むらさき》の上《うえ》の父親が仕方なく彼女を引き取ろうとしていることを知り、それならとその日の朝、強引に彼女を二条院に連れてきてしまいます。一種の強奪ですね。

突然二条院に引き取られた紫《むらさき》の上《うえ》でしたが、光源氏の理想の妻となるべく教養も身につけ美しく成長していきます。そして光源氏を父や兄のように慕い、光源氏が他の女性のところに出かけていこうとすると、泣いて抱きついて離さないこともありました。光源氏は泣いたまま腕の中で眠ってしまった紫《むらさき》の上《うえ》を愛らしく感じ、そのまま女性のもとには行かずにすごすこともありました。うーむ、ロリコン。

教養
女子の宮廷文化の必修の教養。
1 書道＝女手（をんなで）といわれる平仮名。
2 和歌＝まずは『古今和歌集』を覚える。
3 管弦（音楽）＝箏・琴など。
4 その他＝和歌を書く紙の色・質・墨の色の工夫。衣服の色目を選ぶ洗練された感覚。優れた香の合わせ方の工夫。日常の起居動作についての心得など。結構大変。

その後、光源氏にはいろんなことがありました。特に葵《あおい》の上《うえ》の出産・急死などの事件の間は、しばらく二条院に帰れませんでした。

気がつくと、光源氏と紫《むらさき》の上《うえ》とは出会ってから4年以上の月日が経《た》っていたのでした。二条院に帰り、久しぶりに見た紫《むらさき》の上《うえ》はすっかり大人の女性として美しく成長していました。葵《あおい》の上《うえ》を亡くし、出家したいと言って落ち込んでいたはずなのに、光源氏は紫《むらさき》の上《うえ》にトキメキます。

そしてついに正妻葵《あおい》の上《うえ》のいなくなった光源氏（22歳）は紫《むらさき》の上《うえ》（14歳）と新枕《にいまくら》を交わします。このとき紫《むらさき》の上《うえ》のほうはかなりショックを受けます。父として兄として慕ってきた光源氏との新枕《にいまくら》は、あくまで光源氏のペースで行われました。しばらく紫《むらさき》の上《うえ》は光源氏と冗談も交わさないのでした。ちょっとは反省しろ光源氏！

そんなことまでしたくせに、その後光源氏（24歳）は朱雀帝《すざくてい》に入内《じゅだい》した右大臣《うだいじん》の六女、朧月夜《おぼろづきよ》との恋愛にのめりこみます。朧月夜《おぼろづきよ》は尚侍《ないしのかみ》として朱雀帝《すざくてい》から寵愛《ちょうあい》されている女性でした。そこで右大臣《うだいじん》側としては朧月《おぼろづき》

新枕
男女が初めて共寝すること。当時は三日間続けて男が女のもとに通って結婚が成立する。普通は女性側の親が宴をしきる。紫の上は後見がいないので光源氏が準備した。

尚侍
帝のそば近くにお仕えし、帝への取次にあたる。本来は従五位相当の女官であるが、帝から寵愛を受けることもあり、女御・更衣に準ずる従三位相当となった。

夜《よ》に皇子を産んでもらって、次なる中宮《ちゅうぐう》を目指してほしいところです。そんな敵側右大臣《うだいじん》の娘との恋愛ですから、光源氏と朧月夜《おぼろづきよ》のデートは超ー極秘です。光源氏にとっては本当にあぶない橋を渡ることになります。しかし、とうとう右大臣《うだいじん》側にばれてしまい、光源氏は須磨《すま》に退居することになりました。天罰ですね〜。

反省のために須磨《すま》へ退居するからには、愛する紫《むらさき》の上《うえ》を連れていくわけにはいかず、二人は離ればなれになってしまいます。紫《むらさき》の上《うえ》は光源氏のいない間、しっかりと留守を守りぬきました。なのに明石《あかし》にいる光源氏から来た便りは、明石《あかし》の君《きみ》との恋愛のことです。これにはさすがの紫《むらさき》の上《うえ》もすこし皮肉を言ってしまいます。

その後、明石《あかし》の君《きみ》に女の子（後の明石《あかし》の中宮《ちゅうぐう》）まで産まれて嫉妬《しっと》の炎に苦しむ紫《むらさき》の上《うえ》でしたが、その明石《あかし》の姫君《ひめぎみ》を預かり、養母として育てることになります。子供好きな紫《むらさき》の上《うえ》は、そこで母性本能を全開させて少し気分を紛らわします。

中宮
一条帝の時、藤原定子を皇后、藤原彰子を中宮として並立するようになって以降、中宮と皇后とは同格の別称となった。

須磨
現在の兵庫県神戸市須磨区のあたり。月の名所であり、海人（あま）が塩を焼く土地として有名だった。しかし当時は都と比べてド田舎と言ってもいい。

養母
明石の君より身分の高い紫の上が養母となることで姫君が出世できる。結局、後に明石の中宮となる。

その後紫《むらさき》の上《うえ》は、光源氏が朝顔《あさがお》の斎院《さいいん》（光源氏の従姉妹《いとこ》）のところに通っていることを知ります。さらに世間が光源氏の正妻としては朝顔《あさがお》の斎院《さいいん》のほうがふさわしいと噂《うわさ》しているのを聞いて、ひどくショックを受けます。身分は朝顔《あさがお》の斎院《さいいん》のほうが数倍上なので、紫《むらさき》の上《うえ》は正妻の座が危うくなってしまうことに不安を募らせます。しかし、賢い紫《むらさき》の上《うえ》は嫉妬《しっと》するような素振りを光源氏に見せることはなく、じっと耐えていました。

そして光源氏35歳の秋、栄華の象徴ともいえる六条院が完成しました。四季の町からなるこの建物は、めちゃめちゃデカイものです。

紫《むらさき》の上《うえ》（27歳）は光源氏とともに東南の春の町に移り住みました。夏の町は花散里《はなちるさと》（？歳）と夕霧《ゆうぎり》（14歳）、秋の町には秋好《あきこのむ》中宮《ちゅうぐう》（26歳）、冬の町には明石《あかし》の君《きみ》（26歳）が入りました。

六条院に移り住んで初の正月になり、光源氏（36歳）は六条院に住む女性たちを順番に回って挨拶《あいさつ》をしました。娘と離ればなれになって寂しい思いをしていた明石《あかし》の君《きみ》をかわいそうに思った光源氏は、新年最初の日

朝顔の斎院
桃園式部卿の宮の娘で、光源氏の従姉妹にあたる。光源氏からの何度もの求婚を拒絶し、思慮深く自分の意志を貫き通した。

六条院
P188参照。

を明石《あかし》の君《きみ》と一緒に過ごしました。それを見送る紫《むらさき》の上《うえ》は虚《むな》しく、さすがに嫉妬《しっと》の炎も燃えます。

その後、明石《あかし》の姫君《ひめぎみ》が入内《じゅだい》することになりました。当日は最初、養母紫《むらさき》の上《うえ》が付き添いますが、紫《むらさき》の上《うえ》の気遣いで、途中から実母明石《あかし》の君《きみ》に交替します。初めて対面した二人は、火花を散らすどころか互いの素晴らしさを認め、仲良くなります。さすがにできた二人ですね。

いろいろと光源氏の女性関係に悩まされた紫《むらさき》の上《うえ》でしたが、明石《あかし》の姫君《ひめぎみ》が入内《じゅだい》し、その母明石《あかし》の君《きみ》にも対面してようやく落ち着いてきたと思ったら…。とんでもない話が舞い込んできたのです。

なんと光源氏の兄朱雀院《すざくいん》の娘、女三の宮《おんなさんのみや》（14歳）が光源氏（40歳）の正妻として降嫁《こうか》することになったのです。噂《うわさ》では聞いていたものの、まさかそんなことを光源氏が承知するはずはないと信じていた紫《むらさき》の上《うえ》は、今まで培《つちか》ってきた夫婦の絆《きずな》が音をたてて崩れていくような気分です。紫《むらさき》の上《うえ》、最大のピンチです。

入内
明石の姫君は明石の女御として今上帝のもとに入内する。その後中宮へと進む。

女三の宮
朱雀院の第三皇女。母は藤壺の妹。つまり藤壺の姪、紫の上の従姉妹にあたる、紫のゆかりの女性。

当初、光源氏は女三《おんなさん》の宮《みや》が紫のゆかりの人ということで期待していました。しかし14歳の女三《おんなさん》の宮《みや》はあまりにも幼稚でした。紫《むらさき》の上《うえ》のしっかりした少女時代を知っていた光源氏は、紫《むらさき》の上《うえ》への愛を再認識し、これまで以上の愛を注ぐようになります。が、紫《むらさき》の上《うえ》のほうは違いました。

紫《むらさき》の上《うえ》としては、もうこれからの人生を光源氏に振り回されるのはこりごりでした。そこで、出家をして残りの人生を仏にささげたいと光源氏に何度もお願いします。しかし光源氏は、生きたまま別れるのだけはいやだ～！　ってことで当然承知しません。

さて、紫《むらさき》の上《うえ》が39歳の時に六条院で女性だけのコンサートが開かれました。明石《あかし》の君《きみ》（38歳）、明石《あかし》の中宮《ちゅうぐう》（18歳）、女三《おんなさん》の宮《みや》（21歳）、秋好《あきこのむ》中宮《ちゅうぐう》（38歳）がそれぞれに琴や琵琶《びわ》や箏《そう》で見事な演奏を披露しました。光源氏とその息子《むすこ》夕霧《ゆうぎり》も、拍子を取り歌なども歌ったりしました。華やかな宴です。

しかしその次の日、紫《むらさき》の上《うえ》が倒れて重態になります。原因不明のまま

紫のゆかり
桐壺の更衣、藤壺、紫の上、女三の宮。（P102参照。）

琴

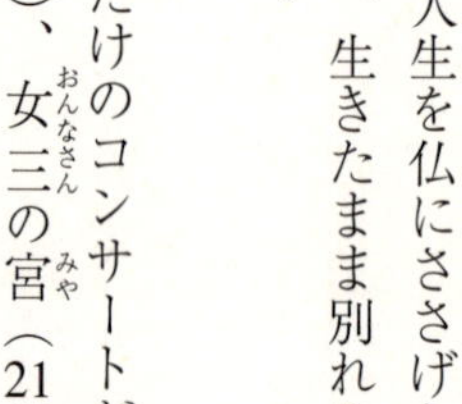

琵琶

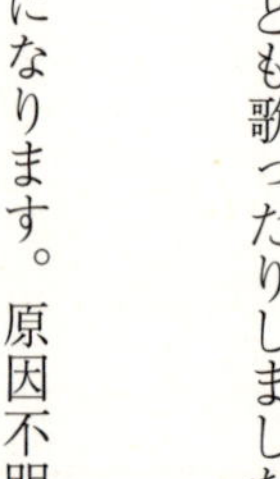

二か月たっても回復しない紫《むらさき》の上《うえ》は、六条院から二条院へと移されます。さすがの光源氏もつきっきりで看病していました。そこへ出てきたのが物《もの》の怪《け》六条御息所《ろくじょうのみやすんどころ》です。しつこいね～。

光源氏様。このあいだの演奏会の時、私の悪口を言ったでしょう。うらめしや～。死んで18年たっても粗末に扱ったら恨みますからね～～～。

なんとまあ、執念深い六条御息所《ろくじょうのみやすんどころ》でしょう。

この時一度は危篤にまで陥った紫《むらさき》の上《うえ》でしたが、なんとか一命はとりとめ、回復に向かいました。

しかし、それ以来病気がちになった紫《むらさき》の上《うえ》は、在家のまま受戒《じゅかい》し、静かな晩年を迎えます。紫《むらさき》の上《うえ》が43歳の春、法華経《ほけきょう》千部供養を盛大に行った際に、明石《あかし》の君《きみ》や花散里《はなちるさと》にさりげなく死出の旅路への別れを告げるのでした。

☞箏

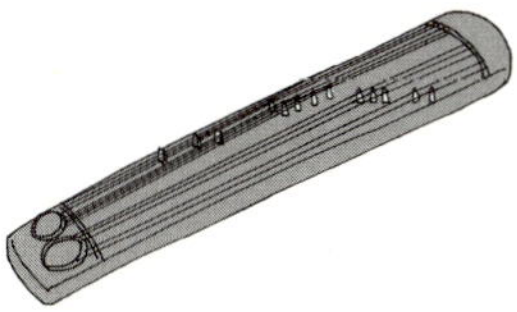

☞六条御息所
夕顔、葵の上に引き続き紫の上にもとりつく。なかなか執念深い。

☞受戒
仏門に入る者が仏の定めた戒律を受けること。

夏になって
容態の良くならない紫《むらさき》の上《うえ》に明石《あかし》の中宮《ちゅうぐう》(22歳《さい》)が見舞《みま》いに来《き》ます
そして自分が高貴な身分に栄進できたのも養母である紫《むらさき》の上《うえ》のおかげだと感謝します
子供のいない紫《むらさき》の上《うえ》はただ残していく光源氏のことだけを気にかけていました
また、明石《あかし》の中宮《ちゅうぐう》の息子《むすこ》匂《におう》の宮(5歳《さい》)には遺言として自分が死んだら二条院に住むようにと言い残すのでした

秋になって
容態の急変した紫《むらさき》の上《うえ》は
明石《あかし》の中宮《ちゅうぐう》に手を取られ
愛する光源氏に見守られる中
わずか43年の生涯《しょうがい》を閉じます
ああ、やはり美しい……
その死に顔を見た夕霧は
生きているときと
変わらぬ美しさに感動します
紫《むらさき》の上《うえ》を失った光源氏は
生きる気力もなく
仏道修行に励《はげ》みます
そして自らの女性関係で
紫《むらさき》の上《うえ》を苦しめたことを反省し
出家の覚悟《かくご》を固めます

そして一年後の冬
身辺整理で紫《むらさき》の上《うえ》からの手紙を見つけた光源氏はそれを読み
涙《なみだ》にくれます
その紫《むらさき》の上《うえ》からの手紙をすべて焼くことで
紫《むらさき》の上《うえ》との思い出を永遠のものにするのでした……

和歌

「御法《みのり》」の巻。光源氏と明石《あかし》の中宮《ちゅうぐう》に見守られながら詠んだ紫《むらさき》の上《うえ》最期の歌。

おくと見るほどぞはかなきともすれば風にみだるる萩のうは露

萩の上に露が降りたと見る間もはかないことで、どうかするとすぐ風に乱れてしまいます。私が起きているとご覧になっても、それは束の間のことですぐに消えはててしまうことでしょう。

入試ポイント

次の光源氏の返歌とペアで鑑賞する。「ややもせば消えをあらそふ露の世におくれ先だつほど経ずもがな＝どうかすると先を争って消えようとする露、その露のようにはかないこの現世では死に遅れたり先だったりするのに間をおかず、一緒に死にたいものです」。

和歌の技法

「おく」は、露が「置く（＝降りる）」と、紫《むらさき》の上《うえ》が「起く」との掛詞《かけことば》。「露」と「萩」は縁語《えんご》。

紫の上が臨終前に匂の宮と語らう場面である。

宮たちを見たてまつりたまうても、「おのおのの御行く末をゆかしく思ひきこえけるこそ、かくはかなかりける身を惜しむ心のまじりけるにや」とて涙ぐみたまへる、御顔のにほひ、いみじうをかしげなり。

【中略】

三の宮は、あまたの御中に、いとをかしげにて歩《あり》きたまふを、御心地の隙《ひま》には前に据《す》ゑたてまつりたまひて、人の聞かぬ間《ま》に、「まろがはべらざらむに、思《おぼ》し出でなんや」と聞こえたまへば、「いと恋しかりなむ。まろは、内裏《うち》の上《うへ》よりも宮よりも、母をこそまさりて思ひきこゆれば、おはせずは心地むつかしかりなむ」とて、目おしすりて紛《まぎ》らはしたまへるさまをかしければ、ほほ笑《ゑ》みながら涙は落ちぬ。

「大人《おとな》になりたまひなば、ここに住みたまひて、この対の前なる紅梅《こうばい》と桜とは、花のをりをりに心とどめてもて遊びたまへ。さるべからむをりは、仏にも奉りたまへ」と聞こえたまへば、うちうなづきて、御顔をまもりて、涙の落つべかめれば立ちておはしぬ。とり分きて生《お》ほしたてたてまつりたまへれば、この宮と姫宮とをぞ、見さしきこえたまはんこと、口惜しくあはれに思されける。

現代語訳

紫《むらさき》の上《うえ》は明石《あかし》の中宮《ちゅうぐう》の御子《みこ》たちをご覧になっても、「お一人お一人の将来をぜひ拝見したいと思っておりましたのは、こんなにはかなく死んでしまうこの身を惜しむ気持ちがどこかにあったためでございましょうか」とおっしゃって涙ぐんでいらっしゃる、そのお顔の風情《ふぜい》はとてもお美しい様子である。

【中略】

三の宮（匂《におう》の宮《みや》）が何人もの皇子の中で、まことにかわいらしげなお姿で歩きまわっていらっしゃるのを、紫《むらさき》の上《うえ》はご気分のよいときには、前におすわらせになって、誰《だれ》も聞いている人のいないときに、「私がいなくなりましたら、思い出しなさいますか」とお尋ねになると、匂《におう》の宮《みや》は「とても恋しいでしょう。私は、父帝（今上帝《きんじょうてい》）よりも、母宮（明石《あかし》の中宮《ちゅうぐう》）よりも、母様（紫《むらさき》の上《うえ》）をより大切に思っておりますから、この世にいらっしゃらないようになったら機嫌が悪くなると思います」とおっしゃって、目をこすって涙が出るのをごまかしていらっしゃる、そのご様子がかわいらしいので、紫《むらさき》の上《うえ》は微笑《ほほえ》みながらも涙が落ちた。

紫《むらさき》の上《うえ》が「匂《におう》の宮様《みや》が大人になりなさったら、このお邸《やしき》（二条院）にお住まいになって、この西の対の前にある紅梅と桜とは、花の咲く折々にお忘れなく見て大切に鑑賞なさってください。何かそうしたときには、仏様にも花をお供えください」と申しあげなさると、匂《におう》の宮《みや》はうなずきなさって、紫《むらさき》の上《うえ》のお顔を見つめていると涙が落ちそうなので、立ってあちらへいらっしゃった。特別にしてお育て申し上げなさったのであるから、この三の宮と姫宮とを中途でお世話できなくなってしまうことを、残念にも、またしみじみと悲しくもお思いになられるのだった。

ダイジェスト紫の上

1. 光源氏の想い人藤壺《ふじつぼ》の姪。
2. 10歳で光源氏に見い出され光源氏に理想の妻として養育される。
3. 14歳で光源氏と結ばれ以後正妻格に。
4. 明石《あかし》の姫君《ひめぎみ》を養育し、見事中宮《ちゅうぐう》に。
5. 女三《おんなさん》の宮《みや》の降嫁《こうか》で光源氏に失望し苦悩する。
6. 晩年出家願望が強くなるが光源氏に許されず。

光源氏の想い人

紫のゆかりの人

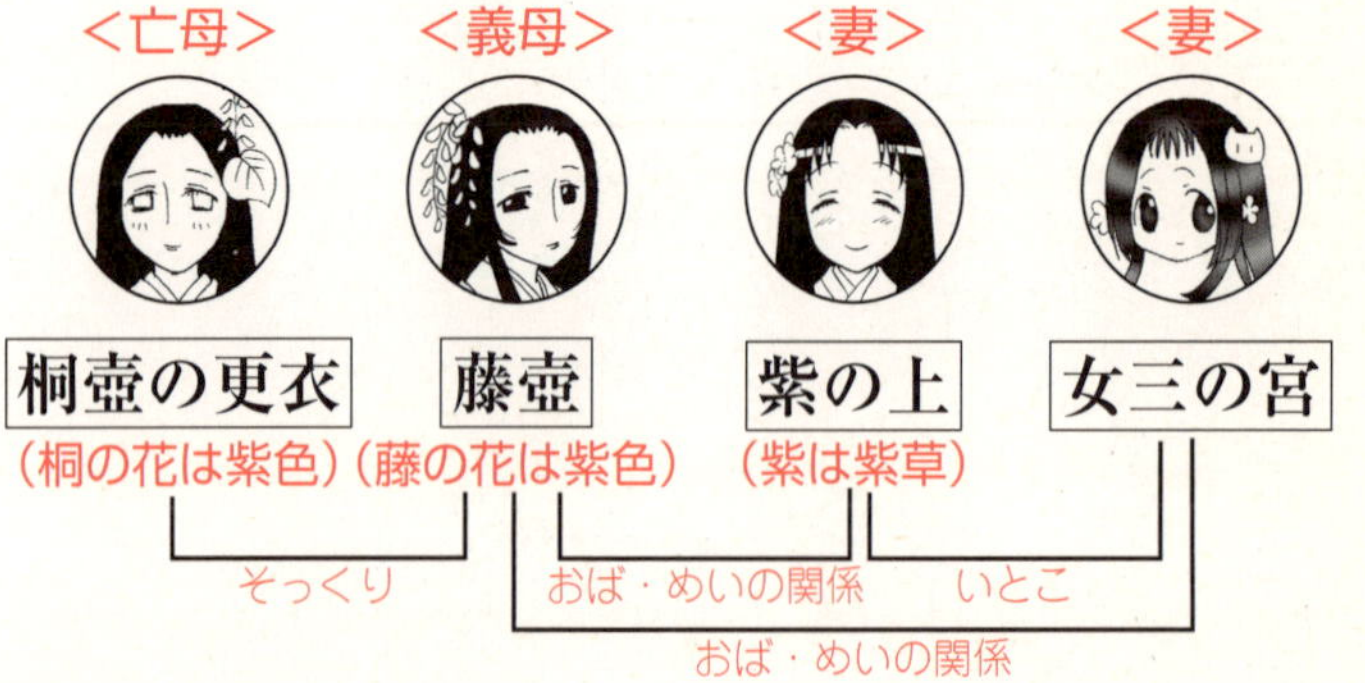

坂野のニャンポイント

光源氏はマザコンからスタートして
生涯紫のゆかりの女性を追い求めたのニャー

7

末《すえ》摘《つむ》花《はな》

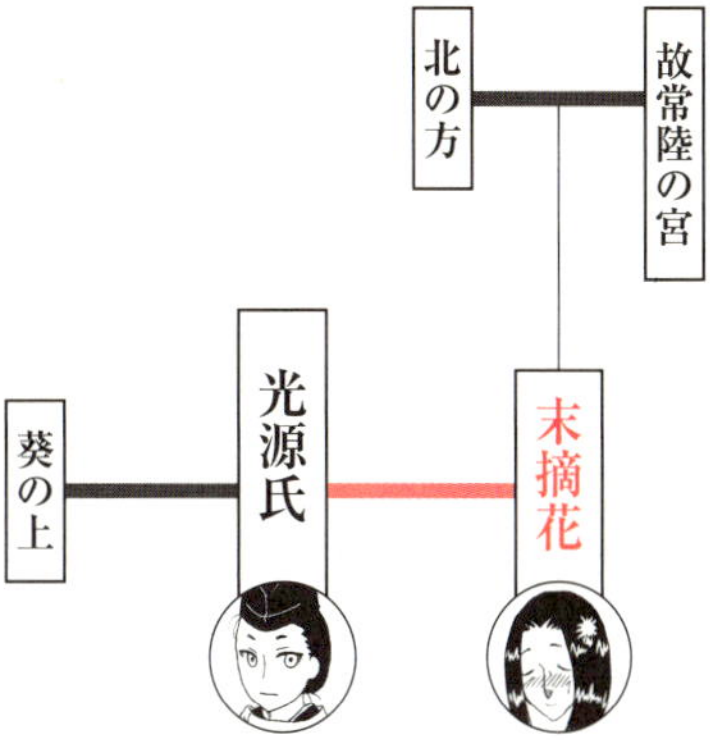

ひなびて古めかしくのどけき人

…田舎びて古風でありのんびりしている人

末摘花

没落貴族の娘。容貌は醜く古風だが、ひたすら光源氏を待ち続けた結果、二条東院に引き取られた。

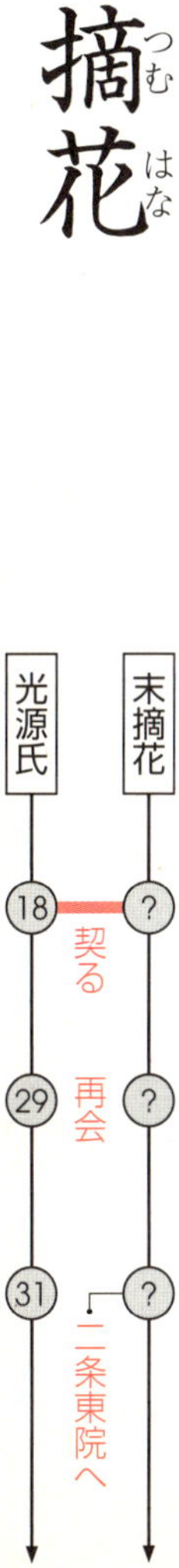

末摘花物語

末摘花《すえつむはな》と光源氏の物語はとてもユニークな恋愛物語です。全体的に重苦しい『源氏物語』の中にあって、末摘花《すえつむはな》の話はちょっとホッとするものです。なんと言っても『源氏物語』の中でも唯一異彩を放つ「ブスな女性の代表」なのですから。主な登場は6巻目の「末摘花《すえつむはな》」、15巻目「蓬生《よもぎう》」です。

愛する夕顔《ゆうがお》をとてもショックな事件で亡くした後、光源氏は、夕顔《ゆうがお》のように愛せる女性を求めていました。光源氏18歳の春です。

そんな時、仲良しの大輔命婦《たゆうのみょうぶ》という侍女（光源氏の乳母《めのと》の娘）から耳寄りな情報を得ます。それは故常陸《こひたち》の宮《みや》の忘れ形見の姫君が、今は落ちぶれてしまい、一人さびしく暮らしているというものです。そして光源氏の最も心躍らされたのが、世にも素晴らしい容姿の姫君である、という噂《うわさ》なのです。そうです、その姫君こそ末摘花《すえつむはな》なのです。

末摘花《すえつむはな》は故《こ》常陸《ひたち》の宮《みや》の忘れ形見の姫君で、皇族出身です。でも早くに両親を亡くしたために落ちぶれてしまった可哀相《かわいそう》な姫君なのでした。

十六夜《いざよい》の月の下、大輔命婦《たゆうのみょうぶ》に案内をさせて光源氏は末摘花邸《すえつむはなてい》を訪れます。そこで末摘花《すえつむはな》が奏でる琴の音《ね》を聞き、ますます興味をかきたてられます。

そんなある日、光源氏が末摘花邸《すえつむはなてい》に忍び込もうとしたその時、なんと後をつけてきた**頭の中将**《とうのちゅうじょう》に見つかってしまいました。なにかとライバル心を燃やしていた頭の中将《とうのちゅうじょう》が、このところの光源氏の怪しい動きを察知して後をつけてきたのです。やるね〜。

光源氏は女のところに忍びこもうとするカッコワルイ姿を見られ、仕方なく今日のところは退散。戻って頭の中将《とうのちゅうじょう》と酒盛りです。

この一件で頭の中将《とうのちゅうじょう》も末摘花《すえつむはな》に興味を持つようになります。となると、光源氏も本気にならざるを得ません。二人は競うように末摘花《すえつむはな》に恋文を

十六夜

●月の呼び方
十五日…望月（もちづき）
十六日…十六夜月（いざよいづき）
十七日…立待月（たちまちづき）
十八日…居待月（いまちづき）
十九日…臥待月（ふしまちづき）・寝待月（ねまちづき）
二十日…更待月（ふけまちづき）

頭の中将

光源氏の義兄であり、親友であり、ライバル。若き日には恋のライバル、晩年は政治的ライバルとなる。

贈ります。

ところが、二人とも末摘花《すえつむはな》のほうからはな～んの返事ももらえません。あれれ？　内気だとしても失礼な！　宮廷きっての貴公子二人を無視するなんて！　そうこうしているうちに光源氏はマラリヤに罹《かか》ってしまい、山寺へ療養へ出掛けてしまいます。

さて秋になって病気も全快、恋愛も全開！　の光源氏は、八月二十日の夜、ついに痺《しび》れを切らして突然末摘花邸《すえつむはなてい》を訪れ、御簾《みす》越しの対面もそこそこに、強引に部屋の中に入り、ついに末摘花《すえつむはな》と結ばれます。

ベッドインめでたしめでたし？？？

ところが、いざ契《ちぎ》ってみると末摘花《すえつむはな》は何か変でした。このぎこちなさはもしかして初体験？　奥ゆかしさを通り越して世間知らずとも言える末《すえ》摘花《つむはな》の様子に、光源氏はガッカリして帰っていきます。でもまあ、そこはプレイボーイの光源氏です。**後朝《きぬぎぬ》の文《ふみ》**などを贈って時々は訪れます。

☞**後朝の文**
男女が結ばれると、男は夜が明ける前に帰宅し、歌（後朝の文）を女に贈る。マメさと中身が勝負。

そして ある雪の日…
雪が綺麗《きれい》だな あんなに 積もっているよ
ほら、 あなたも…
光源氏は雪明りで ついにその姿を 見てしまうのでした…
でこっぱち
長ーい赤っ鼻
青白い顔
きこりスタイル？（黒ヒョウの皮衣）
ガリガリ
胴長
ダサーイ 着物
短足
うわあ
す… すごいな… これは

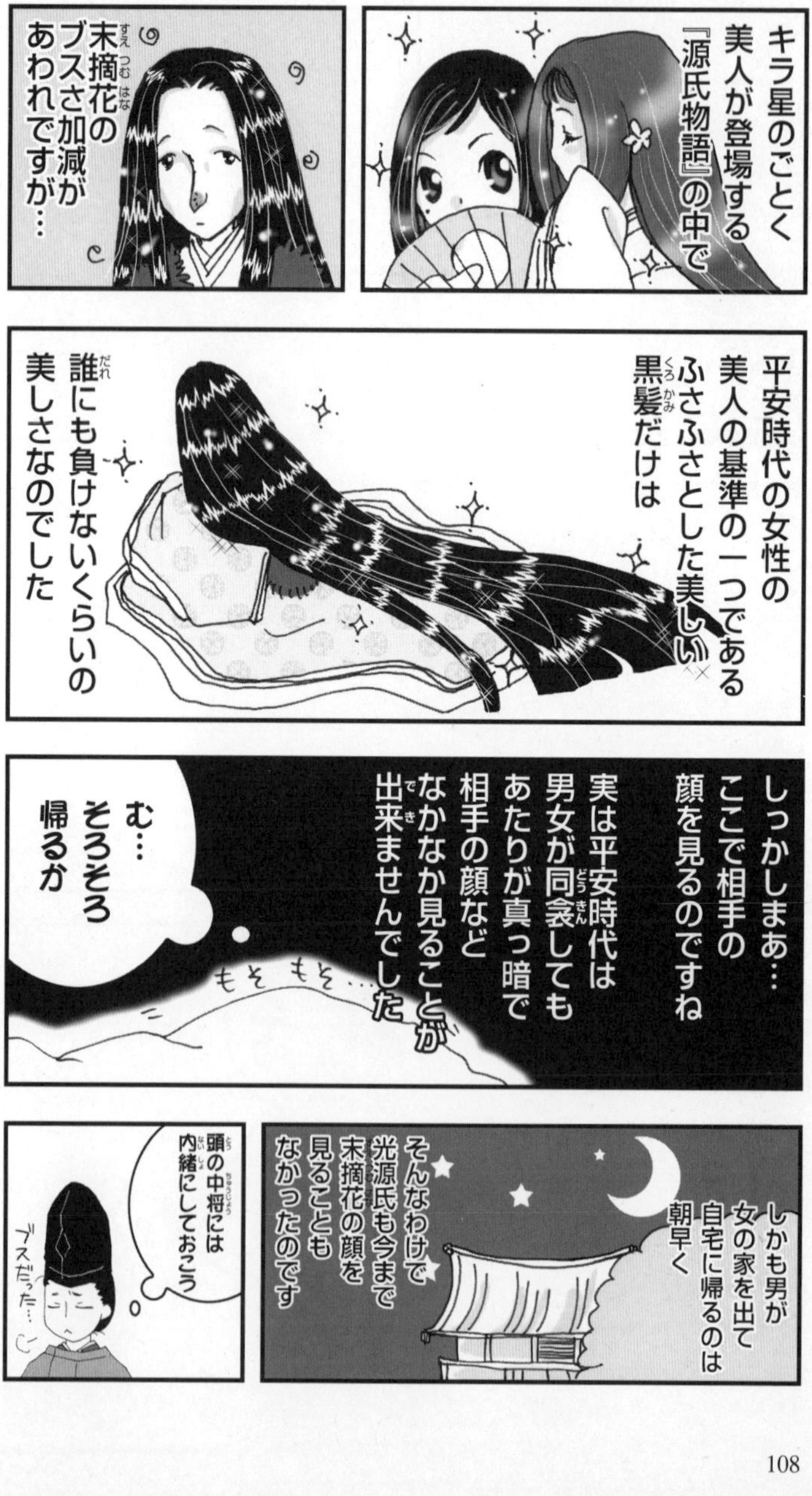

キラ星のごとく
美人が登場する
『源氏物語』の中で
末摘花《すえつむはな》の
ブスさ加減が
あわれですが…
平安時代の女性の
美人の基準の一つである
ふさふさとした美しい
黒髪《くろかみ》だけは
誰《だれ》にも負けないくらいの
美しさなのでした
しかしまあ…
ここで相手の
顔を見るのですね
実は平安時代は
男女が同衾《どうきん》しても
あたりが真っ暗で
相手の顔など
なかなか見ることが
出来《でき》ませんでした
む…
そろそろ
帰るか
もそ もそ…
しかも男が
女の家を出て
自宅に帰るのは
朝早く
そんなわけで
光源氏も今まで
末摘花の顔を
見ることも
なかったのです
頭《とう》の中将《ちゅうじょう》には
内緒《ないしょ》にしておこう
ブスだった…

さてお正月になって、末摘花《すえつむはな》は光源氏に正月用装束《しょうぞく》と歌を贈ってきました。貧しくても愛する光源氏様のためですもん、末摘花《すえつむはな》はがんばります。ケナゲです。贈られてきた装束《しょうぞく》は、例によってちょっと時代遅れ…。しかし、末摘花《すえつむはな》の優しい気持ちを察してあげるのが、プレイボーイ光源氏のお役目。ちゃんとこちらからも新年の装束《しょうぞく》を贈ってあげます。このへんが光源氏がモテる理由なんでしょうか。

とまあ優しい部分を見せる光源氏ですが、結構ひどいこともします。

二条院で可愛《かわい》い紫《むらさき》の上《うえ》（11歳）と絵を描いている時、自分の鼻を赤く塗って遊ぶのです。末摘花《すえつむはな》がこれを知ったら…。ひどい奴《やつ》です。実は「末摘花《すえつむはな》」という花は赤い花です。「赤い鼻」と「赤い花」を掛けて末摘花《すえつむはな》と呼ばれるようになったのですね。

☞末摘花

その後、光源氏は朧月夜《おぼろづきよ》とのスキャンダルによって須磨《すま》、明石《あかし》へと流謫《るたく》します。この間末摘花《すえつむはな》は誰《だれ》にも世話をしてもらえず、貧乏もどん底でわびしく暮らします。末摘花《すえつむはな》の大きな邸は雑草に埋もれ、見る影もなく荒

れ果ててしまいました。しかし彼女は父から受け継いだこの邸《やしき》を人に明け渡すなんてことはしません。私が守らず誰《だれ》が守るの、という感じです。古風な分、頑固一徹《がんこいってつ》です。でもお金がないから、邸《やしき》は次第に不気味なお化け屋敷になっていきます。

彼女には叔母《おば》がいたのですが、こいつがくせ者でした。この叔母《おば》は末摘《すえつむ》花《はな》の常陸《ひたち》の宮《みや》一族に怨《うら》みを持っていて、貧乏どん底の末摘花《すえつむはな》を自分の召使いにしてしまおうと企《たくら》んでいました。

しかし、落ちぶれても意外と頑固《がんこ》な末摘花《すえつむはな》が取り合わないことに腹をたてた叔母《おば》は、末摘花《すえつむはな》の召使いたちを誘い出して九州に下っていきました。ついに末摘花《すえつむはな》は本当に一人っきりになってしまいました。

それから何年かがたち、明石《あかし》から帰京したはずの光源氏から何の音沙汰《おとさた》もないことに末摘花《すえつむはな》は落ち込みます。私の人生ってなんなのかしら～？と哀《かな》しみながら、雪で白くなった大きな邸でわびしく耐えがたい冬を過ごしていました。自分から手紙でも出せばいいものを…なんだかズレている末摘花《すえつむはな》ちゃんでした。

夏になり、光源氏（29歳）は花散里《はなちるさと》邸《てい》を訪問する途中で、末摘花《すえつむはな》の邸《やしき》の前を通ります。あれ～？　この家、誰《だれ》ん家《ち》だっけ～？　あっ、そういえば!!…。ということで、すっかり荒れ果てて、お化け屋敷のような末摘《すえつむ》花邸《はなてい》に再び立ち寄ることになりました。

ちょうど死んだ父のことを夢に見て物思いに沈んでいた末摘花《すえつむはな》は、11年ぶりの光源氏の突然の訪問にとまどいつつ、彼を信じて待っていた甲斐《かい》があった～、と素直によろこびます。すっかり忘れ去られていたのに、文句の一つも言いません。このへんもズレてる末摘花《すえつむはな》らしいですね。なんと11年もただひたすら光源氏を待っていたんです。

この時光源氏29歳。精神的に成長したりっぱな大人です。

ごめんよ～、末摘花《すえつむはな》ちゃん!!　光源氏は長い間ほっぽらかしておいたことをひたすら謝ります。謝ると同時に光源氏は、末摘花《すえつむはな》の自分へのケナ

花散里　光源氏の妻の一人。光源氏からは絶大の信頼を受けており、夕霧や玉鬘の養母役もつとめる。

ゲで純情な愛に感動して、愛《いと》しく思います。
昔は古風で内気すぎると思っていたその性格も、今では遠慮がちな奥ゆかしさと感じられるようになりました。成長したねー、光源氏も。そして彼女の誠実な真心を愛し、また彼女の貧しい境遇に同情しました。

そこで光源氏は、末摘花《すえつむはな》の生活の保護をするために**二条東院**に引き取って、晩年に至るまで温かに庇護《ひご》しましたとさ。めでたし、めでたし。でも、やっぱり二条東院なんですよね。紫《むらさき》の上《うえ》や明石《あかし》の君《きみ》などのいる**六条院**ではないとこが、美人とブスを区別しているような…。

二条東院
光源氏が自邸二条院に明石からの帰京後増築したもの。空蝉、末摘花、花散里という、物語の中では不美人な女性が住んだ。

六条院
栄華を極めた光源氏の自邸。紫の上、明石の君、秋好中宮という、いわゆる美人な女性たちが住んだ。P116参照

和歌

「末摘花《すえつむはな》」の巻。末摘花《すえつむはな》が光源氏にお礼として元旦の装束《しょうぞく》を贈った時に付けた歌。

からころも君が心のつらければ
たもとはかくぞそぼちつつのみ

あなたの冷たいお心が薄情に思われますので、私の袂《たもと》はただもう濡れております。

入試ポイント

末摘花《すえつむはな》は古風でピントのズレた教養の持ち主。「からころも」の語を何度もむやみに用いるので、光源氏がからかうところがある。「からころもまたからころもからころもかえすがえすもからころもなる」。

和歌の技法

「からころも」は「着る」にかかる枕詞《まくらことば》だが、ここでは無理に「君(きみ)」の「き(着)」に掛ける。「たもと」はその縁語《えんご》。

入試頻出古文

源氏が須磨《すま》に退居した後、その訪れが途絶えた常陸《ひたち》の宮の姫君末摘花は、世に顧みられることもなく、困窮した生活を送っていた。すでに父母はなく、古くから仕えていた女房たちも次第に数少なになり、邸も荒れるにまかせる状態の中で、昔かたぎのこの姫君は、なお古風な暮らしぶりを守っていた。

常陸《ひたち》の宮の君は、父親王《みこ》の亡《う》せたまひにしなごりに、また思ひあつかふ人もなき御身にていみじう心細げなりしを、思ひかけぬ御事の出《い》で来て、とぶらひきこえたまふこと絶えざりしを、いかめしき御勢《いきほひ》にこそ、事にもあらず、はかなきほどの御情《なさけ》ばかりと思したりしかど、待ち受けたまふ袂《たもと》の狭《せば》きに、大空の星の光を盥《たらひ》の水に映《うつ》したる心地して、過ぐしたまひしほどに、かかる世の騒ぎ出で来て、なべての世うく思《おぼ》し乱れし紛《まぎ》れに、【中略】

古き女ばらなどは、「いでや、いと口惜しき御宿世《すくせ》なりけり。おぼえず神仏《かみほとけ》の現《あら》はれたまへらむやうなりし御心ばへに、かかるよすがも人は出でおはするものなりけりと、あり難《がた》う見たてまつりしを、おほかたの世の事といひながら、また頼む方なき御ありさまこそ悲しけれ」と、つぶやき嘆く。さる方にありつきたりしあなたの年ごろは、言ふかひなきさびしさに目馴《な》れて過ぐしたまふを、なかなかすこし世づきてならひにける年月に、いとたへがたく思ひ嘆くべし。すこしもさてありぬべき人々は、おのづから参りつきてありしを、みな次々に従ひて行き散りぬ。女ばらの命たへぬもありて、月日に従ひては、上下人数《かみしもひとかず》少なくなりゆく。

現代語訳

常陸《ひたち》の宮の姫君（末摘花《すえつむはな》）は、父宮がお亡くなりになった後に、誰《だれ》ひとり同情してお世話してくれる人もない身の上でたいそう心細そうにしていたのだが、思いもよらぬ御運がめぐってきて、光源氏の君がお通いになるようになり、それがずっと続いていたのであるが、もっとも光源氏の君の盛んなご威勢にしてみれば、さほどのことでもなく、わずかばかりのお情けぐらいにお思いになっていたのであるけれども、それをお待ち受けになる末摘花《すえつむはな》の生活のレベルは低く、光源氏からの援助を受けとめかねるほどなので、大空の無数の星の光を盥《たらい》の水に映しとるというような身にあまる気持ちで月日をお過ごしになっているうちに、あのような世間の騒ぎ（光源氏の須磨《すま》への流謫《るたく》）がもちあがって、光源氏の君は世の中のことをすべてつらく思い悩んでいらっしゃった、【中略】

古くからの女房たちなどは「いやもう、ほんとに残念無念のご運勢だったのでした。思いがけなく神仏が立ち現れなさったような光源氏の君にお心寄せをいただいて、このようなご縁も人には降って湧《わ》くこともおありになる、とありがたく存じておりましたのに、栄枯盛衰は世間一般の習わしとはいいながら、ほかには頼るお方とてない末摘《すえつむ》花《はな》様の御有様が悲しゅうございます」と、ぶつぶつ嘆いている。そうした貧しいお暮らしに慣れていた昔の幾年かは、言いようもないようなさびしさにすっかり慣れてお過ごしであったものを、光源氏のおかげでささやかなりと人並みになってそれが習慣となってしまった年月のために、かえって女房たちはじつに堪えがたい思いで嘆くのであろう。少しでも女房として役に立ちそうな人々は、自然にこの邸《やしき》に参り仕え、女房として住みついていたが、今はみな次から次へとしだいに散っていってしまった。女房たちの中には死去した者もあって、月日がたつにつれて身分の高い者も、低い者も、少なくなっていく。

ダイジェスト末摘花

1. 常陸《ひたち》の宮《みや》の娘で没落貴族のため生活が苦しい。
2. 頭《とう》の中将《ちゅうじょう》と光源氏とで末《すえ》摘《つむ》花《はな》の奪い合い。
3. 古風で頑固《がんこ》、さらにブスで光源氏に失望される。
4. 座高が高く痩《や》せぎすで赤く垂《た》れ下がった鼻。
5. 10年間ただひたすら光源氏を待ち続ける律義《りちぎ》さ。
6. 後に光源氏によって二条東院に引き取られる。

✲美人の館✲	✖不美人の館✖
六条院	**二条東院**
㊍春 紫の上	末摘花
㊍夏 ※花散里	空蟬
㊍秋 秋好中宮	※花散里（夕霧の養母役として六条院に住んだが、実は不美人）
㊍冬 明石の君	

板野のニャンポイント

入試に出るのは圧倒的に「美人の館」の女性たちなのニャー

8

藤《ふじ》壺《つぼ》

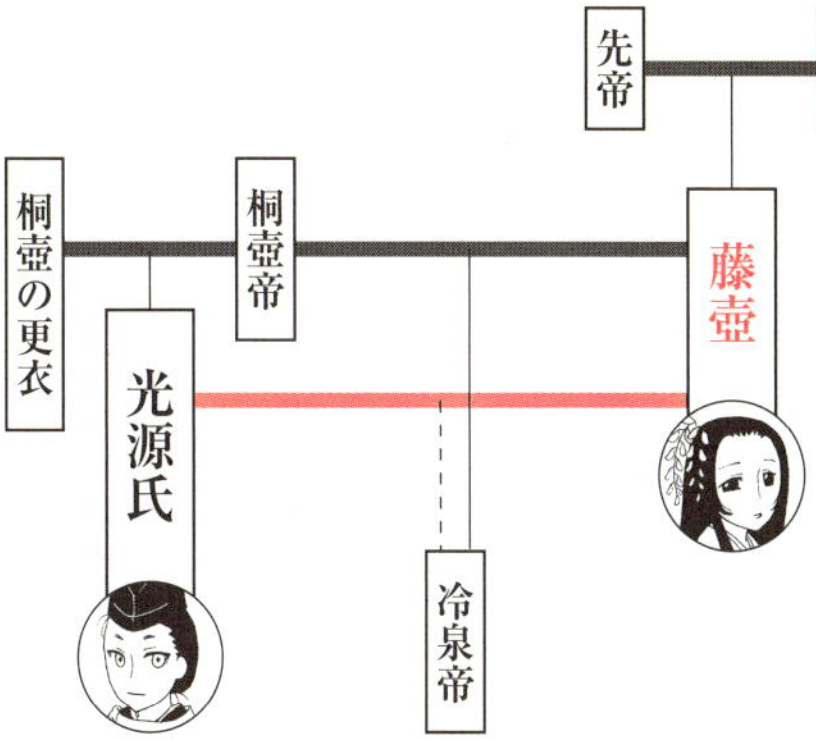

とこしへにあらまほしき人

…永遠に理想的な人

藤壺

桐壺帝の中宮。桐壺の更衣と瓜二つのため光源氏の求愛を受け不義密通し、冷泉帝を産む。後出家。

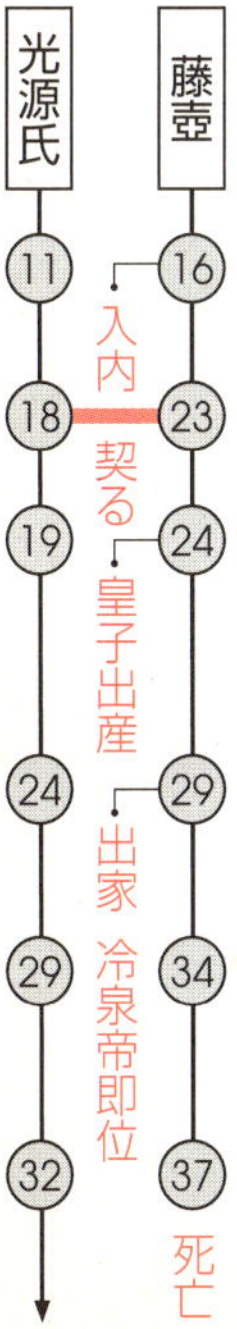

藤壺物語

『源氏物語』の冒頭は、桐壺帝《きりつぼてい》が桐壺《きりつぼ》の更衣《こうい》という身分の低い女性を寵愛《ちょうあい》するところから始まります。桐壺帝《きりつぼてい》の桐壺《きりつぼ》の更衣《こうい》への寵愛《ちょうあい》ぶりは、身分の高い弘徽殿《こきでん》の女御《にょうご》（右大臣《うだいじん》の娘）を始め、他の女御《にょうご》・更衣《こうい》たちの反感を買ってしまい、桐壺《きりつぼ》の更衣《こうい》は光源氏を出産した後、いじめによる心労で亡くなってしまいます。

最愛の人を失った桐壺帝《きりつぼてい》は悲しみに沈み込み、政治もおろそかにしてしまいます。そこで亡き桐壺《きりつぼ》の更衣《こうい》によく似た藤壺《ふじつぼ》という女性を女御《にょうご》として迎え入れて、彼女を寵愛《ちょうあい》するようになります。

藤壺《ふじつぼ》は先帝の第四皇女ですから、さすがの弘徽殿《こきでん》の女御《にょうご》もいじめることはできません。まだ幼い光源氏も、亡き母によく似ているといわれる義理の母藤壺《ふじつぼ》によくなつきます。義理の母といっても5歳しか年の差はありません。そしてだんだんそれが恋心に変わり、一人の女性として深く

寵愛　特別に愛すること。桐壺帝の桐壺の更衣への寵愛ぶりは、唐の玄宗皇帝が楊貴妃（ようきひ）を寵愛したのにたとえられる。物語の中では白居易の「長恨歌（ちょうごんか）」が引用されている。

政治　桐壺の更衣の死後、桐壺帝は悲嘆のあまりに政治を怠るようになった。世の中の人は、中国の唐の時代の玄宗皇帝が寵愛した楊貴妃（ようきひ）を失ってから政治を乱したこともあったため、たいへん心配した。

愛するようになります。

結論から言えば桐壺帝《きりつぼてい》も光源氏も、桐壺《きりつぼ》の更衣《こうい》の面影を一生追い求める人生を送ったと言えます。二人にとって桐壺《きりつぼ》の更衣《こうい》は「永遠の理想」の女性だったのですね。

12歳になった光源氏は元服という成人式を迎えます。そうすると藤壺《ふじつぼ》の部屋の出入りはできなくなっちゃうのです。そういうルールなんです。

元服の後、わずか12歳で左大臣《さだいじん》の娘葵《あおい》の上《うえ》（16歳）と結婚した光源氏でしたが、それは政略結婚に過ぎず、葵《あおい》の上《うえ》は光源氏に対して冷たい態度をとります。だからますます光源氏の藤壺《ふじつぼ》への恋心はエスカレートするのでした。

しかし、いくら愛しても藤壺《ふじつぼ》は義理の母。藤壺《ふじつぼ》へのかなわぬ恋のために光源氏は次々と女性たちと関係をもっていきます。そしてついには藤壺《ふじつぼ》のゆかりの女の子、紫《むらさき》の上《うえ》（10歳）と運命的に出会い、二条院に引き取って育てるのでした。

元服
男子の成人式。成人すると母親にも御簾越しにしか会えない。

そんな頃《ころ》藤壺《ふじつぼ》は
病気療養《りょうよう》のために
実家に戻《もど》っていました
こそっ
!!

このたった一度の過《あやま》ちが
藤壺《ふじつぼ》の運命を
大きく変えることになりました
光源氏（義理の息子《むすこ》）の子を
宿してしまったのです
たった一度の過《あやま》ちが生んだ
結果としては
あまりに大きな代償《だいしょう》です

悩《なや》み苦しむ藤壺《ふじつぼ》は
その後も
言い寄ってくる光源氏を
ひたすら
避《さ》け続けます
ど〜しよ〜

宮廷に戻った藤壺《ふじつぼ》は、物《もの》の怪《け》のために報告が遅れたことにして、懐妊のことを桐壺帝《きりつぼてい》に告げます。桐壺帝《きりつぼてい》は当然、自分と藤壺《ふじつぼ》との間にできた子供だと思っているので大喜びです。そこで桐壺帝《きりつぼてい》はますます藤壺《ふじつぼ》に愛を注ぐようになりますが、藤壺《ふじつぼ》のほうは喜ぶ桐壺帝《きりつぼてい》とは裏腹に、ただただ宿命に悩み苦しむ生活を送るのでした。

光源氏は夢で藤壺《ふじつぼ》の懐妊を知ります。自分の子供が帝《みかど》に上りつめるというものです。うれしさのあまり藤壺《ふじつぼ》へ再び迫るのですが、それは彼女を困らせ哀《かな》しませるだけでした。

桐壺帝《きりつぼてい》は出産間近な藤壺《ふじつぼ》を慰めるために、清涼殿《せいりょうでん》の前庭で紅葉《もみじ》の賀《が》の試楽《しがく》を開催します。それは桐壺帝《きりつぼてい》の行幸《みゆき》のリハーサルでもありました。このイベントのクライマックスで光源氏（18歳）と頭《とう》の中将《ちゅうじょう》（24歳）は青海波《せいがいは》を見事に舞ってみせます。

これを見ていた藤壺《ふじつぼ》（23歳）は、光源氏のあまりの美しさに感動しますが、あの一度の過失さえなければ〜、と哀《かな》しい目で光源氏を見つめるの

☞桐壺帝
寵愛している藤壺の懐妊なので大喜び。桐壺帝は第一皇子のいる弘徽殿の女御を越えて藤壺を中宮とした。

☞清涼殿
帝の日常生活の場所。政治の場である紫宸殿（ししんでん）の北西にある。中心となるのは「昼の御座（ひのおまし）」と呼ばれる場所。公的な行事も行われた。

☞青海波
雅楽の曲名。またその舞。舞は鳥甲をかぶった舞い人二人が剣を腰に帯びて舞う。

でした。

翌年2月、藤壺《ふじつぼ》と光源氏の不義の子が生まれます。後の冷泉帝《れいぜいてい》です。かなりの光源氏似でした(そりゃそうだ)。藤壺《ふじつぼ》は帝《みかど》にバレるんじゃないかとビクビクものです。一方、何も知らない桐壺帝《きりつぼてい》は大喜び。かわいそー。

7月になり、桐壺帝《きりつぼてい》は、譲位した後に藤壺《ふじつぼ》の子供を東宮《とうぐう》にするために、弘徽殿《こきでん》の女御《にょうご》を越えて、藤壺《ふじつぼ》を中宮《ちゅうぐう》にします。

これには弘徽殿《こきでん》の女御《にょうご》も黙っていません。自分の孫を東宮《とうぐう》にするのじゃ~！　ということで藤壺《ふじつぼ》への嫌がらせが始まります。

藤壺《ふじつぼ》は光源氏がいまだに自分に迫ってくることに悩んでいましたが、生まれてきた子供を守るために弘徽殿《こきでん》の女御《にょうご》と戦うことを決意します。母は強しですね~。

その後、桐壺帝《きりつぼてい》は譲位して桐壺院《きりつぼいん》となり、朱雀帝《すざくてい》が即位します。そして

冷泉帝
桐壺帝の第十皇子で母は藤壺、ということになっているが、実は光源氏と藤壺の間に生まれた皇子。後に出生の秘密を知り、光源氏に譲位を申し出る。

東宮
皇太子のこと。春宮とも。藤壺の息子は後の冷泉帝。

中宮
天皇の正妻として皇后と並立する。それに次ぐのは女御、そして更衣。

藤壺《ふじつぼ》の中宮《ちゅうぐう》が28歳、東宮《とうぐう》が5歳の時に桐壺院《きりつぼいん》が崩御《ほうぎょ》してしまいます。この時、東宮《とうぐう》のことを心配した桐壺院《きりつぼいん》は、朱雀帝《すざくてい》に東宮《とうぐう》の将来を頼み、また光源氏を重用するよう朱雀帝《すざくてい》に遺言します。父の愛ですね〜。

しかし、桐壺院《きりつぼいん》亡き後、朱雀帝《すざくてい》の御世《みよ》になると、右大臣《うだいじん》と弘徽殿《こきでん》の女御《にょうご》一派の天下なわけです。肩身の狭い藤壺《ふじつぼ》の中宮《ちゅうぐう》は**三条宮**《さんじょうのみや》に退出します。政権交代を表すかのように、任官をお願いしに光源氏の邸《やしき》を訪れる人も少なくなってきました。

しかし、あいかわらず光源氏（24歳）は藤壺《ふじつぼ》の中宮《ちゅうぐう》（29歳）に迫ってきます。桐壺院《きりつぼいん》もすでに亡くなっている今、藤壺《ふじつぼ》の中宮《ちゅうぐう》としては、息子《むすこ》のことを考えると光源氏に**後見**《うしろみ》を頼るしかなく、かといって光源氏との恋慕はうっと〜し〜！　そんなことやってる場合じゃないし…。よーし、だったら出家しちゃえ〜！　という結論に達するわけです。聡明《そうめい》な藤壺《ふじつぼ》の中宮《ちゅうぐう》らしい考え方です。

桐壺院《きりつぼいん》の一周忌の法要の後の**法華八講**《ほけはっこう》の日、ついに藤壺《ふじつぼ》の中宮《ちゅうぐう》は出家し

三条宮
藤壺の中宮の里邸。桐壺院ゆかりの女御・更衣たちは次々と自邸へ退出していく。

後見
弘徽殿の女御には右大臣という強い後見がいる。光源氏は内大臣となって幼い冷泉帝の後見を果たした。

法華八講
四日間に八人の講師により読経・供養する。

てしまいました。これにはびっくりの光源氏。あ〜、信じられない。どうして藤壺《ふじつぼ》さま〜!?（そりゃあんたのせいだ…）。

藤壺《ふじつぼ》の追っかけをあきらめた光源氏は、皇太子の庇護《ひご》者に徹することにするのでした。そもそも自分の子供だし…藤壺《ふじつぼ》の思惑通りにことが運びます。しめしめ。

このあと、光源氏（26歳）が朧月夜《おぼろづきよ》との一件で須磨《すま》・明石《あかし》を流謫《るたく》している間、出家した藤壺《ふじつぼ》は弘徽殿《こきでん》の大后《おおきさき》ら右大臣《うだいじん》一派が威張《いば》りちらす中で一人息子《むすこ》を守り抜くのでした。

待つこと2年、光源氏（28歳）が明石《あかし》から帰京し、朱雀帝《すざくてい》から藤壺《ふじつぼ》の子冷泉帝《れいぜいてい》（10歳）にチェ〜ンジ。ヤッタ〜。ついに藤壺《ふじつぼ》は帝《みかど》の母、国母《こくも》となったのです（父は光源氏）。そして藤壺《ふじつぼ》は准太上天皇《じゅんだいじょうてんのう》になります。女院《にょいん》ですよ、女院《にょいん》。長い道のりでしたね〜。

もちろん左大臣《さだいじん》派も一斉《いっせい》に出世です。光源氏は内大臣《ないだいじん》に、頭《とう》の中将《ちゅうじょう》は

女院
帝の母や三后（皇后・太皇太后・皇太后）・内親王などに対して朝廷から与えられた尊称。待遇は院（上皇）に準ずる高いもの。

内大臣
帝の補佐をする役。左右大臣に次ぐ地位。

権中納言《ごんちゅうなごん》に昇進し、元左大臣《さだいじん》すらも政界に復帰します。一方、右大臣《うだいじん》一派は、右大臣《うだいじん》はすでに亡く、弘徽殿《こきでん》の大后《おおきさき》は没落の一途《いっと》。光源氏はかえって弘徽殿《こきでん》の大后《おおきさき》に同情したりします。しかし、これはもうイヤミ。

のちに春の初めころから床に臥《ふ》していた藤壺《ふじつぼ》は、そのまま回復することなく37歳の短い生涯を閉じるのでした。

藤壺《ふじつぼ》の死後、息子冷泉帝《むすこれいぜいてい》は、かつて藤壺《ふじつぼ》に仕えていた老僧から自分の出生の秘密を知ってしまいます。またその頃起こっていた天変地異が、冷《れい》泉帝《ぜいてい》が光源氏に父としての礼を尽くさないためだとも老僧に言われます。

ひたすらビックリの冷泉帝《れいぜいてい》（14歳）は急いで光源氏（32歳）に譲位しようとしますが、秘密がバレてこっちもビックリの光源氏は、ただひたすら辞退するのでした。

権中納言
「権」とは臨時に設けられた官だったが、後に正官に準ずるものとなった。ここでは中納言に準ずる役職。内大臣とは2ランク差。

老僧
夜居の僧。夜間に加持祈禱のためにつとめていた。

和歌

「紅葉《もみじの》賀《が》」の巻。光源氏と藤壺《ふじつぼ》の不義の子が産まれた後、思い託して交わした藤壺《ふじつぼ》の歌。

袖ぬるる露のゆかりと思うにも
なほうとまれぬやまとなでしこ

あなたの袖《そで》を濡らした涙の原因がこの大和《やまと》撫子《なでしこ》（若宮）だと思うにつけても、やはりこれを厭《いや》だと思う気にはなれません。

入試ポイント

撫子《なでしこ》の花を贈ってきた光源氏に対して藤壺《ふじつぼ》が詠んだ歌。藤壺《ふじつぼ》の産んだ若宮（後の冷泉帝《れいぜいてい》）が実は光源氏の子であることをほのめかしていることをつかむ。

和歌の技法

「なでしこ」は撫子《なでしこ》の花であると同時に「撫《な》でし子」（愛撫すべき若宮）と掛けている。

入試頻出古文

光源氏が藤壺の女御と密会した後の場面である。

宮も、なほいと心うき身なりけり、と思し嘆くに、なやましさもまさりたまひて、とく参りたまふべき御使しきれど、思しも立たず。まことに御心地例のやうにもおはしまさぬは、いかなるにかと、人知れず思すこともありければ、心うく、いかならむとのみ思し乱る。暑きほどはいとど起きも上がりたまはず。三月《みつき》になりたまへば、いとしるきほどにて、人々見たてまつりとがむるに、あさましき御宿世《すくせ》のほど心うし。人は思ひよらぬことなれば、この月まで奏せさせたまはざりけること、と驚ききこゆ。わが御心ひとつには、しるう思し分くこともありけり。御湯殿《ゆどの》などにも親しう仕《つか》うまつりて、何ごとの御気色《けしき》をもしるく見たてまつり知れる、御乳母子《めのとご》の弁《べん》、命婦《みやうぶ》などぞ、あやしと思へど、かたみに言ひあはすべきにあらねば、なほのがれがたかりける御宿世をぞ、命婦はあさましと思ふ。

現代語訳

藤壺《ふじつぼ》の宮も、やはりまことに情けない身の上であったのだと、思い嘆いておられると、ご病気も悪くなり、宮中から早く参内《さんだい》してくださいとのお使いがしきりであるけれども、そのご決心がおつきにならない。ご気分が普通のようではいらっしゃらないのは、本当にどうしたわけなのだろうかと、心ひそかにお思いあたりになること（妊娠）もあったので、つらくて、これから先どうなるのであろうかとばかり思い乱れていらっしゃる。暑いうちはいっそう起き上がりもなさらない。妊娠三か月におなりであるので、まことに妊娠したとはっきりとわかるころで、人々がお見かけしては怪しむにつけても、この驚き呆《あき》れる因果のほど（光源氏とのあやまちの結果）が情けなく思われる。誰《だれ》も思いもよらないことであるので、「この月（妊娠三か月）になるまで桐壺帝《きりつぼてい》に奏上あそばされなかったとは」と人々は驚いて意外なことと申し上げる。藤壺《ふじつぼ》の宮はご自分のお心一つには、この事態ははっきりとおわかりになることもあったのである。藤壺《ふじつぼ》の宮のお湯殿（入浴）などにも身近にご奉仕して、万事ご様子をはっきり存じあげている御乳母子《めのとご》の弁や命婦《みょうぶ》などは妊娠のことを不思議なことだとは思うけれども、互いに話し合って真相を明らかにしてよいことではないので真相を知る命婦《みょうぶ》だけは、やはりのがれることのできなかった前世からのお約束事だったことだと、嘆かわしく思う。

ダイジェスト藤壺

1. 亡き桐壺《きりつぼ》の更衣《こうい》の代わりとして桐壺帝《きりつぼてい》の中宮《ちゅうぐう》に。
2. 5歳年下の義理の息子光源氏の求愛を受ける。
3. 光源氏と密通し不義の子（冷泉帝《れいぜいてい》）を産む。
4. 光源氏を遠ざけ、息子（冷泉帝《れいぜいてい》）を守るため出家。
5. 出家後光源氏と協力して冷泉帝《れいぜいてい》の後見をする。
6. 光源氏にとって永遠の恋人。

何も知らない桐壺院…

板野のニャンポイント

光源氏と藤壺との不義密通の罪の意識は入試で最もよく問われるところなのニャー

9

朧《おぼろ》月《づき》夜《よ》

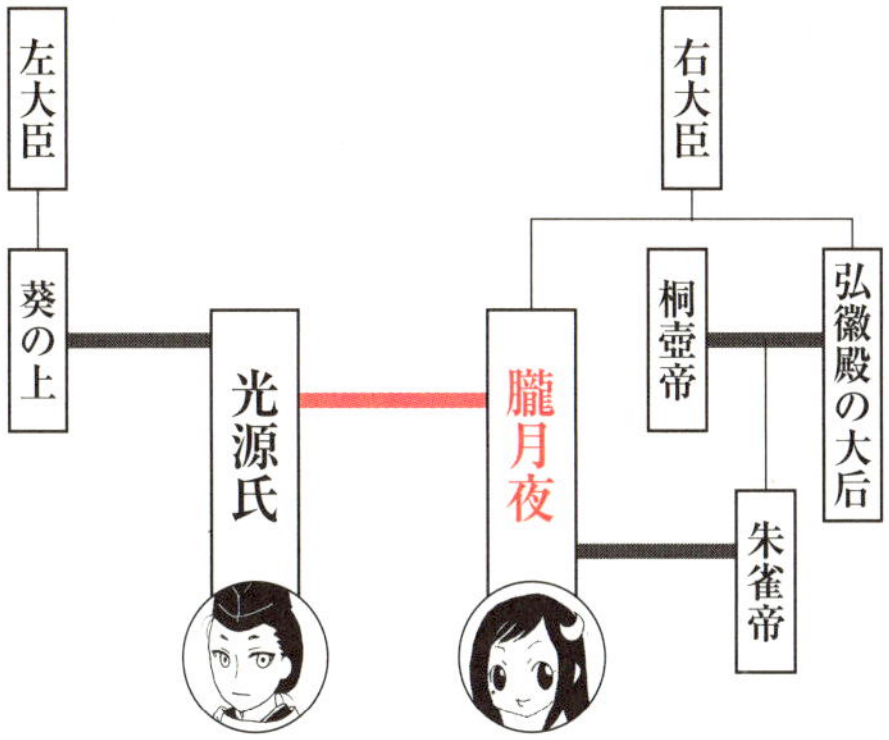

えんになまめきたる人

…色っぽく優美である人

朧月夜
弘徽殿の大后の妹。朱雀帝に入内予定の身で光源氏と密会し、それがバレて光源氏は須磨へ退居。

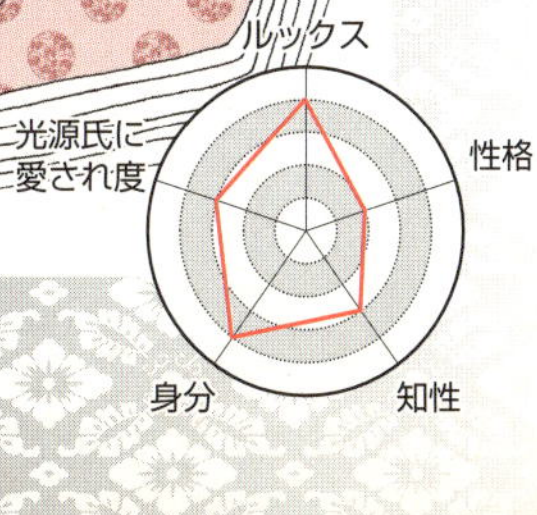

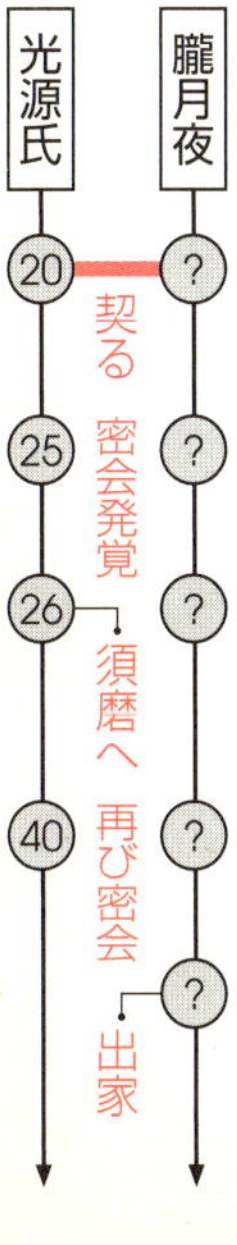

朧月夜物語

朧月夜《おぼろづきよ》と光源氏との恋愛は、足掛け十年以上にも及ぶ長いものです。しかも、ただの若い男女の恋愛物語に終わりません。というのは、ここに**政治的対立**が関《かか》わってくるからです。

光源氏が二十歳の春、満開の桜のもとで桜の宴《えん》が行われました。8巻目にあたる「花宴《はなのえん》」です。例によって舞に詩にと大活躍した光源氏は、夜になって、宴の酔いが醒《さ》めないまま藤壺《ふじつぼ》の**局**《つぼね》のあたりをさまよい歩きます。

ところが想《おも》い人である藤壺《ふじつぼ》の部屋のあたりの戸は全部閉まっていて、なんとなく物足りない光源氏は、敵地である弘徽殿《こきでん》の女御《にょうご》の屋敷のほうまで行っちゃいます。

するとそこに若く綺麗《きれい》な女が現れ、「朧月夜《おぼろづきよ》に似るものぞなき～」なんて歌を口ずさみながら優雅に歩いてきました。この日は美しい朧月夜《おぼろづきよ》で

政治的対立
左大臣側の光源氏にとって右大臣側の朧月夜は敵方。光源氏を憎む弘徽殿の女御は右大臣の娘で、朧月夜の姉であった。

局
宮中で上級の女官や女房の居所にあてた部屋。転じて上級の女官や女房の尊敬語としても使われる。

した。風流な感じが気に入って嬉《うれ》しくなった光源氏は、とっさにその女の袖《そで》をとらえます。女は一瞬抵抗したものの、相手が光源氏とわかるとおとなしく従います。そして二人は奥の部屋に入り、春の甘美な一夜を共にします。光源氏と朧月夜《おぼろづきよ》とのロマンチックな出会いです。

朧月夜《おぼろづきよ》のほうは相手が光源氏だと知っていましたが、光源氏のほうは相手が誰《だれ》かわかりませんでした。二人は扇の交換をしてさりげなく別れます。

その後この女性について調べると、大変なことが判明します。朧月夜《おぼろづきよ》はなんと右大臣《うだいじん》の六番目の娘で、弘徽殿《こきでん》の女御《にょうご》の息子《むすこ》＝東宮《とうぐう》（後の朱雀《すざく》帝《てい》）に入内《じゅだい》が決まっている大切な女性だったのです。その後、右大臣《うだいじん》家の藤《ふじ》の花宴《はなのえん》に招かれた光源氏（20歳）は、その夜、扇をつてにして再び朧月夜《おぼろづきよ》との再会を果たします。

敵対する右大臣《うだいじん》の娘であり、兄ちゃん（しかも東宮《とうぐう》）の婚約者だと知りつつ、光源氏は朧月夜《おぼろづきよ》との秘密の愛にのめりこんでいきます。危険な恋ほど燃えるもの…、また藤壺《ふじつぼ》へのかなわない想《おも》いの代わりとして朧月夜《おぼろづきよ》

☞春
陰暦では、一月（むつき）、二月（きさらぎ）、三月（やよい）が春。

を愛したのです。

一方の朧月夜《おぼろづきよ》も、朱雀帝《すざくてい》との政略結婚に対してあまり乗り気ではありませんでした。父右大臣《うだいじん》や姉弘徽殿《こきでん》の女御《にょうご》の政治的な思惑に翻弄《ほんろう》される哀《かな》しい運命から逃れるように、光源氏への愛に身も心も奪われていきます。

光源氏のことをあまりに思慕する娘のことを思い、父右大臣《うだいじん》は、正妻葵《あおい》の上《うえ》が亡くなった光源氏との結婚を許そうかとも考えます。しかーし、こわ～い弘徽殿《こきでん》の女御《にょうご》はそんなことを許すはずもなく、妹と自分の息子《むすこ》との結婚を実現させようとします。

結局朧月夜《おぼろづきよ》は宮廷に入り、尚侍《ないしのかみ》として朱雀帝《すざくてい》からの寵愛《ちょうあい》を受けますが、光源氏との密会は相変わらず続けていました。どちらもだらしないね～。

二人の関係は朱雀帝《すざくてい》に知られてしまいますが、人のよい朱雀帝《すざくてい》は朧月夜《おぼろづきよ》を愛しているので、あえて咎《とが》めだてをしようとしませんでした。光源氏もここでやめとけばよかったものを…。

葵の上
夕霧出産後、急死。正妻が亡くなった光源氏の正妻候補には六条御息所の名もあがる。

朧月夜《おぼろづきよ》が
病気で里帰りしている
ところを狙《ねら》って
よーし
いってみよー!
チャンスとばかりに
光源氏(25歳《さい》)は訪れます
そこで病み上がりの女性の
何ともいえない美しさに興奮し
しばらく頻繁《ひんぱん》に通う日々
色っぽい!! こりゃイイぞ〜♡
しかしそこは右《う》大臣《だいじん》家
非常に危険です
ある雷雨《らいう》の激しい夜の事ー
帰りそびれて
しまった光源氏は
ザァー
六《ろく》の君《きみ》〜
大丈夫《だいじょうぶ》か?
すごい雷だな
コリャ

娘《むすめ》の様子を見にきた
右大臣《だいじん》に見つかって
しまいます
発覚!!
でも何故《なぜ》か余裕《よゆう》
オイーー!
この話はすぐに弘徽殿《こきでん》の
大后《おおきさき》にも知らされます
大后《おおきさき》はカンカンです
帝《みかど》の女に
手を出しちゃった
光源氏は大ピンチです!
でも光源氏は
いつもの調子で
余裕《よゆう》タップリ
しかしそれは桐壺院《きりつぼいん》という
強い後《うし》ろ盾《だて》があった頃《ころ》の
過去の栄光です
既《すで》に桐壺院《きりつぼいん》が崩御《ほうぎょ》し
政権が右大臣《うだいじん》一派に
移りつつある今
単なる強《つよ》がりにすぎません

結局このスキャンダルを利用されて、光源氏（26歳）は官位を剥奪《はくだつ》されます。そしてさらに迫《せま》りくる流罪追放を恐れて、自ら進んで須磨《すま》へと退居します。朧月夜《おぼろづきよ》との不倫の代償はあまりに大きなものでした。一方の朧月夜《おぼろづきよ》も宮廷への参上を禁止され、痛い目に合います。

しかし、ここで転んでもただでは起きないのが、主人公光源氏。流謫《るたく》先の明石《あかし》でちゃっかり明石《あかし》の君《きみ》を手に入れます。ついでに子供も作ったりなんかして…。

さて、2年後に罪が許されて須磨《すま》・明石《あかし》から帰ってきた光源氏（28歳）は、再び朧月夜《おぼろづきよ》に猛アタックをかけます。しかし精神的に成長した朧月夜《おぼろづきよ》は、軽々しくその誘いには乗りませんでした。

光源氏と離れている間に、朧月夜《おぼろづきよ》は本当に自分を愛してくれているのは朱雀帝《すざくてい》であることに気がつきました。若さにまかせてスキャンダルまで起こし、朱雀帝《すざくてい》を傷つけてしまったことを朧月夜《おぼろづきよ》は深く反省します。そしてだんだん朱雀帝《すざくてい》に心を開き、愛するようになっていきます。

☞子供
ここで生まれた明石の姫君は後に中宮にまで昇進し、光源氏の出世にも役立った。

その後、朱雀帝《すざくてい》は突然譲位し朱雀院《すざくいん》となり、冷泉帝《れいぜいてい》が即位します。再び政権が交代し、左大臣《さだいじん》家が返り咲きます。光源氏も内大臣《ないだいじん》へと昇進します。そんな政権争いなどどこ吹く風の朱雀院《すざくいん》は、唯一の心配の種である娘女三《おんなさん》の宮《みや》を正妻として光源氏に託し、朧月夜《おぼろづきよ》に思いを残しながら出家します。なんだかお気楽だね〜。

一方、40歳にして14歳の正妻女三《おんなさん》の宮《みや》を迎えた光源氏のほうはいい迷惑。ここにきて正妻女三《おんなさん》の宮《みや》と愛する紫《むらさき》の上《うえ》（32歳）との板挟《ばさ》みから逃れるかのように、二条院に住む朧月夜《おぼろづきよ》の部屋に強引に忍び込み、久々に一夜を共にします。いや〜久し振り。

強引さに弱い朧月夜《おぼろづきよ》は、光源氏の押しに負けてしばらくこの関係を続けます。しかし結局は朧月夜《おぼろづきよ》が出家をしてこの関係は終わりを告げたのでした。

和歌

「須磨《すま》」の巻。光源氏が須磨《すま》から都にいる朧月夜《おぼろづきよ》に贈った歌に対する返歌。

浦にたくあまだにつつむ恋なればくゆる煙よ行く方ぞなき

須磨《すま》の浦で塩を焼く海人でさえ人目をはばかる火（多くの人に秘密にしている恋）ですから、私の後悔の煙は行くべき方向もなくくすぶって気を晴らす方法がありません。

入試ポイント

掛詞《かけことば》の中で「恋《こひ》」の「ひ」に「火」が掛かっているところ。また「あま」を漢字で書くと、今は「海女」だが、当時は「海人・海士」と書くところも大切。

和歌の技法

「あまだに」は、「あまたに」（多くの人に＝弘徽殿《こきでん》一派）と、「海人だに」を掛けている。「恋《こひ》」の「ひ」に「火」を掛けている。「くゆる」に「悔ゆる」と「くすぶる」の意を掛けている。「行く方ぞなき」に、「行くべき方向がない」の意と「気が晴れない」の意を掛けている。

ダイジェスト朧月夜

1. 光源氏の政敵右大臣《うだいじん》の娘。姉は弘徽殿《こきでん》の大后《おおきさき》。
2. 父や姉の策略で朱雀帝《すざくてい》に入内《じゅだい》予定。
3. 桜の宴で光源氏と会い、恋に落ちる。
4. 光源氏との密会が父右大臣《うだいじん》にバレ、光源氏は須磨《すま》へ。
5. 一時期光源氏との関係が復活。
6. 晩年は朱雀院《すざくいん》の愛に気づき、後を追って出家。

愚兄賢弟 ～女性をめぐる兄弟対決～

光源氏

全勝

朱雀帝

全敗

1ラウンド 葵の上	桐壺帝により、右大臣側の朱雀帝を避け、光源氏と結婚。
2ラウンド 朧月夜	光源氏との密会は朱雀帝入内後も続く…。
3ラウンド 秋好中宮	朱雀院の申し出を断って、光源氏の意見で冷泉帝に入内。

光源氏と朧月夜との恋愛は
光源氏を須磨へと退居させる原因になったのニャー

10

頭《とう》の中将《ちゅうじょう》

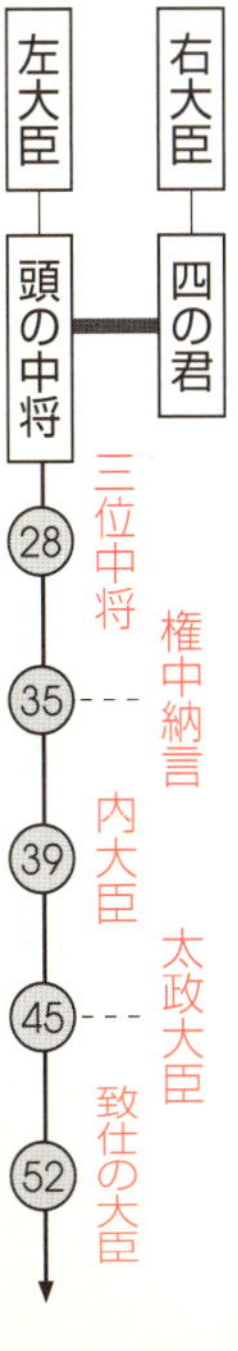

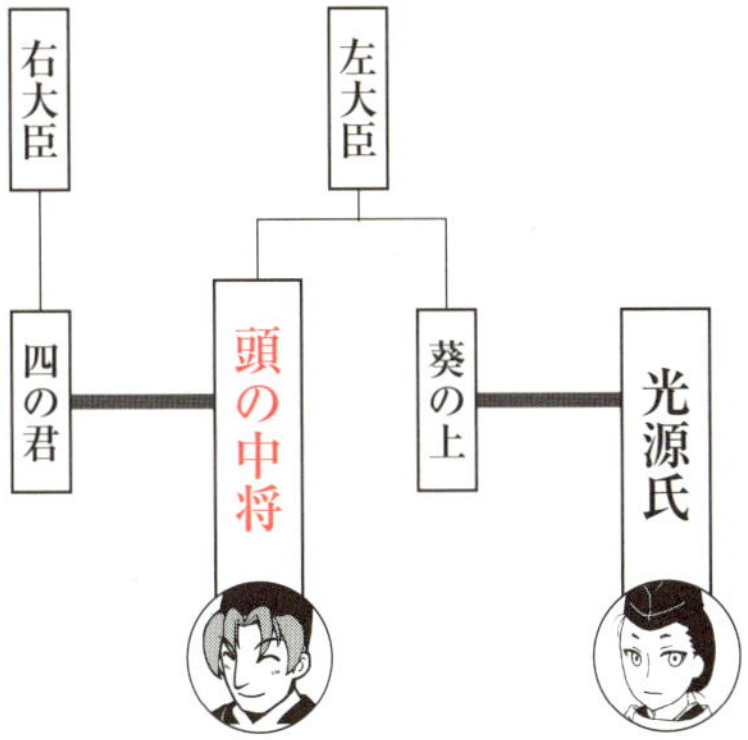

いまめかしくすきがましき人

…現代風で好色っぽい人

頭の中将

左大臣の嫡男で葵の上の兄。光源氏の義兄・友人だったが後に政治的に対立。嫡男柏木に先立たれる。

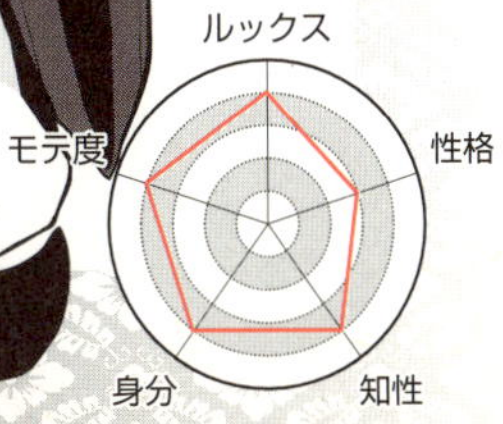

頭の中将物語

頭《とう》の中将《ちゅうじょう》は光源氏の義理の兄であり、友人・先輩であり、良きライバルです。また左大臣《さだいじん》の嫡男《ちゃくなん》であり、同時に右大臣《うだいじん》の娘と結婚しているという微妙な立場の人物です。そんな頭《とう》の中将《ちゅうじょう》が『源氏物語』の中で果たす役割は、とても重要なものがあります。

頭《とう》の中将《ちゅうじょう》は、その呼び名が変わっていくという点では『源氏物語』では最多に近く、出世するたびに「蔵人少将《くろうどのしょうしょう》」「権中納言《ごんちゅうなごん》」「内大臣《ないだいじん》」「太政大臣《だじょうだいじん》」「致仕《ちじ》の大臣《おとど》」などとなるので、とてもややっかいです。

頭《とう》の中将《ちゅうじょう》は、光源氏が12歳の時に結婚した左大臣《さだいじん》の娘葵《あおい》の上《うえ》の同腹の兄《にい》ちゃんです。葵《あおい》の上《うえ》が光源氏の4歳上の16歳、頭《とう》の中将《ちゅうじょう》は6歳年上の18歳。みんなまだまだ青春真っ盛りの年齢ですね。

さて、光源氏が17歳の夏、五月雨《さみだれ》の降る夜の話。

嫡男
正妻との間の息子で特にその長男を指す。

同腹
左大臣の正妻大宮を母とする。この時代では兄弟といっても、母親がちがうケースが多いが、葵の上と頭の中将は同じ母をもつ兄妹である。

光源氏
ワイ
ワイ
藤式部丞《とうのしきぶのじょう》
女性はね…
左馬頭《さまのかみ》
頭《とう》の中将《ちゅうじょう》
身分が高すぎても
低すぎてもダメさ
中流の女性が
ベストだよ
頭《とう》の中将《ちゅうじょう》
というのも
頭《とう》の中将《ちゅうじょう》には昔
深く愛した「常夏《とこなつ》の女」
という中流の女性が
いたからなのです

「常夏《とこなつ》の女」は
おとしくかわいらしい人で
頭《とう》の中将《ちゅうじょう》と深く愛し合いました
そして可愛《かわい》い女の子まで
できたのです
よち
よち
しかし…
頭《とう》の中将《ちゅうじょう》の北の方《きたのかた》に
脅《おど》されて
この泥棒猫《どろぼうねこ》！
くわっ！
きゃ〜
突然《とつぜん》姿を消して
しまったのでした
この「常夏《とこなつ》の女」こそ
光源氏が後に出会う「夕顔《ゆうがお》」です
そしてこのときの子供が
のちの「玉鬘《たまかずら》」なのです

さて話は戻って頭《とう》の中将《ちゅうじょう》ですが、すでに右大臣《うだいじん》の娘四《よん》の君《きみ》と政略結婚していています。といっても左大臣《さだいじん》の息子《むすこ》と右大臣《うだいじん》の娘…、うまくいくわけありません。政略結婚のつらさがわかっていたからこそ、妹葵《あおい》の上《うえ》と政略結婚した光源氏のつらさも理解できる頭《とう》の中将《ちゅうじょう》なのでした。

光源氏がプレイボーイになった一つの原因に、義兄頭《とう》の中将《ちゅうじょう》の影響があったのは否定できないところでしょう。若い光源氏は、正妻葵《あおい》の上《うえ》よりも義兄頭《とう》の中将《ちゅうじょう》のほうに足繁く通って二人で遊び回ります。良き友人関係、いや悪友関係です。

例えばこんなことがありました。

夕顔《ゆうがお》の死後、新しい出会いを求めていた光源氏（18歳）は、宮家の姫君末摘花《すえつむはな》のところにお忍びで出かけていきます。ところが、光源氏の行動がアヤシイと思った頭《とう》の中将《ちゅうじょう》（24歳）が後をつけてきたのですねえ。しかも、家来の格好をして！　イイ女を光源氏に独り占めなんてさせないぞ、という気持ちからです。笑えるライバル心です。

☞右大臣の娘四の君
頭の中将は若き日に右大臣の四の君と政略結婚している。家同士の対立関係を緩めるためだったが、夫婦仲はうまくいっていない。

結局、この競争は光源氏が末摘花《すえつむはな》をゲットして終わります。まずは光源氏の一勝ですね。しかし、末摘花《すえつむはな》がブスだとわかって腰をぬかした光源氏のことを考えると、どっちが勝ったといえるのか…。

光源氏が18歳、頭《とう》の中将《ちゅうじょう》が24歳の時、紅葉《もみじ》の賀《が》という宴があり、ここで光源氏と頭《とう》の中将《ちゅうじょう》の二人が青海波《せいがいは》を舞って人々を魅了します。二人の世ならぬ美しさにみんなうっとりです。桐壺帝《きりつぼてい》も感動の涙を流します。

光源氏が19歳、頭《とう》の中将《ちゅうじょう》が25歳の時にはこんなこともありました。

光源氏がなんと40歳近く年上の源《げん》の典侍《ないしのすけ》と浮気《うわき》しているという噂《うわさ》がたちました。この源《げん》の典侍《ないしのすけ》という女性は、知らぬ人もない色恋好きのおバアちゃんでした。そこで頭《とう》の中将《ちゅうじょう》は、浮気《うわき》の現場を押さえてやれとばかりに二人が眠っているところへ押し入り、冗談で太刀《たち》を引き抜いたりします。意地悪ですね～頭《とう》の中将《ちゅうじょう》も。

57歳のおバアちゃんを取り合う二人の貴公子、という図式は結構マヌケ

末摘花がブス
光源氏の出会った女性の中で一番の醜い女性。ちょっとかわいそう。

青海波
雅楽の曲名。またその舞。舞は鳥甲をかぶった舞い人二人が剣を腰に帯びて舞う。

ですね。まあ、でもこれも青春の一コマ。その後二人を襲う人生の試練に比べれば笑って済ませられるエピソードです。

光源氏と頭《とう》の中将《ちゅうじょう》の人生に、次第に暗雲が立ち込めてきます。

まず、頭《とう》の中将《ちゅうじょう》の妹で光源氏の正妻、**葵《あおい》の上《うえ》**がわずか26歳で亡くなります。頭《とう》の中将《ちゅうじょう》は兄として最愛の妹の死を悲しみ、また妻を失った光源氏に対しても、いろいろと慰めに訪れます。すでに頭《とう》の中将《ちゅうじょう》も28歳、三位《さんみ》の中将にまで出世した姿は立派な大人です。喪中ということで着ている鈍色《にびいろ》の**直衣《のうし》**や**指貫《さしぬき》**姿も、情趣あふれる出で立ちです。かっこいい〜。

光源氏が22歳、頭《とう》の中将《ちゅうじょう》が28歳の時に桐壺帝《きりつぼてい》が譲位をし、朱雀帝《すざくてい》が即位します。さらに二年後、桐壺院《きりつぼいん》が亡くなるに及んで右大臣《うだいじん》側が権力を握るようになりました。左大臣《さだいじん》の息子《むすこ》である頭《とう》の中将《ちゅうじょう》も不遇の時代を迎えます。没落気味の左大臣《さだいじん》家の光源氏と頭《とう》の中将《ちゅうじょう》の二人は、開き直って「**韻塞《いんふた》ぎ**」なんていうクイズ大会を催したりします。勝ったのは光源氏。負けた頭《とう》の中将《ちゅうじょう》は光源氏を招いて御馳走《ごちそう》をプレゼントします。まだこの

葵の上
左大臣の娘。光源氏12歳の時に政略結婚した。仮面夫婦だったが、夕霧出産前後は光源氏に心を開いていた。

直衣
平安時代以降、帝や貴族の平常服。位階による色の規定がないため好みの色を着られたので、社交服として活用された。必ず烏帽子（えぼし）または冠を付け、指貫（さしぬき）を着用した。

指貫
袴の一種。活動しやすい。布袴（ほうこ）・衣冠（いかん）または直衣（のうし）の時に着用する袴。

韻塞ぎ
古字の韻字を隠してこれを言い当てる文学遊戯。

ころは余裕がありました。

光源氏が25歳、頭《とう》の中将《ちゅうじょう》が31歳の時に、ついに大事件が起きます。光源氏が朱雀帝《すざくてい》に入内《じゅだい》予定の右大臣《うだいじん》の娘朧月夜《おぼろづきよ》と密会を重ね、ついにそれが発覚して須磨《すま》に退居することになったのです。義理の兄、頭《とう》の中《ちゅう》将《じょう》としては、なんとかしてやりたいところですが、自分が右大臣《うだいじん》の娘と結婚しているという立場もあり光源氏を寂しく見送るしかありません。

須磨《すま》でさびしく暮らす光源氏のもとに宰相《さいしょう》の中将《ちゅうじょう》（頭《とう》の中将《ちゅうじょう》）は政治的危険をおかして見舞いに出かけていきます。そして漢詩や和歌を詠んで光源氏を励ますのでした。

その後、都にさまざまな異変が起こり、ついに三年ぶりに光源氏（28歳）が帰京することになりました。朱雀帝《すざくてい》が譲位し冷泉帝《れいぜいてい》が即位したために、左大臣《さだいじん》家に再び政治的な春が来《き》ます。やったー。みんなそれぞれ昇進します。元左大臣《さだいじん》は太政大臣《だじょうだいじん》に、光源氏は内大臣《ないだいじん》に、藤壺《ふじつぼ》は准太上天皇《じゅんだいじょうてんのう》

右大臣の娘と結婚
左大臣の息子・頭の中将の正妻は、政敵右大臣の娘四の君。ものすごく微妙な立場。

内大臣
左右大臣に次ぐ役職。帝を補佐した。

に、すでに宰相の中将《さいしょうちゅうじょう》となっていた頭《とう》の中将《ちゅうじょう》は**権中納言**《ごんちゅうなごん》にそれぞれ出世です。

権中納言《ごんちゅうなごん》は長女を冷泉帝《れいぜいてい》（11歳）に入内《じゅだい》させ、**弘徽殿の女御**《こきでんのにょうご》（12歳）とします。もう権中納言《ごんちゅうなごん》（34歳）も娘の出世を考える良きパパの年齢に達しています。

弘徽殿の女御《こきでんのにょうご》は、冷泉帝《れいぜいてい》と年齢が近いこともあり寵愛《ちょうあい》を受けますが、後に光源氏の養女となった六条御息所《ろくじょうのみやすんどころ》の娘が**梅壺の女御**《うめつぼのにょうご》として入内《じゅだい》します。こちらは帝《みかど》より9歳年上です。

このころから権中納言《ごんちゅうなごん》（頭の中将《とうのちゅうじょう》）と光源氏の政治的対立が激しくなってきます。今度は**娘を間に挟《はさ》んで**再びライバル関係です。

帝《みかど》とは9歳の年齢差があった梅壺の女御《うめつぼのにょうご》でしたが、気品と奥ゆかしさがあり、さらに絵がうまかったので、しだいに冷泉帝《れいぜいてい》の心をひきつけるようになります。そうすると面白くないのは弘徽殿の女御《こきでんのにょうご》の父、権中納《ごんちゅうな》

権中納言
「権」とは臨時に設けられた官だったが、後に正官に準ずるものとなった。ここでは中納言に準じる役職。内大臣とは2ランク差。

弘徽殿の女御
頭の中将と正妻四の君との娘。同腹兄に柏木がいる。あの恐い右大臣の娘と同じ名前ですが別人です。

梅壺の女御
後の秋好中宮。母親の知性的な美しさを受け継いでいる。

娘を間に挟《はさ》んで
P200参照。

言《ごん》です。先に入内《じゅだい》させてるのは俺《おれ》の娘だぞ～、ということで当代きっての絵師に絵を描かせて、娘弘徽殿《こきでん》の女御《にょうご》のもとへ集めます。

一方の光源氏も負けじとすばらしい絵を集めます。光源氏のほうが「古風な絵」であるのに対し、権中納言《ごんちゅうなごん》のほうは「モダンな絵」です。

そしてついに「権中納言《ごんちゅうなごん》&弘徽殿《こきでん》の女御《にょうご》vs光源氏&梅壺《うめつぼ》の女御《にょうご》」で絵合《えあわせ》が行われることになります。まず一回目の勝負は藤壺《ふじつぼ》の宮《みや》（36歳）の前で行われました。結果は左方の「光源氏&梅壺《うめつぼ》の女御《にょうご》」組がやや優勢です。右方の「権中納言《ごんちゅうなごん》&弘徽殿《こきでん》の女御《にょうご》」組は焦ります。次の二回目はいよいよ冷泉帝《れいぜいてい》の前で行われ、決着が着くのです。

そこで、お互いの応援団から素晴らしい絵が贈られます。弘徽殿《こきでん》の女御《にょうご》には弘徽殿《こきでん》の大后《おおきさき》や朧月夜《おぼろづきよ》から。梅壺《うめつぼ》の女御《にょうご》には朱雀院《すざくいん》から秘蔵の絵が贈られました。

さて宮中を巻き込んでの絵合《えあわせ》の勝負やいかに!?

古風な絵
延喜（10C前半）に活躍した巨勢の相覧（こせのおうみ）の絵に、書が紀貫之という豪華な組み合わせ。

絵合
左右に組を分け、判者を立てて、おのおの絵や絵に歌をそえたものを出し合って優劣を競う。P192参照。

朧月夜
右大臣の六の君。朱雀院の尚侍。弘徽殿の大后の妹なので、ここでは弘徽殿の女御方になる。

冷泉帝《れいぜいてい》を前にした絵合《えあわせ》勝負は、なかなか決着がつかずに夜まで続きます。が、光源氏が**須磨《すま》で描いた絵巻**が出品されると、そのあまりの素晴らしさに満場一致で左方の勝ちとなります。「光源氏&梅壺《うめつぼ》の女御《にょうご》」組の完全勝利です。なんだか権中納言《ごんちゅうなごん》は、頭《とう》の中将《ちゅうじょう》時代からずーっと光源氏に負けっぱなしのような…。

その後、梅壺《うめつぼ》の女御《にょうご》（24歳）が立后《りつごう》し、**秋好中宮《あきこのむちゅうぐう》**となります。結局、権中納言《ごんちゅうなごん》の娘、弘徽殿《こきでん》の女御《にょうご》（16歳）は中宮《ちゅうぐう》争いに負けてしまいました。権中納言《ごんちゅうなごん》としてはおもしろくありません。

光源氏が**太政大臣《だじょうだいじん》**に出世し、右大将に出世していた権中納言《ごんちゅうなごん》は**内大臣《ないだいじん》**に昇進します。長女の立后《りつごう》に失敗した内大臣《ないだいじん》は、次女の雲居《くもい》の雁《かり》を東宮《とうぐう》に入内《じゅだい》させることに最後の望みをかけます。どこまでも頑張るねえ～。

内大臣《ないだいじん》は雲居《くもい》の雁《かり》の母親とは離婚しており、祖母に育てられていた雲居《くもい》の雁《かり》は、実は幼なじみの夕霧《ゆうぎり》（光源氏と葵《あおい》の上《うえ》の息子《むすこ》）と相思相愛でした。またまた光源氏が邪魔するのか…、ということでお怒りの内大臣《ないだいじん》は

須磨で描いた絵巻
光源氏は須磨での退屈な生活を絵を描いて過ごしていたが、そこに描かれた情趣は全員の「あはれ」を誘った。

秋好中宮
冷泉帝の中宮争いに勝ち、中宮となった。秋を好んだことから、秋好中宮と呼ばれた。

太政大臣
太政官の最高位にある官。職掌はなく、一種の名誉職。適任者がいない場合は欠員。実質は左右大臣がトップ。

内大臣
左右大臣に次ぐ官。帝を補佐する。

雲居《くもい》の雁《かり》を自邸に引き取って二人を引き離してしまいます。

二人の娘が思うように出世していかないことにがっかりの内大臣《ないだいじん》は、その昔、常夏《とこなつ》の女（夕顔《ゆうがお》）に産ませた女の子のことを思い出します。そこで夢を占わせたところ、娘は他人のもとで育っているとのことでした。実はこれも光源氏がらみだよ～。

内大臣《ないだいじん》（頭《とう》の中将《ちゅうじょう》）と常夏《とこなつ》の女（夕顔《ゆうがお》）との娘、玉鬘《たまかずら》は田舎《いなか》で美しく成長し、光源氏に引き取られてからもその美しさは世間で評判になっていました。何人もの求婚者を得て、誰《だれ》にしようかな～なんていう選び放題の状態です。

ここで、玉鬘《たまかずら》の実の父である内大臣《ないだいじん》に本当のことを告げなければいけないのですが、この時期、光源氏と内大臣《ないだいじん》とはうまくいっていません。しかも光源氏自身、玉鬘《たまかずら》が好きになって言い寄ったりします。相変わらずのスケベジジイぶり…

玉鬘
頭の中将と夕顔の娘。夕顔の死後は筑紫で乳母に育てられた。

さて、玉鬘《たまかずら》ちゃん（23歳《さい》）が裳着《もぎ》の儀式《ぎしき》（成人式）をすることになりました
遅《おそ》くなったが育ての親としては成人式ぐらいしてやらねば
わくわく
九州の田舎《いなか》で育ったために成人式すらやってなかったんですね
そしていきなり光源氏に腰結《こしゆ》いの役を頼《たの》まれて
何で俺《おれ》ー!?
びっくりしたのが内大臣（43歳《さい》）でした
実は…玉鬘《たまかずら》はあなたの本当の娘《むすめ》なのです
そうでありましたか
ならば是非《ぜひ》やらせてくだされ
光源氏はこれを機に内大臣と玉鬘《たまかずら》の二人《ふたり》を実の親子として対面させようとしていたのです

約二十年ぶりに娘《むすめ》と再会した内大臣は美しい娘《むすめ》の姿を見て感無量！
光源氏め よもや娘《むすめ》に手を出して おるまいな…
おおっ！ 愛《いと》しい娘《むすめ》よ！
ひしっ！
お父様！ お会いしとう ございました
こみ上げる感慨《かんがい》を抑《おさ》えつつ腰結《こしゆい》の役をつとめました
そして玉鬘《たまかずら》を光源氏にすべて委任するのでした
娘《むすめ》は任せる…が、手は出すなよ
ハイ…
びくっ

その後も雲居《くもい》の雁《かり》と夕霧《ゆうぎり》の仲だけは認めない内大臣《ないだいじん》でしたが、夕霧《ゆうぎり》（18歳）の縁談の噂《うわさ》を聞いてから焦り始めます。そこで夕霧《ゆうぎり》と和解をしようと内大臣《ないだいじん》自らが彼に歩み寄り、家に招待するのでした。光源氏も内大臣《ないだいじん》の心を察し、夕霧《ゆうぎり》に衣装の気配りをして送り出してあげるのでした。こうして雲居《くもい》の雁《かり》（20歳）と夕霧《ゆうぎり》（18歳）の二人はめでたく結婚します。

その後、光源氏（39歳）は准太上天皇《じゅんだいじょうてんのう》に、内大臣《ないだいじん》（45歳）は太政大臣《だじょうだいじん》に昇進します。そして冷泉帝《れいぜいてい》が譲位し、今上帝《きんじょうてい》が即位するとともに政界から隠退し、致仕の大臣《ちじのおとど》となります。

その後、致仕《ちじ》の大臣《おとど》（頭《とう》の中将《ちゅうじょう》）を襲った最大の事件としては、息子《むすこ》柏木《かしわぎ》の死です。

致仕《ちじ》の大臣《おとど》の息子《むすこ》、柏木《かしわぎ》は光源氏の最後の正妻女三《おんなさん》の宮《みや》のことを好きになり、どうしても忘れられませんでした。

そして柏木《かしわぎ》はついに女三《おんなさん》の宮《みや》と不義密通の罪を犯してしまいます。しか

准太上天皇
太上天皇は、天皇が譲位した後の称号。光源氏の場合は即位していないが、冷泉帝の父親だったので太上天皇に準ずる称号を得た。

今上帝
朱雀院と承香殿の女御の子。

致仕の大臣
官職をやめ隠退した大臣。

し、そのことを光源氏に知られた上に皮肉な言葉を浴《あ》びせられた柏木《かしわぎ》は、自責の念に耐え切れず病気になり、死んでしまいます。

致仕《ちじ》の大臣《おとど》は息子《むすこ》の死に心を傷め、衰弱します。そこで光源氏がお悔やみを言いに来《き》てくれたことに感激したりします。殺したのは光源氏と言ってもいいのに…知らぬが仏。

また、娘の雲居《くもい》の雁《かり》が夕霧《ゆうぎり》の浮気《うわき》によって自宅に戻ってきた時も心配し、夕霧《ゆうぎり》の浮気《うわき》相手の落葉《おちば》の宮《みや》に恨みの歌を贈ったりもします。

その後、紫《むらさき》の上《うえ》（43歳）が亡くなった時、致仕《ちじ》の大臣《おとど》（57歳）は昔妹の葵《あおい》の上《うえ》が亡くなったのも秋のことだったと思い出しては悲しみにくれます。そして光源氏に丁寧《ていねい》な弔問を送るのでした。

夕霧の浮気
柏木の未亡人落葉の宮と結婚した夕霧に腹をたてた雲居の雁は、子供達を連れて実家に戻った。

秋
陰暦では、七月（ふみづき）、八月（はつき）、九月（ながつき）が秋。

和歌

「須磨《すま》」の巻。須磨《すま》に流謫《るたく》している光源氏を頭《とう》の中将《ちゅうじょう》が訪ねた折の帰り際の歌。

あかなくに雁の常世を立ち別れ
花のみやこに道やまどはむ

名残惜しいままにあなた（光源氏）が仮住まいをしておられるこの異郷から立ち去ると、花の都に帰る道も心惑って迷うかもしれません。

入試ポイント

都に戻っていく雁（頭《とう》の中将《ちゅうじょう》）がうらやましい、という光源氏の歌への返歌。頭《とう》の中将《ちゅうじょう》が自分を雁に例えているところがポイント。

和歌の技法

「雁《かり》の常世《とこよ》」の「雁《かり》」に「仮」を掛けている。「常世《とこよ》」は異郷の意。

入試頻出古文

光源氏の友人頭の中将が、かつて自分がうかつだったために失踪《しっそう》してしまった女性（夕顔）のことを回想して語る「雨夜の品定め」の場面である。

中将、「なにがしは、しれ者の物語をせむ」とて、「いと忍びて見そめたりし人の、さても見つべかりしけはひなりしかば、ながらふべきものとしも思うたまへざりしかど、馴《な》れゆくままに、あはれとおぼえしかば、絶え絶え、忘れぬものに思ひたまへしを、さばかりになれば、うち頼める気色《けしき》も見えき。頼むにつけては、うらめしと思ふこともあらむと、心ながらおぼゆるをりをりもはべりしを、見知らぬやうにて、久しきとだえをもかうたまさかなる人とも思ひたらず、ただ朝夕にもてつけたらむありさまに見えて、心苦しかりしかば、頼めわたることなどもありきかし。

親もなく、いと心細げにて、さらばこの人こそはと、事にふれて思へるさまも、らうたげなりき。かうのどけきにおだしくて、久しくまからざりしころ、この見たまふるわたりより、情なくうたてあることをなん、さる便りありて、かすめ言はせたりける、後にこそ聞きはべりしか。

現代語訳

頭《とう》の中将《ちゅうじょう》が、「わたくしめは、愚かな女の話をしましょう」と言って話を始め、「とても人目を避けて逢《あ》いはじめた女が、そのまま秘密で連れそってゆけそうな様子でしたので、長続きするだろうとも思いませんでしたものの、馴《な》染《じ》んでゆくにつれて、いとしく思うようになりましたので、逢《あ》うのもとだえがちながらも、忘れられない女と考えておりましたところ、それほどの仲になりますと、私を頼みにしている様子も窺《うかが》えました。頼りにすることになると、それにつけて恨めしいと思うこともあるだろうと、私自身感じられる折々もありましたが、女はそれを気にもしない様子をして、私が長いこと訪れなかったときでも、こんなにめったにしか来てくれない人だとも怪しむわけでもなく、ただもう朝に晩に、従順な人妻らしいふるまいを身につけようとしている様子がこちらにもよくわかって、いじらしい気がしましたので、ずっとわたしを頼みにしていいよ、などと言って聞かせておりました。

親などもなくて、とても心細い様子で、それならば、この人（頭《とう》の中将《ちゅうじょう》）こそは生涯の夫としてあてにしようと、何かにつけて思っている様子も、かわいい感じでした。私は、こんな風に女がおとなしいのに気をゆるして、長らく行きませんでしたが、そのころ、私の妻（右大臣《うだいじん》の四の君）のまわりからその女に対して、情けもなく、たいへんいやなことを、しかるべきつてを使って、それとなく人に言わせてあったのだそうです。そのことを後になって、聞きました。

ダイジェスト頭の中将

1. 左大臣《さだいじん》の嫡男《ちゃくなん》で葵《あおい》の上《うえ》の兄。
2. 光源氏の良き義兄・親友、後に政治的に対立。
3. 右大臣《うだいじん》の四《よん》の君《きみ》と政略結婚。
4. 夕顔《ゆうがお》との間に玉鬘《たまかずら》をもうけ、20年後に再会。
5. 光源氏とは女性争奪戦、出世などほとんど全敗。
6. 嫡男柏木《ちゃくなんかしわぎ》に先立たれショックを受ける。

光源氏 VS 頭の中将

光源氏	ラウンド	頭の中将
○ 勝っても微妙	勝 1ラウンド 末摘花 負	× 負けてよかった
△ ふりまわされただけ	2ラウンド 源の典侍	△ ふりまわされただけ
○ (養女)秋好中宮	勝 3ラウンド 冷泉帝の中宮争い 負	× (娘)弘徽殿の女御
○ (娘)明石の中宮	勝 4ラウンド 今上帝の中宮争い 負	× (娘)雲居の雁
○ 常にリード	勝 5ラウンド 出世 負	× くそ～っ！

頭の中将は文中での呼び名がたくさんあるので、
気をつけるのニャー

11

明《あか》石《し》の君《きみ》

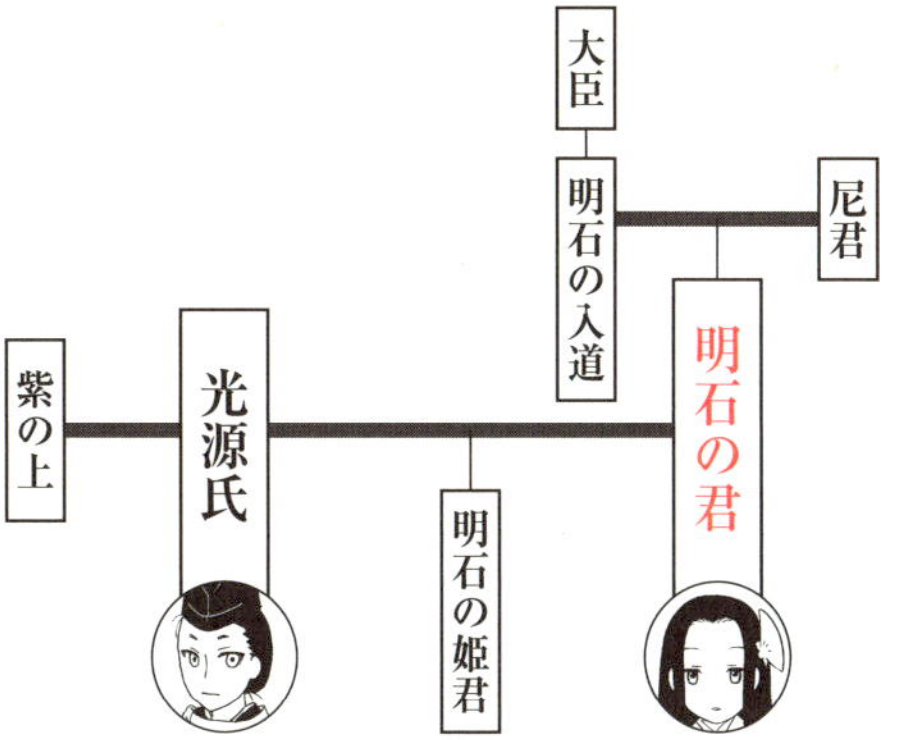

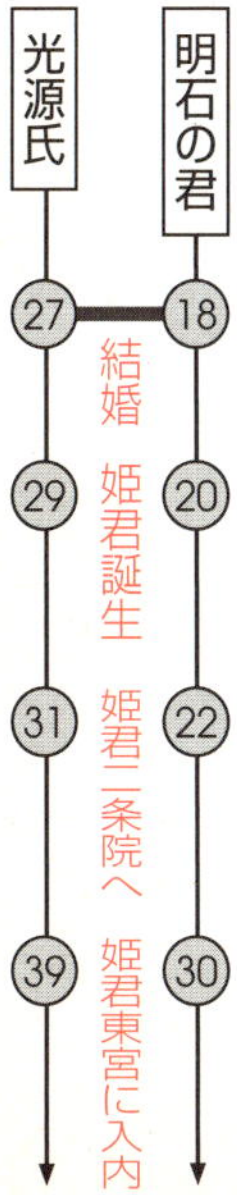

数ならぬ身なれど気高きさまなる人

…とるに足らない身分ではあるが気品が高い様子である人

明石の君

明石の入道の娘。明石へ流謫してきた光源氏との間に姫君をもうけ、のちに姫君は中宮となる。

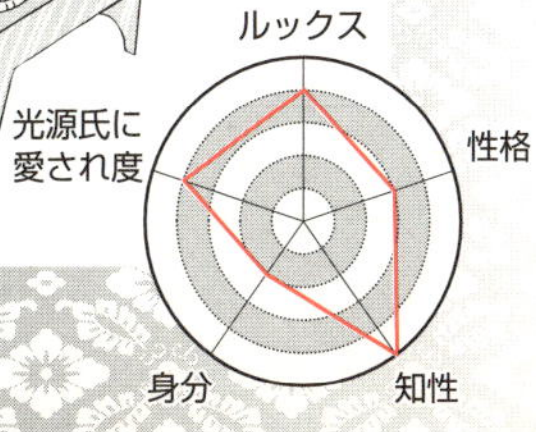

明石の君物語

明石《あかし》の君《きみ》といえば…「玉の輿《こし》」です！

そんな明石《あかし》の君《きみ》の物語は光源氏が**朧月夜《おぼろづきよ》とのスキャンダル**によって須磨《すま》に流謫《るたく》をしたところから始まります。誰《だれ》かのピンチは誰《だれ》かのチャンスなんですね。

光源氏26歳の春、桐壺帝《きりつぼてい》から朱雀帝《すざくてい》への政権交代によって右大臣《うだいじん》とその娘の弘徽殿《こきでん》の大后《おおきさき》が実権をにぎりました。さらに父桐壺院《きりつぼいん》が崩御《ほうぎょ》するに及んで光源氏は後ろ盾を失います。そんな時に朧月夜《おぼろづきよ》との一件があり、ピンチになった光源氏は、流罪になる前に**自ら須磨《すま》に退居**することにします。

須磨《すま》の地で将来の不安を思ってわびしく暮らす光源氏にとって、都の愛する人たちとの文通だけが心の慰めでした。藤壺《ふじつぼ》の宮、紫《むらさき》の上《うえ》、朧月《おぼろづき》夜《よ》、左大臣《さだいじん》家、そしてあの六条御息所《ろくじょうのみやすんどころ》とも文通していました。しかし、

☞**朧月夜とのスキャンダル**
朱雀帝に入内予定の右大臣の娘朧月夜に光源氏は手を出し、それが右大臣側に発覚し窮地にたたされた。

☞**自ら須磨に退居**
右大臣側から失脚させられる前に自ら退居を決断した。これは「貴種流離譚（きしゅりゅうりたん）」の典型で、高貴な主人公が苦悩に満ちた漂泊の旅を続けた果てに幸福を得るというもの。光源氏は26歳から28歳までの約二年半の須磨・明石の流離を経験し、その後都に戻ってから准太上天皇にまで出世する。

そのことを知ったあのこわ～い弘徽殿《こきでん》の大后《おおきさき》が激怒したために、文通もできなくなってしまいます。

寂しくむなしい生活が一年続きました。光源氏は早く都に帰ることができるように海岸で祈願をします。

すると、それまで晴れていた空がにわかにかきくもり、暴風雨がふき荒れたので、光源氏はいそいで館《やかた》に逃げ帰りました。その暴風雨は数日間続き、光源氏の住む邸《やしき》にも雷が落ちてしまい大騒ぎです。

光源氏が不安で疲れ果てて眠ると、夢の中に亡き父桐壺院《きりつぼいん》が出てきます。父が言うには、「住吉明神《すみよしみょうじん》の導きにしたがって須磨《すま》を早く去れ」とのことでした。

その翌朝、明石《あかし》の入道《にゅうどう》という男が迎えの舟をよこします。実は明石《あかし》の入《にゅう》道《どう》も夢のお告げを受けていたのです。光源氏は須磨《すま》を去って明石《あかし》の浦に移り住むことになりました。

住吉明神
摂津の国にある神社。現在の大阪市住吉区。海上交通の守護神として、また和歌の神として信仰を集めた。

この明石《あかし》の入道《にゅうどう》というのが
明石《あかし》の君《きみ》のお父《とう》ちゃんです
目立ってるけど
脇役
もともと高貴な身分だったのに
宮廷《きゅうてい》社会から脱落《だつらく》して地方官となった
明石《あかし》の入道《にゅうどう》は
まだまだ夢を諦《あきら》めてはいませんでした
このまま終わらんぞ
目指せ玉《たま》の輿《こし》!
よいか!
明日《あした》の為《ため》に
その1!!
今年《ことし》も住吉《すみよし》神社で
立身出世祈願《きがん》じゃ!!
その2……!
そんな父親なので……
夢が叶《かな》わぬ
くらいなら
死んでしまえ!
……という勢いで
厳しい教育をしていました

そんな入道は
ぴく
ぴく
光源氏の須《す》磨《ま》流《る》謫《たく》の噂《うわさ》を聞いて
チャ〜ンス
と思ったわけです
そして光源氏に
わしの娘《むすめ》と是非《ぜひ》！
と猛烈《もうれつ》にお願いします
光源氏の方も父桐壺院《きりつぼいん》の夢のお告げで
明石《あかし》に移り住んだのは
明石《あかし》の君《きみ》と出会う運命
だったにちがいない！
な〜んて考えて
せっせとラブレターをおくります
好き者復活！です

しかし、手紙をもらった明石《あかし》の君《きみ》（18歳）のほうとしては、高貴な光源氏（27歳）と田舎《いなか》娘にすぎない自分が釣り合うとは思わず、我が身の卑しさを思って返事を出すこともためらっていました。

そんな明石《あかし》の君《きみ》に業を煮やしつつも、父明石《あかし》の入道《にゅうどう》の手引きで強引に明《あか》石《し》の君《きみ》の部屋に入り込んだ光源氏は、ついに明石《あかし》の君《きみ》を口説き落とします。明石《あかし》の君《きみ》は予想以上に美しく、光源氏は夜毎《よごと》に明石《あかし》の君《きみ》を訪れて愛し合いました。そして**結婚**までしてしまうのでした。

その知らせを聞いて**紫《むらさき》の上《うえ》**はとても悲しみます。さすがの光源氏も紫《むらさき》の上《うえ》のことを思い、明石《あかし》の君《きみ》との逢《あ》い引きをしばらくひかえました。明石《あかし》の君《きみ》は、そんな光源氏の冷たさに男性の身勝手さを痛感しますが、自らの悲しい気持を抑えて穏やか〜にけなげに振舞います。光源氏はそんな明石《あかし》の君《きみ》をいじらしく思い、さらに深く愛するようになっていきます。

そのころ都では大変なことが起こっていました。というのも、光源氏が須磨《すま》で見た亡き父桐壺院《きりつぼいん》の夢を兄の朱雀帝《すざくてい》も見ており、その幻を見てか

結婚
初めて契った日から三日間連続で通い、女性側の親による披露の宴が行われて二人の結婚は成立する。

紫の上
光源氏の正妻格として二条院で留守番をしている。

ら帝《みかど》の目が見えなくなってしまったのです。さらに、意地悪な弘徽殿《こきでん》の大后《おおきさき》も病気がちになっていました。

朱雀帝《すざくてい》は、弟（光源氏）を大切にせよという父の遺言に背いて無罪の光源氏を追放したことを反省し、退位を決意しました。そして、次の帝《みかど》になる冷泉帝《れいぜいてい》の後見役《こうけんやく》として光源氏を明石《あかし》から呼び戻すことを命じました。

そうとも知らず、光源氏は明石《あかし》の君《きみ》にぞっこん中。毎晩欠かさず通って愛し合った結果、彼女はめでたく懐妊します。

さて、三年ぶりに都に帰ることになった光源氏（28歳）は、身重の明石《あかし》の君《きみ》（19歳）を残していくことは忍びがたかったので、彼女をできるだけ早くに都に迎えることを約束します。別離の日には二人だけで琴をひき、将来までの愛を固く約束して明石《あかし》の浦を去っていきます。

三年ぶりに帰京した光源氏は、冷泉帝《れいぜいてい》の後見役《こうけんやく》として権中納言《ごんちゅうなごん》から内《ない》大臣《だいじん》に昇進します。そして義理の父である元左大臣《さだいじん》が太政大臣《だじょうだいじん》に、そ

冷泉帝
桐壺院と藤壺の子（実は光源氏の子）。

の息子《むすこ》宰相《さいしょう》の中将《ちゅうじょう》（頭《とう》の中将《ちゅうじょう》）は権中納言《ごんちゅうなごん》に、藤壺《ふじつぼ》（33歳）は女院《にょいん》に栄進し、再び左大臣《さだいじん》家に春が巡《めぐ》ってきました。

その後、明石《あかし》から女の子が生まれたという知らせを受けた光源氏は、「三人の子供が生まれるが、その三人はそれぞれ、帝《みかど》と后《きさき》と太政大臣《だじょうだいじん》になるでしょう」という占い師の予言を思い出し、大喜びで使者を明石《あかし》に派遣して世話をします。

有頂天の光源氏ですが、明石《あかし》の君《きみ》のほうはそうではありませんでした。

光源氏が29歳の秋、帰京の望みがかなった御礼《おれい》のために、大坂の住吉《すみよし》明神を参詣《さんけい》します。毎年参詣《さんけい》を欠かさない明石《あかし》の君《きみ》一行も住吉《すみよし》に来合わせましたが、光源氏の盛大な行列を遠くから見て、ただただ圧倒されてしまいます。そしてこんなにも高貴な光源氏と自分の身分を比べて、あらためてひどくみじめな気持ちになってしまいます。

その後、光源氏から都に迎えとりたいという手紙をもらった明石《あかし》の君《きみ》は、

女院
帝の母や三后（太皇太后・皇太后・皇后）・内親王などに対して朝廷から与えられた尊称。待遇は院（上皇）に準ずる高いもの。

占い師の予言
占い師の予言どおりになる。
①冷泉帝（藤壺との不義の子）➡帝
②明石の中宮（明石の君との子）➡后（今上帝の后）
③夕霧（葵の上との子）➡太政大臣

住吉《すみよし》でのみじめな経験を考えると、決心がつきかねていました。

光源氏が31歳の秋、増築していた豪邸**二条東院**が完成しました。まず西の対に花散里《はなちるさと》を住まわせます。そして東の対に明石《あかし》の君《きみ》を住まわせる計画でしたが、当の明石《あかし》の君《きみ》はあい変わらずためらっていました。高貴な人たちの中でみじめな思いをするのではないかと心配しているのです。

そこで助け舟を出したのが明石《あかし》の入道《にゅうどう》です。皇族だった母方の祖父の旧邸が**大堰川**《おおいがわ》のほとりにあることを思い出し、壊れかかっていた建物を整備します。そして明石《あかし》の君《きみ》と娘（3歳）、さらに妻も一緒に行かせ、自分一人だけが明石《あかし》に残ることにしました。泣かせるお父《とう》さんだねえ。

一方の光源氏は、紫《むらさき》の上《うえ》の目を気にして、なかなか大堰邸《おおいてい》にいる明石《あかし》の君《きみ》と娘に会いに行けません。ようやく三年ぶりに明石《あかし》の君《きみ》と再会し、姫君とは初対面を果たします。光源氏としては二人に二条東院に来《き》てほしいところですが、いろいろな事情でなかなか果たせません。

二条東院
二条院は光源氏の亡き母桐壺の更衣の里邸を造築したもの。葵の上との結婚後に大改築された。それを譲り受けた光源氏はその後二条東院を造営し、西の対に花散里が住んだ。

大堰川
山城の国の川。現在の京都市右京区嵯峨野嵐山付近を流れる川。『大鏡』の中の藤原公任（ふじわらのきんとう）の「三舟の才」の有名な逸話は、藤原道長（ふじわらのみちなが）が主催した大堰川における舟遊びの折のもの。「三舟の才」とは、漢詩・和歌・管弦（音楽）の三つの才能のこと。藤原公任は『和漢朗詠集（わかんろうえいしゅう）』の撰者としても有名。

結局光源氏は
明石の姫君だけは
二条院の紫《むらさき》の上《うえ》に育ててもらう
決心を固めます
そろそろどうだろうか……
そして心を鬼《おに》にして
それを明石《あかし》の君《きみ》に告げます
明石《あかし》の君にとっては
辛《つら》くて苦しい決断でした
しかし
娘《むすめ》の将来のことを考えると……

卑《いや》しい身分の自分の元にいるよりも
高貴な紫《むらさき》の上《うえ》に育てられた方が良いと判断
ちい姫《ひめ》 お元気で
……?
泣く泣く姫君《ひめぎみ》を手放す決心を固めたのでした
よろしくね ちい姫《ひめ》様
……?
そして明石《あかし》の姫君《ひめぎみ》は紫《むらさき》の上《うえ》が養母として大切に育てることになりました

その後、光源氏39歳、六条院の栄華は紫《むらさき》の上《うえ》に愛育されて美しく成長した明石《あかし》の姫君《ひめぎみ》（11歳）の入内《じゅだい》によって最高潮に達します。

入内《じゅだい》の当日、姫君には養母の紫《むらさき》の上《うえ》（31歳）が付き添いますが、途中から後見役《こうけんやく》として、生母明石《あかし》の君《きみ》（30歳）に交代します。明石《あかし》の君《きみ》は美しく成長した娘を見て涙を流し、初めて会った紫《むらさき》の上《うえ》に長い間の養育の労苦を感謝します。

ここで二人は、互いに光源氏に愛されるだけのことはある立派な方だ、と感嘆しあいます。明石《あかし》の君《きみ》は、紫《むらさき》の上《うえ》のような素晴らしい人と肩を並べることのできる幸運をしみじみとかみしめました。

その後、明石《あかし》の姫君《ひめぎみ》は皇子を産み、のちに明石《あかし》の中宮《ちゅうぐう》となります。光源氏に告げられた予言はこうして現実のものとなったのでした。

和歌

「松風《まつかぜ》」の巻。光源氏が大堰《おおい》にいる明石《あかし》の君《きみ》を訪ね、琴を弾きながら詠んだ歌に対する明石《あかし》の君《きみ》の返歌。

かはらじと契りしことをたのみにて
松のひびきに音をそへしかな

心変わりはしないとお約束なさった言（琴）を頼みとして、松風の音に泣き声を添えてお待ちしていたことです。

入試ポイント

掛詞《かけことば》の二つが入試頻出。「こと」には「琴・言」以外にも「異・事」などが掛かる。「松」に「待つ」を掛けてあるのも重要。

和歌の技法

「こと」は「言」と「琴」を掛ける。
「松」に「待つ」を掛ける。

入試頻出古文

明石で流謫《るたく》の生活を送っていた光源氏が、三年ぶりに都に戻ることになり、明石の君と別れを惜しむ場面である。

明後日《あさて》ばかりになりて、例のやうにいたくもふかさで渡りたまへり。さやかにもまだ見たまはぬ容貌《かたち》など、いとよしよししう気高《けだか》きさまして、めざましうもありけるかなと、見棄てがたく口惜しうおぼさる。さるべきさまにして迎へむと思しなりぬ。さやうにぞ語らひ慰めたまふ。男の御容貌《かたち》ありさま、はたさらにも言はず、年ごろの御行ひにいたく面痩《おもや》せたまへるしも、言ふ方なくめでたき御ありさまにて、心苦しげなる気色《けしき》にうち涙ぐみつつ、あはれ深く契《ちぎ》りたまへるは、ただかばかりを幸《さいは》ひにても、などかやまざらむとまでぞ見ゆめれど、めでたきにしも、わが身のほどを思ふも尽きせず。波の声、秋の風にはなほ響きことなり。塩焼く煙かすかにたなびきて、とり集めたる所のさまなり。

このたびは立ちわかるとも藻塩《もしほ》やくけぶりは同じかたになびかむ

とのたまへば、

かきつめてあまのたく藻の思ひにも今はかひなきうらみだにせじ

あはれにうち泣きて、言《こと》少ななるものから、さるべきふしの御答《いら》へなど浅からず聞こゆ。

現代語訳

光源氏の都への出発は明後日という日になって、いつものようには、あまり夜も更《ふ》けないうちにお越しになった。はっきりとはまだご覧になったことのない明石《あかし》の君《きみ》の容貌《ようぼう》など、とても優雅であり気品も高い様子がして、「驚くほどすばらしい人だったのだな」と捨て去りがたく、別れねばならぬのを光源氏は残念にお思いになる。なんとかしかるべき都合をつけて都へ迎え取ろうと、心をお決めになった。そうしたお気持ちを明石《あかし》の君《きみ》に打ち明けてお慰めになる。男（光源氏）のご容貌《ようぼう》やお姿は、またいうまでもなく、長年の勤行《ごんぎょう》でひどくお顔が痩《や》せていらっしゃる、それもかえって言いようもなく立派なご様子で、いたわしげなさまに涙ぐみながらしみじみと心をこめてお約束になられるのは、明石《あかし》の君《きみ》としてもただそれだけのご縁でも身の幸せと思ってなんとかあきらめられるだろうと思ったようだが、光源氏の君のすばらしいお姿を拝するにつけても、わが身の程の卑しさを悲しく思う気持ちも尽きないのである。折から波の音は秋の風に乗って、やはりその響きが格別心にしみる。塩焼く煙もかすかにたなびいて、風情《ふぜい》をとり集めたこの地の有様である。

　このたびは…今回はたとえ離ればなれになっても、藻塩《もしお》を焼く煙が同じ方向になびくように、あなたと私《わたし》は
　　じきにいっしょになるであろう

とおっしゃると、

　かきつめて…かき集めて海人《あま》が焼く藻塩《もしお》火のようにもの思いの種は多いのですが、もう今となってはかいの
　　ないことですもの、お恨みさえも申しますまい

としみじみと泣いて、言葉は少ないながらもしかるべきご返事などは思いをこめて申しあげる。

入試頻出古文

光源氏がわが子明石の姫君を紫の上の養女にするために、明石の上と姫君の母子が住んでいる大堰《おおい》の山荘を訪れ、明石の上が姫君と別れるところである。

この雪すこしとけて渡りたまへり。例は待ちきこゆるに、さならむとおぼゆることにより、胸うちつぶれて人やりならずおぼゆ。「わが心にこそあらめ。辞《いな》びきこえむを強ひてやは。あぢきな」とおぼゆれど、軽々しきやうなりとせめて思ひかへす。いとうつくしげにて前にゐたまへるを見たまふに、おろかには思ひがたかりける人の宿世《すくせ》かなと思ほす。この春より生《お》ほす御髪《みぐし》、尼そぎのほどにてゆらゆらとめでたく、つらつき、まみのかをれるほどなど、いへばさらなり。よそのものに思ひやらむほどの心の闇《やみ》、推《お》しはかりたまふにいと心苦しければ、うち返しのたまひ明かす。「何か。かく口惜しき身のほどならずだにもてなしたまはば」と聞こゆるものから、念じあへずうち泣くけはひあはれなり。

現代語訳

この雪が少し解けてから、源氏の君は大堰《おおい》にお越しになった。明石《あかし》の君《きみ》は、いつもならばお待ち申し上げているのだが、あの事（娘の姫君を迎えに来る事）なのだろうと思うので、苦しげで胸もつぶれて、これも自らまねいたことなのだと思う。「娘をお渡しするのも、しないのも、私の気持ち次第なのであろう。いやと申しあげたとしたらそれを無理に連れて行くとはおっしゃるまい。つまらない決心をしてしまったものだ」とは思うけれど、「一度決めたことを変えるのはいまさらそれも軽々しいことだ」と、一生懸命に思い返している。源氏の君は、姫君がじつにかわいらしい姿で目の前にすわっていらっしゃるのをご覧になるにつけ、「いいかげんに思ってはならぬ明石《あかし》の君《きみ》との宿縁だったことだなあ」とお思いになる。姫君はこの春から伸ばしていらっしゃる御髪《みぐし》が、尼そぎの程度でゆらゆらと揺れてすばらしく美しくみごとであり、顔頬の形や目もとが美しい様子などは、いまさらいうまでもない。この姫君をよそのものとして、遠くから案じ暮らすようになる母親の心の惑いのほどを光源氏はお察しになるにつけても、まことにいたわしいので、繰り返し繰り返し、今回の事情をご説明になる。「いえいえ。私のように取るにたりない身分の程でなく姫君を扱ってさえいただけますならば……」と明石《あかし》の君《きみ》は申しあげるものの、我慢できなくなって泣く姿には、しみじみと胸がうたれるのである。

ダイジェスト明石の君

1. 父明石《あかし》の入道《にゅうどう》の厳しい教育を受けて成長。
2. 光源氏が明石《あかし》流謫《るたく》中に愛し合い、姫君（後の明石《あかし》の中宮《ちゅうぐう》）をもうける。
3. 身分をわきまえ将来を考えて姫君（後の明石《あかし》の中宮《ちゅうぐう》）を紫《むらさき》の上《うえ》に託す。
4. 六条院で冬の御方として厚遇される。
5. 姫君（後の明石《あかし》の中宮《ちゅうぐう》）が東宮《とうぐう》に入内《じゅだい》する際再会し、紫《むらさき》の上《うえ》にも会う。
6. 光源氏亡き後は孫に囲まれて平穏な生活を送る。

玉の輿ストーリー

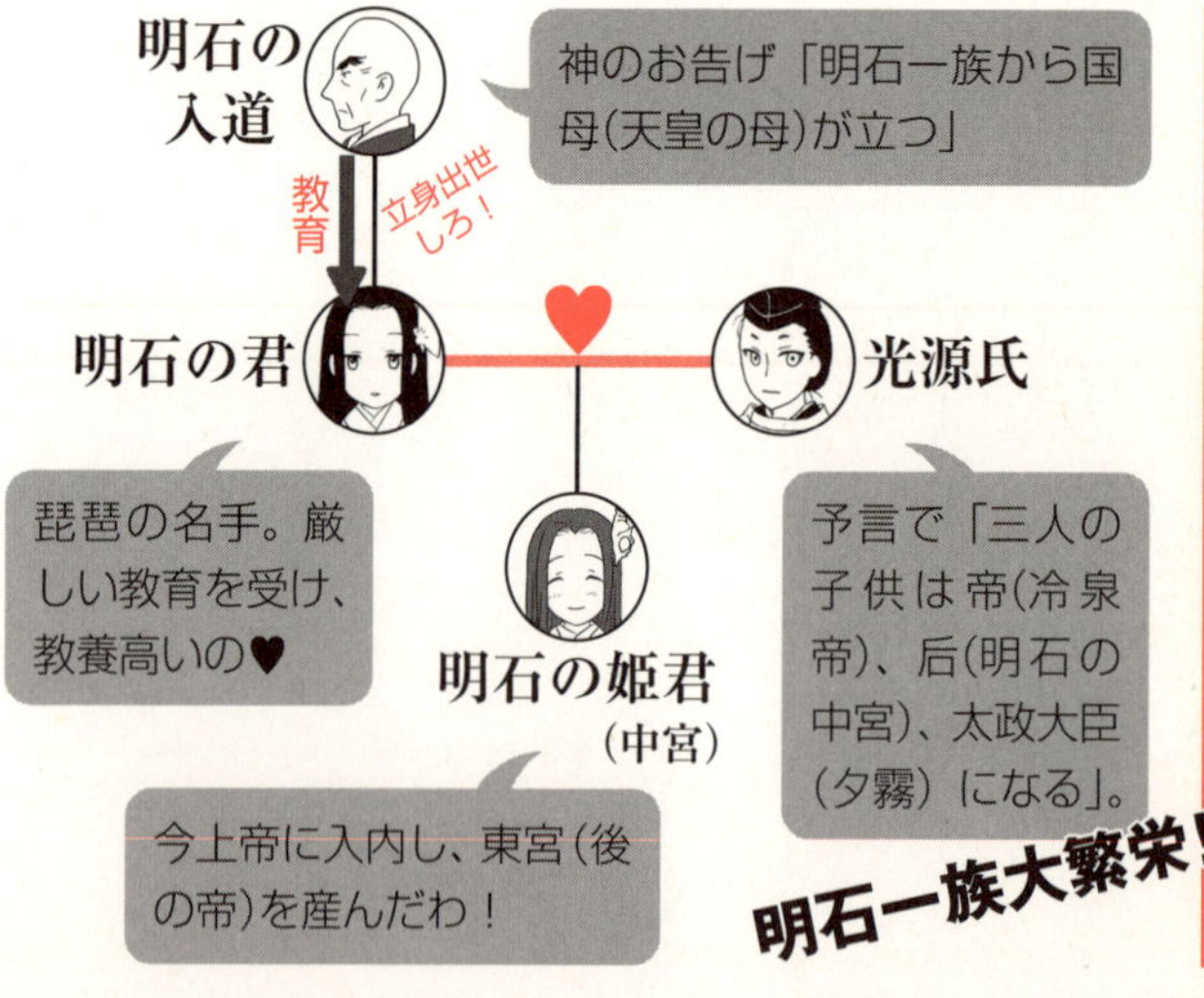

明石の入道
神のお告げ「明石一族から国母（天皇の母）が立つ」
教育
立身出世しろ！
明石の君
光源氏
琵琶の名手。厳しい教育を受け、教養高いの♥
予言で「三人の子供は帝（冷泉帝）、后（明石の中宮）、太政大臣（夕霧）になる」。
明石の姫君（中宮）
今上帝に入内し、東宮（後の帝）を産んだわ！
明石一族大繁栄!!

板野のニャンポイント
明石の君と姫君との別れのシーンが入試では最頻出なのニャー

12

花《はな》散《ちる》里《さと》

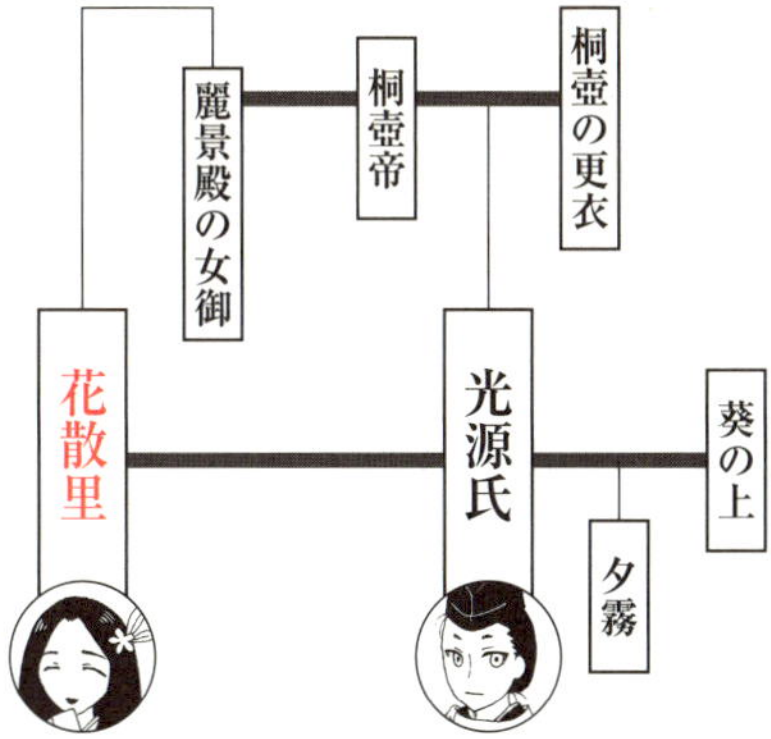

なつかしく心ばへの柔らかならむ人

…心ひかれる様で気だてのやさしい人

花散里

桐壺帝の麗景殿の女御の妹。光源氏の六条院に迎えられ夕霧や玉鬘の養母役を果たす。

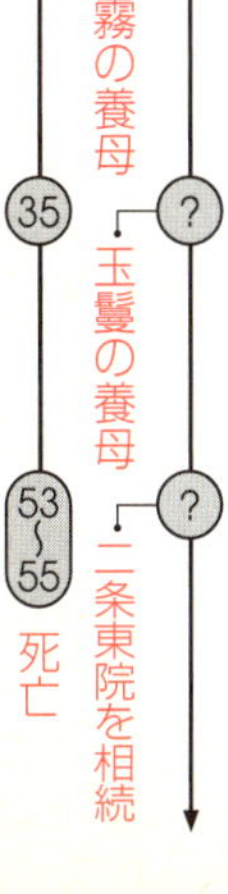

花散里物語

花散里《はなちるさと》と言えば「良妻賢母」です。そして光源氏が苦しい境遇に立たされた時には、精神的な支えとなり、一生信頼関係を保ち続けた希有《けう》な女性です。花散里《はなちるさと》の登場は11巻目にあたる「花散里《はなちるさと》」で、光源氏が訪問するところから始まります。

光源氏が23歳の秋、父桐壺院《きりつぼいん》が死んじゃいました。ということで政治の実権が義兄の朱雀帝《すざくてい》に移ります。ということは、バックに右大臣《うだいじん》とあのこわ～い弘徽殿《こきでん》の大后《おおきさき》がいるわけで、光源氏にとっては肩身のせまい状況になったわけです。

そんな時に、光源氏の永遠の恋人藤壺《ふじつぼ》（29歳）が出家してしまいます。絶望的な気持ちの光源氏は朧月夜《おぼろづきよ》とスキャンダルを起こし、政治的立場が大ピンチになってしまいます。疲れ果てた光源氏は癒《いや》しを求めて花散里《はなちるさと》邸《てい》を訪れます。

☞藤壺が出家
藤壺は光源氏からの恋慕を避け、東宮の後見を得るために出家。

花散里《はなちるさと》という人は、父桐壺院《きりつぼいん》の妻の一人である麗景殿《れいけいでん》の女御《にょうご》って人の妹です。光源氏はこの姉妹と仲良しで、桐壺院《きりつぼいん》亡き後、生活の援助もしていました。特に花散里《はなちるさと》とはかつて愛を交わしたこともある関係でした。

麗景殿の女御
桐壺院の女御の一人。花散里の姉。

五月雨《さみだれ》の晴れ間に、花散里《はなちるさと》邸を訪れた光源氏は歌を詠んだりして、古き良き時代をしみじみと語り合います。この二人は肉体関係を超越した精神的なところで結ばれている夫婦だったんです。というか、外見的に光源氏の好みではなかったのかも…。

その後光源氏が須磨《すま》に流謫《るたく》している間も、花散里《はなちるさと》と手紙の交換をし、生活の面倒もしっかりみます。

その後明石《あかし》から帰ってきた光源氏（28歳）が久しぶりに花散里邸《はなちるさとてい》を訪問すると、荒れた邸《やしき》で光源氏だけを頼りとして生活していた花散里《はなちるさと》は、他の女性のようにスネたりすることなく温かく彼を迎えます。

光源氏が政界に復帰して三年。今や光源氏（31歳）は内大臣《ないだいじん》にまで出世し、豪華な二条東院が完成します。その西の対に花散里《はなちるさと》は迎え入れられて優雅な生活を送ります。

花散里《はなちるさと》は光源氏にとって大切な妻の一人でした。もちろん紫《むらさき》の上《うえ》や明石《あかし》の君《きみ》なども大切なのですが、花散里《はなちるさと》は光源氏を精神的に支えてくれる母親みたいな存在として不可欠な女性でした。

母親といえば、花散里《はなちるさと》は光源氏と葵《あおい》の上《うえ》との息子《むすこ》夕霧《ゆうぎり》の養母となります。

生まれてすぐに母葵《あおい》の上《うえ》を失った夕霧《ゆうぎり》は最初、祖母（左大臣《さだいじん》の妻）に育てられていました。しかし息子《むすこ》の養育を任せられるのは花散里《はなちるさと》しかいない、と判断した光源氏によって、夕霧《ゆうぎり》（12歳）は二条東院にいる花散里《はなちるさと》に預けられます。

☞二条東院
光源氏の自邸二条院に増築したもの。西の対に花散里、東の対には明石の君が住む予定であったが、明石の君が遠慮したため、その後の六条院造営の構想へとつながった。

☞夕霧の養母
夕霧の後見役として養母となった。

よろしくね　夕霧《ゆうぎり》さま
ハイッ
なーんだ
なんかダサイ…
ガッカリ
あんまり美人じゃないな
父上のカノジョなのに…
どうぞ何でも言って下さいませね
ニッコリ
でもやさしそうな人だな
父上が大事になさるのもわかるような気がする…

その後、光源氏（35歳）の栄華を象徴する六条院が完成しました。六条院は**240メートル四方**という大邸宅です。

花散里《はなちるさと》はその東北の町に迎え入れられます。夏をこよなく愛したことから「**夏の御方**《おんかた》」と呼ばれるようになります。庭のテーマは「涼しげな夏」ということで庭には竹が植えられ、涼しい風が吹き通るように造られていました。また、橘《たちばな》や撫子《なでしこ》、薔薇《ばら》の花なども咲き乱れた美しく風情《ふぜい》のある様子は心和む山里のようでした。

花散里《はなちるさと》は、さらに光源氏の娘として引き取られた**玉鬘**《たまかずら》の世話も引き受け、その養母役を立派に果たします。光源氏の恋人としてよりも、夕霧《ゆうぎり》や玉《たま》鬘《かずら》の母親役として大活躍したのが花散里《はなちるさと》の特徴でしょう。

花散里《はなちるさと》はある意味、光源氏にとっても母親の役割を果たしていたのかもしれません。その証拠に、光源氏がさんざん浮気《うわき》をしても全く動じる様子がなく、逆にあたふたしている光源氏のことを面白く思ったりする余裕すらあった花散里《はなちるさと》なのでした。

240メートル四方
57600平方メートル。ちなみに東京ドームは46755平方メートル。デカイ！

夏の御方
呉竹や橘、撫子が涼しげに咲く夏の風物をこよなく愛したことからそう呼ばれた。

玉鬘
頭の中将と夕顔の娘。九州で育った玉鬘は約20年ぶりに侍女右近によって発見され、光源氏が娘として引き取った。

和歌

「須磨《すま》」の巻。光源氏が須磨《すま》に退居する前に花散里《はなちるさと》を訪問し、懐旧の情を交わした時の花散里《はなちるさと》の歌。

月影のやどれる袖はせばくとも
とめても見ばやあかぬ光を

月光が映っているこの袖はたとえ狭くても、見飽《あ》きることのない月光（光源氏）をお引き留めしておきたいものです。

入試ポイント

「月影」は影ではなく「月光」の意で光源氏のこと。「袖」は花散里《はなちるさと》を指す。光源氏は別れを哀しむ花散里《はなちるさと》に「いつか潔白の証をたててあなたと一緒に住めますからそんなに悲しまないで」という歌を返している。

入試頻出古文

光源氏が須磨《すま》・明石から帰京後、久しぶりに花散里を訪ねる場面である。

五月雨《さみだれ》つれづれなるころ、公 私《おほやけわたくし》もの静かなるに、思しおこして渡りたまへり。よそながらも、明け暮れにつけてよろづに思しやりとぶらひきこえたまふを頼みにて、過ぐいたまふ所なれば、今めかしう心にくきさまにそばみ恨《うら》みたまふべきならねば、心やすげなり。年ごろにいよいよ荒れまさり、すごげにておはす。女御の君に御物語聞こえたまひて、西の妻戸《つまど》に夜更《ふ》かして立ち寄りたまへり。月おぼろにさし入りて、いとど艶《えん》なる御ふるまひ尽きもせず見えたまふ。いとどつつましけれど、端《はし》近ううちながめたまひけるさまながら、のどやかにてものしたまふけはひ、いとめやすし。水鶏《くひな》のいと近う鳴きたるを、

水鶏だにおどろかさずはいかにして荒れたる宿に月をいれまし

いとなつかしう言ひ消《け》ちたまへるぞ、「とりどりに捨てがたき世かな。かかるこそなかなか身も苦しけれ」と思す。

現代語訳

五月雨《さみだれ》の季節で、所在ない気分のころ、公私ともに暇なので、昔を思い起こされて光源氏の君は花散里《はなちるさと》の邸《やしき》へお出かけになった。光源氏の君ご自身のお越しはなくても、明けても暮れても光源氏の君のほうでさまざまに思いやってお世話申しあげなさるのを頼りとして、花散里《はなちるさと》はお暮らしになる所であるので、当世風に思わせぶりをして、すねたり恨んだりなさるわけもないので、光源氏の君も気がねがなさそうである。花散里《はなちるさと》の邸《やしき》はこの数年でますます荒れはてて、恐ろしいほど寂しい様子で過ごしていらっしゃる。まず女御の君（麗景殿《れいけいでん》の女御《にょうご》）に対面申しあげて、花散里《はなちるさと》のいる西の妻戸には夜の更《ふ》けるのを待ってからお立ち寄りになられる。月がおぼろにさしこんで、光源氏の君のますます優美な立ち居ふるまいが限りなくすばらしくお見えになる。花散里《はなちるさと》はいっそう気がひけるけれども、端近く出てもの思いにふけっていらっしゃったそのままの姿で、穏やかにすわっておいでになる風情《ふぜい》は、じつに感じがよい。水鶏《くいな》がすぐ近くで鳴いているので、

　水鶏《くいな》だに…せめて水鶏《くいな》だけでも戸をたたいて驚かしてくれませんでしたら、どうしてこの荒れた宿に月（光源氏の君）をお迎え申すことができたでしょうか

じつに親しげをこめて、長年会えなかった恨み言をおし隠していらっしゃるので、光源氏の君は「どの人もそれぞれに捨てがたい男女の仲だ。こういうわけだからかえってみんなを愛さずにいられなくて自分も苦労なのだ」とお思いになる。

ダイジェスト花散里

1. 桐壺帝《きりつぼてい》の麗景殿《れいけいでん》の女御《にょうご》の妹。
2. 母のいない夕霧《ゆうぎり》や玉鬘《たまかずら》の養母役。
3. 容貌はイマイチだが人格円満で穏やかな性格。
4. 二条東院を経て六条院の夏の町に迎えられる。
5. 光源氏とは肉体よりも精神的につながる。
6. 光源氏にとっては困った時の花散里《はなちるさと》だのみ。

東京ドームより広い！

六条院 ～この世の極楽～

● 四季の町からなっている

㊇ 西北の町 明石の君 ↑身分上、小さく作られている	㊁ 東北の町 花散里 夕霧
㊙ 西南の町 秋好中宮 （里帰り用）	㊮ 東南の町 光源氏 紫の上 明石の姫君

● 広さ約240m四方

花散里は光源氏の妻というよりも、夕霧と玉鬘の養母だというのが大切なのニャー

13

秋好中宮《あきこのむちゅうぐう》

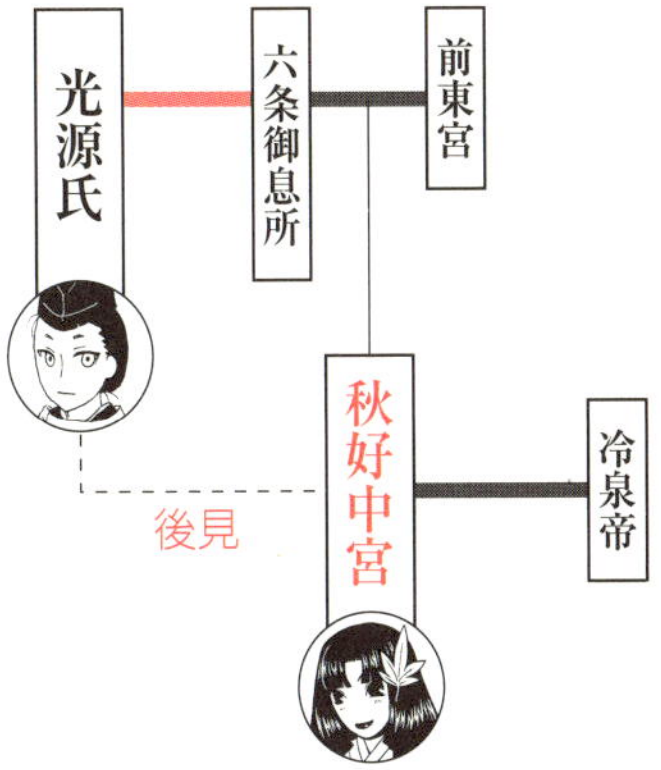

らうたげにてなまめかしき人

…いじらしくてみずみずしく美しい人

秋好中宮（梅壺の女御）

六条御息所と故前東宮との間の娘。伊勢の斎宮となり母と下向。帰京後、光源氏の後見で冷泉帝に入内する。

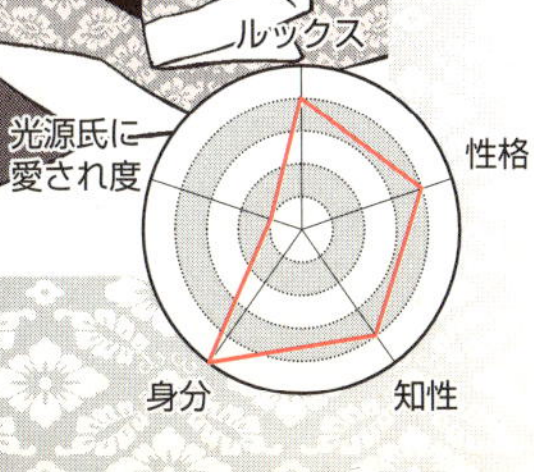

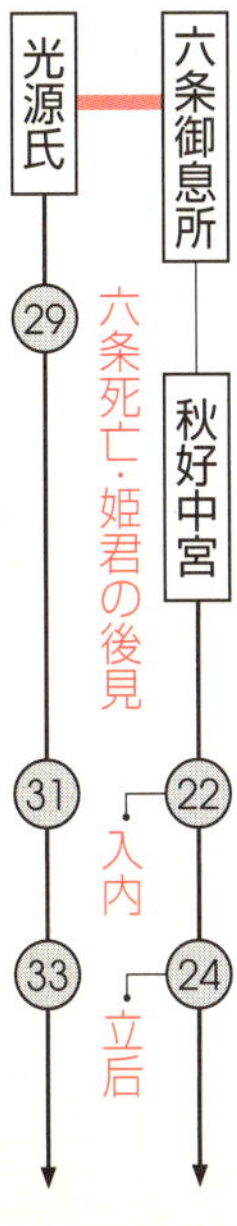

秋好中宮物語

秋好中宮《あきこのむちゅうぐう》はあの六条御息所《ろくじょうのみやすんどころ》の娘です。六条御息所《ろくじょうのみやすんどころ》は大臣の娘として16歳で皇太子（桐壺帝《きりつぼてい》の弟）の妃として宮廷入りし、娘を産んだ後に20歳で未亡人となっていました。そして光源氏の愛人となったのです。

その後、光源氏（23歳）との愛の破綻《はたん》が決定的になった六条御息所《ろくじょうのみやすんどころ》（30歳）は想《おも》いを断ち切るために、娘が伊勢の斎宮《いせのさいぐう》となった時に彼女についていて伊勢《いせ》に行ってしまいました。通常、娘の斎宮《さいぐう》に母がついて行くことはありませんから、これは光源氏と離れたいがための決断でした。

六年間の任務を終えた斎宮《さいぐう》と六条御息所《ろくじょうのみやすんどころ》は共に帰京します。そして六条の旧邸《ろくじょうのきゅうてい》を修理し、優雅に悠々自適の生活を送っていましたが、ついに六条御息所《ろくじょうのみやすんどころ》（36歳）は病気になり、亡くなってしまいます。

光源氏は六条御息所《ろくじょうのみやすんどころ》から遺言として娘の後見《うしろみ》を頼まれます。生前の

皇太子
古文では「東宮・春宮（とうぐう）」と呼ばれる。

伊勢の斎宮
伊勢神宮に奉仕した皇女。帝の代わりに天照大神（あまてらすおおみかみ）を奉斎する巫女（みこ）。帝の崩御・譲位や斎宮の父母の喪によって交替する。

六条の旧邸
この六条邸の跡地を含む場所に、後に光源氏が壮大な六条院を建てた。

六条御息所《ろくじょうのみやすんどころ》とはいろいろなことがあった光源氏ですが、六条御息所《ろくじょうのみやすんどころ》最期の願いということで、その遺言を快く引き受けます。そして斎宮《さいぐう》を養女として引き取り、冷泉帝《れいぜいてい》の妃として入内《じゅだい》させます。

斎宮《さいぐう》は22歳で入内《じゅだい》して梅壺《うめつぼ》の女御《にょうご》となりますが、冷泉帝《れいぜいてい》はまだ13歳です。しかもすでに一人女御《にょうご》が入内《じゅだい》していました。なんと**弘徽殿《こきでん》の女御《にょうご》**（14歳）という名の女性です。が、あの恐～いお方ではなく、かつての頭《とう》の中将《ちゅうじょう》、今の権中納言《ごんちゅうなごん》の娘です。

冷泉帝《れいぜいてい》は後から入内《じゅだい》した梅壺《うめつぼ》の女御《にょうご》のことを好きになります。梅壺《うめつぼ》の女御《にょうご》は年上のわりに小柄《こがら》でおっとりとした優しい性格をしていたのです。弘徽殿《こきでん》の女御《にょうご》のほうも大事にしますが、梅壺《うめつぼ》の女御《にょうご》と絵を描くことが楽しくて、こちらに通い詰めるようになりました。

そうなると黙っていないのが弘徽殿《こきでん》の女御《にょうご》の父、権中納言《ごんちゅうなごん》です。娘が中宮《ちゅうぐう》になることに自分の出世がかかっています。また、ライバル光源氏に負けるのもしゃくにさわります。一方の光源氏とて同じ心境です。

弘徽殿の女御
弘徽殿（建物名）にいる女御なので同じ名前。恐いほうの弘徽殿はすでに大后になっている。

その意地の張り合いから、ついに「梅壺《うめつぼ》の女御《にょうご》vs弘徽殿《こきでん》の女御《にょうご》」で絵合《えあわせ》をすることになります
権中納言《ごんちゅうなごん》
冷泉帝《れいぜいてい》
光源氏
わく
わく
弘徽殿《こきでん》
梅壺《うめつぼ》
これは女の戦いというよりもそのバックについている光源氏と権中納言《ごんちゅうなごん》の戦いでした！
さらに朱雀院《すざくいん》や弘徽殿《こきでん》の大后《おおきさき》や朧月夜《おぼろづきよ》まで巻《ま》き込《こ》んだ宮廷《きゅうてい》全体の対決となります
光源氏派 朱雀院《すざくいん》
権中納言《ごんちゅうなごん》派 朧月夜《おぼろづきよ》

さて、冷泉帝《れいぜいてい》の前で行われた
注目の一戦は……
どの絵巻《えまき》も
素敵だ
互《たが》いに素晴らしい
絵ばかりで
なかなか勝負が
つきません
むむむむ!!!
しかし光源氏側から
出された最後の絵巻《えまき》が
決め手になります
ドン
おおっ
!
なんとっ
!!
こ、これは
!!

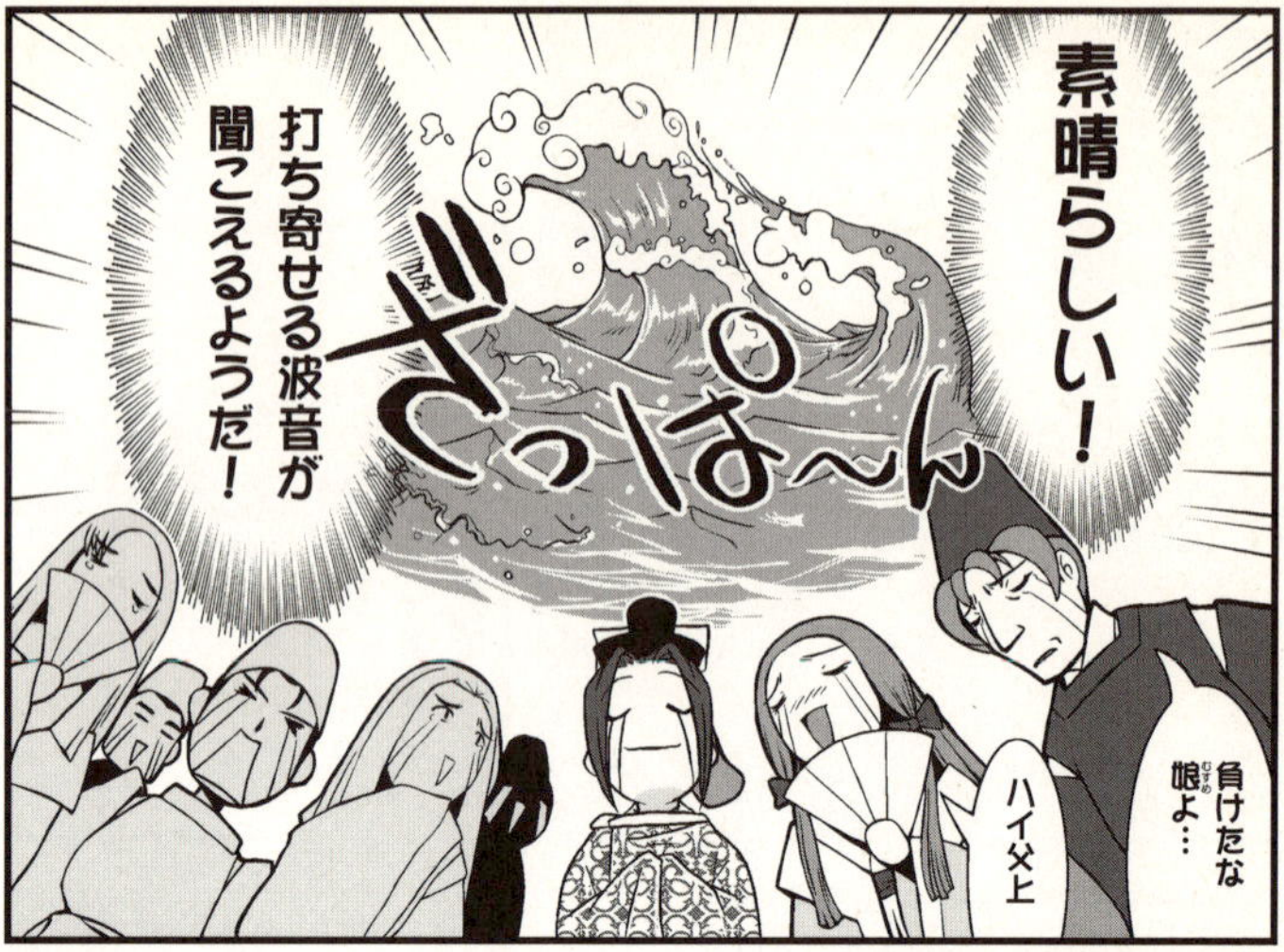

▼ 本当は静かな海なのです（笑）

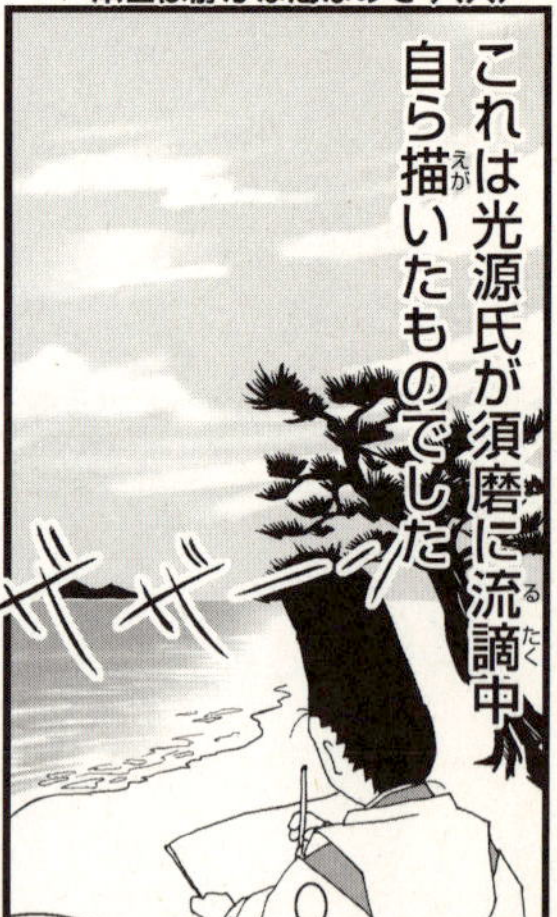
暇《ひま》だし
他にすること
ないしな…

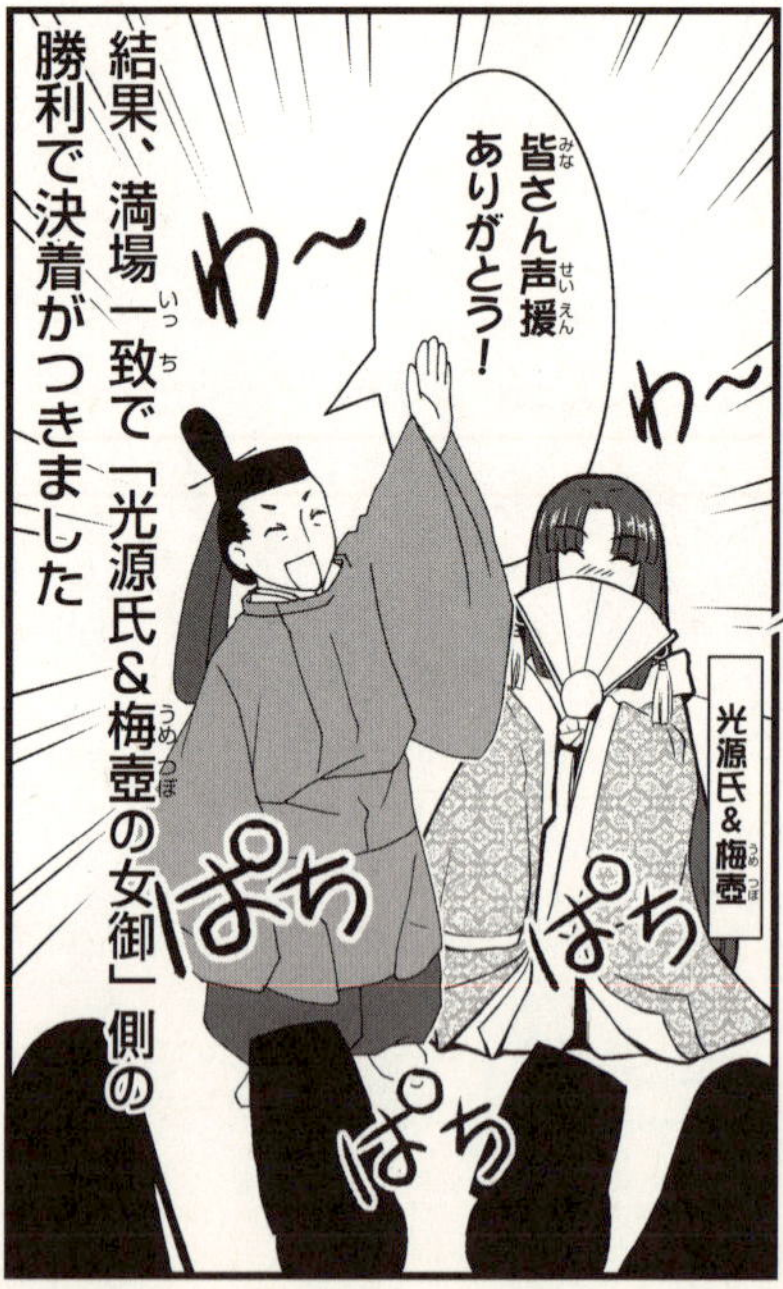

月日が流れ、梅壺《うめつぼ》の女御《にょうご》（23歳）が二条院に里帰りをしてきました。光源氏（32歳）は彼女が母親から受け継いだ知性的な美しさをもっていたために、たびたびムラムラしちゃいます。

その心を抑えるために、一生懸命六条御息所《ろくじょうのみやすんどころ》の遺言を思い出して我慢します。というのは、けっして娘に手を出さないで、と言われていたのです。さすがの光源氏も六条御息所《ろくじょうのみやすんどころ》の遺言まで無視するわけにはいきませんでした。

そんなムラムラを誤魔化すために、光源氏は梅壺《うめつぼ》の女御《にょうご》に「春と秋とどっちが好きですか～？」なんてとぼけた質問をします。梅壺《うめつぼ》の女御《にょうご》は、母親である六条御息所《ろくじょうのみやすんどころ》が亡くなった秋がやはり格別だわ～、と答えます。このことから後に、中宮《ちゅうぐう》になった梅壺《うめつぼ》の女御《にょうご》は秋好中宮《あきこのむちゅうぐう》と呼ばれるようになりました。

秋好中宮《あきこのむちゅうぐう》（26歳）が光源氏の六条院の西南の町に住むようになってからのこと。秋好中宮《あきこのむちゅうぐう》の庭には紅葉《もみじ》が植えられ、泉から遣水《やりみず》がひかれ、

六条御息所
なにかと生霊と化したり、ついには死霊と化すので光源氏としてもなんとか鎮魂したいと思っている。

遣水
寝殿造の様式の庭の中に外から水を引き入れてつくった細い流れ。

そのせせらぎの音が響く秋の野の風情《ふぜい》漂うものでした。

その秋、秋好中宮《あきこのむちゅうぐう》（26歳）が紫《むらさき》の上《うえ》（27歳）に紅葉《もみじ》や色とりどりの秋の花をプレゼントします。もちろん「秋」こそ風情《ふぜい》として一番の季節だと言うためです。

それを受け取った紫《むらさき》の上《うえ》は、すぐに**岩と松でできた細工**と和歌を返します。紅葉《もみじ》なんて軽々しいですわ。春の緑は永遠なるものですよ。と「春」のすばらしさを歌いあげます。

こうして光源氏も見守る中、**春秋の対決**は情趣溢《あふ》れるものとなったのでした。

岩と松でできた細工
秋好中宮が紅葉を贈ってきたのに対して、永遠に変わらないものの象徴として「岩」と「松」の組み合わせで作った細工物。

春秋の対決
「春秋優劣論」は『万葉集』の時代からの伝統的な美意識に基づく議論。

和歌

「少女《おとめ》」の巻。春が好きな紫《むらさき》の上《うえ》に、秋好中宮《あきこのむちゅうぐう》が紅葉《もみじ》とともにこの歌を贈った。

こころから春まつ苑はわがやどの紅葉を風のつてにだに見よ

ご自分の好みで春の季節をお待ちのお庭では、この秋は所在ないでしょうから、私の庭の美しい紅葉をせめて風のたよりにでもご覧ください。

入試ポイント

紫《むらさき》の上《うえ》と秋好中宮《あきこのむちゅうぐう》とが「春秋優劣論」で応酬しあう場面。ここで母（六条御息所《ろくじょうのみやすんどころ》）の亡くなった「秋」を好むと言ったことから、梅壺《うめつぼ》の女御《にょうご》に「秋好中宮《あきこのむちゅうぐう》」の名が付いた。紫《むらさき》の上《うえ》は負けじと贈られてきた箱のふたに苔《こけ》を引き「風に散ってしまう紅葉《もみじ》は軽々しいものにすぎないので、春の緑の色の永遠なる美しさを見てください」と歌を付けて返している。

入試頻出古文

光源氏は、かつての恋人六条御息所の死後、その姫君梅壺の女御（のちの秋好中宮）を後見して冷泉帝の女御として入内させた。以下は、里下がりした女御と光源氏の会話で、春秋の優劣を論じた場面である。

「やまと言の葉には、秋のあはれをとりたてて思へる、いづれも時々につけて見たまふるに、目移りてえこそ花鳥《はなとり》の色をも音《ね》をもわきまへはべらね。狭《せば》き垣根の内なりとも、そのをりの心見知るばかり、春の花の木をも植ゑわたし、秋の草をも掘り移して、いたづらなる野辺の虫をもすませて、人に御覧ぜさせむと思ひたまふるを、いづ方にか御心寄せはべるべからむ」と聞こえたまふに、いと聞こえにくきことと思せど、むげに絶えて御答《いら》へ聞こえたまはざらんもうたてあれば、「ましていかが思ひ分きはべらむ。げにいつとなき中に、あやしと聞きし夕《ゆふべ》こそ、はかなう消えたまひにし露のよすがにも思ひたまへられぬべけれ」と、しどけなげにのたまひ消《け》つもいとらうたげなるに、え忍びたまはで、

「君もさはあはれをかはせ人しれずわが身にしむる秋の夕風

忍びがたきをりをりもはべるかし」と聞こえたまふに、いづこの御答《いら》へかはあらむ、心得ずと思したる御気色《けしき》なり。

現代語訳

「日本の和歌では、秋の情趣を格別と考えているようですが、春も秋もどちらもその季節季節につけて見ますと、目移りがして、とても花の色や、鳥の声の春秋のその優劣を区別できるものではありません。私の自邸の狭い垣根《かきね》の内であっても、その折々の情趣がわかるほどに、春の花の木を植え並べ、秋の草も掘ってきて移して、聞く人もないのに野辺《のべ》の虫も棲《す》ませて、人のお目にかけようと思っておりますが、あなたは、春と秋とのどちらのほうにごひいきがございますのでしょうか」と光源氏が申しあげなさるので、梅壺の女御はとてもお答えしにくいことだとお思いになるけれど、まるで一言もご返事申しあげなさらないのも具合がわるいので、「光源氏の君が決めかねていらっしゃるのに、ましてどうしてこの私に判断できましょう。仰せのように古歌にあるとおり、とくにどちらがすばらしい、ということもございませんけれども、『あやし』と申します秋の夕べこそが、はかなくお亡くなりになった母（六条御息所《ろくじょうのみやすんどころ》）の縁《えにし》のように思われますようでございます」と、ゆったりとおっしゃって、途中から口をつぐんでおしまいになるのもまことにかわいらしいので、光源氏の君はこらえきれなくなりなさって、

「君もさは…それではあなたも私としみじみいとしい気持ちをとりかわしてください。人知れず私の身には

秋の夕風が身にしみることです。

あなたへの恋心が堪えきれない折々もあるのでございますよ」と申しあげなさると、梅壺の女御としてはどこにご返事のすべがあろう、光源氏の君の気持ちはわかってはいるが、わざとおっしゃることがよくわからないふりをしているという面持ちである。

ダイジェスト秋好中宮

1. 六条御息所《ろくじょうのみやすんどころ》と前東宮《さきのとうぐう》との間の娘。
2. 朱雀帝《すざくてい》の時代に伊勢で斎宮《さいぐう》を務《つと》める。
3. 母六条御息所《ろくじょうみやすんどころ》の遺言によって光源氏に託される。
4. 光源氏の養女となり冷泉帝《れいぜいてい》に入内《じゅだい》し中宮《ちゅうぐう》へ。
5. 六条院を里邸とし六条院の栄華の礎《いしずえ》をなす。
6. 光源氏との春秋優劣論で、母六条《ろくじょうの》御息所《みやすんどころ》の亡くなった秋を支持する。

冷泉帝をめぐる絵画対決～絵合～

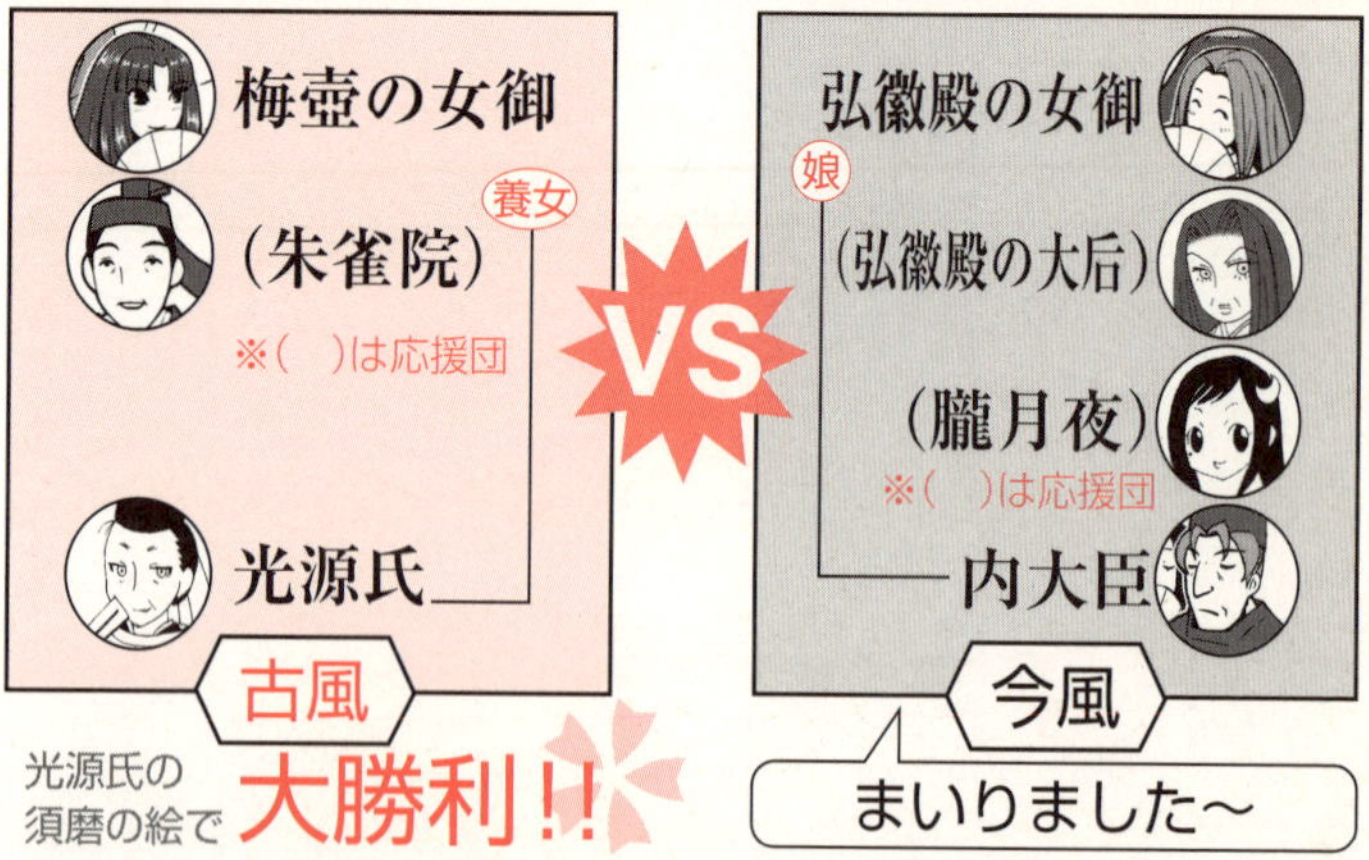

六条御息所の娘が入内して梅壺の女御となり、
さらに秋好中宮と呼ばれるようになったのニャー

14

玉鬘《たまかずら》

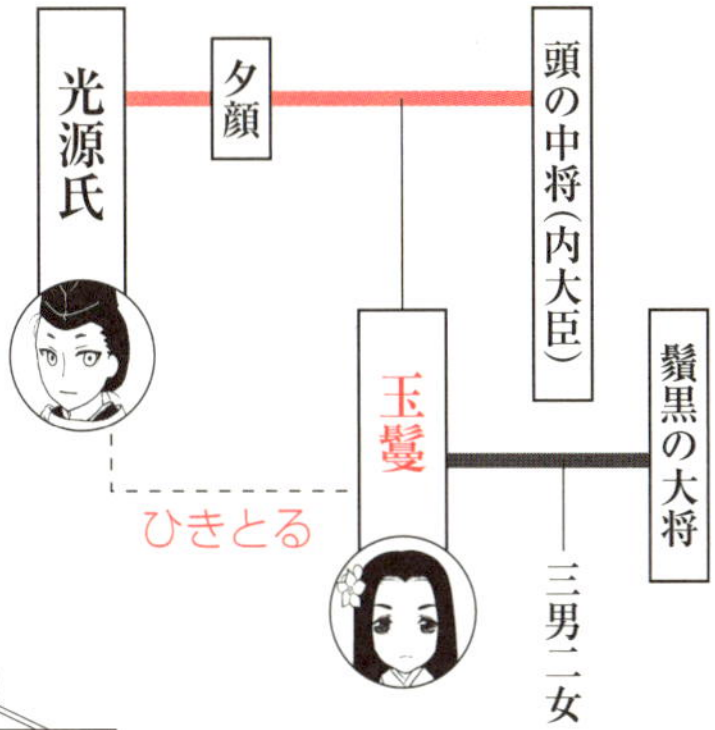

ゆゆしくきよらなる幸ひ人

…すばらしく美しい幸福な人

玉鬘

頭の中将と夕顔の娘。夕顔の死後筑紫に下るが後に光源氏に引き取られ鬚黒の大将と結婚する。

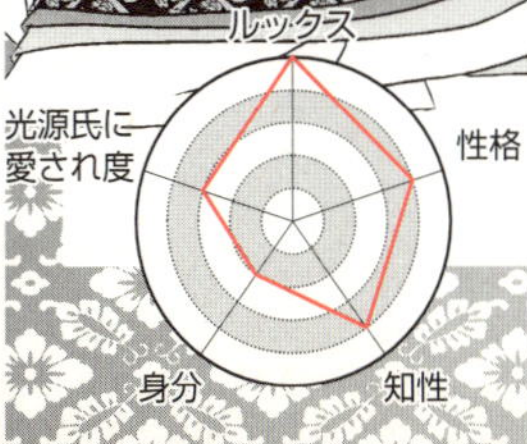

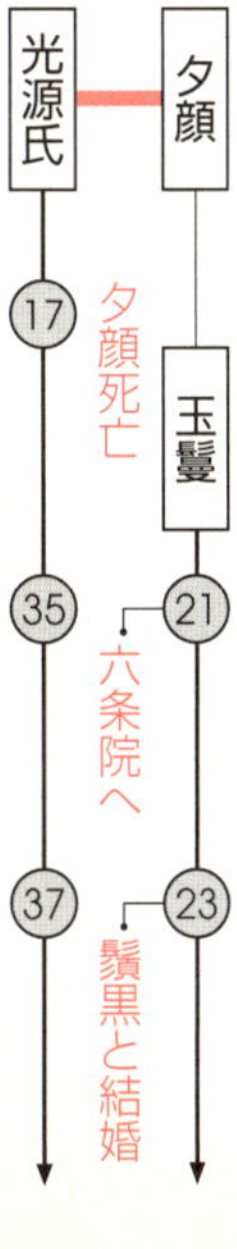

玉鬘物語

玉鬘《たまかずら》……亡き夕顔《ゆうがお》の忘れ形見です。そして玉鬘《たまかずら》の数奇《すうき》な運命は、『源氏物語』の中でも「玉鬘十帖《たまかずらじゅうじょう》」と名前がつくほどの長い物語です。

光源氏35歳の時に、この世の極楽とも呼べる六条院が完成しました。もちろん光源氏にとっての極楽、ハーレムですが…、好きな女性を集めて春夏秋冬の町に配置するなんて、まさに栄華を極めた光源氏です。

そんな光源氏は、あの夕顔《ゆうがお》のことを思い出していました。

あれは光源氏が17歳、夕顔《ゆうがお》が19歳の時のこと。二人の恋愛はまさに運命の糸に操られたかのように激しく燃え、そして残酷な結末を迎えたのでした。

夕顔《ゆうがお》はわずか19歳でその生涯を閉じたのです。そして残されたのが玉《たま》

玉鬘十帖
「玉鬘(たまかずら)」の巻以降、「初音(はつね)」「胡蝶(こちょう)」「螢(ほたる)」「常夏(とこなつ)」「篝火(かがりび)」「野分(のわき)」「行幸(みゆき)」「藤袴(ふじばかま)」「真木柱(まきばしら)」の十帖を「玉鬘十帖」と呼ぶ。幼くして母と死別して筑紫へ下り、約20年ぶりに母の侍女右近と再会し、光源氏に引き取られるというのは一種の「貴種流離譚(きしゅりゅうりたん)」と言える。

春夏秋冬の町
なんせ広い六条院。240メートル四方だから、東京ドームより広い。そこで六条院をほぼ四分割してそれぞれに女性を配し、女性のイメージに合っ

鬘《かずら》、つまり頭《とう》の中将《ちゅうじょう》と夕顔《ゆうがお》との間に生まれた女の子でした。

夕顔《ゆうがお》が光源氏との密会中に六条御息所《ろくじょうのみやすんどころ》に呪《のろ》い殺された事件は、秘密裏に処理されました。そこで夕顔《ゆうがお》の家に残された玉鬘《たまかずら》の乳母《めのと》は、夕顔《ゆうがお》と**侍女右近**《うこん》（22歳）の行方《ゆくえ》がわからず困り果てていました。このままではどうしようもないので、乳母《めのと》は夫の任務に従って、3歳になる玉鬘《たまかずら》をつれて**九州**に下っていきました。

こんな事情とも知らず、光源氏と侍女右近《うこん》のほうは夕顔《ゆうがお》の死にショックを受け、その葬儀などに明け暮れていました。そしてようやく落ち着いたころには玉鬘《たまかずら》は行方《ゆくえ》不明、という事態になっていたのでした。

それから十八年、光源氏も35歳になりました。数々の試練を経て今、栄華を極めている中、玉鬘《たまかずら》のことを思い出す余裕も生まれたのでした。

またもう一人、玉鬘《たまかずら》のことを気にかけている人がいました。それは当時夕顔《ゆうがお》に仕えていた侍女右近《うこん》です。夕顔《ゆうがお》の死を内緒にするために、右近《うこん》は

た季節を各町にあてはめた。
「春の町」…紫の上と明石の中宮
「夏の町」…花散里
「秋の町」…秋好中宮
「冬の町」…明石の君

残酷な結末
夕顔は光源氏と密会中、六条御息所の生霊によってとり殺された。P60参照。

侍女右近
夕顔死亡の事件を知っている夕顔の侍女。今は秘密を守るために光源氏に仕えている。

九州
最初筑紫（現在の福岡県）に下った。その後玉鬘が20歳ごろに肥前（現在の佐賀県・長崎県の一部）に移住した。

夕顔《ゆうがお》の死後光源氏に仕えていました。

さて一方、九州へと下った乳母《めのと》は美しく成長した玉鬘《たまかずら》（21歳）をつれて上京したいと思いつつも、かなわずにいました。こんな美人が田舎《いなか》にいるのはもったいない…、しかも本当は高貴な生まれなのですから。

ということで玉鬘《たまかずら》の美しさは世間でも評判になり、多くの青年から求婚されていました。といってもしょせんは九州の田舎《いなか》のことです。ちょっと品格が落ちます。中でも肥後《ひご》（今の熊本県《くまもとけん》）の豪族大夫監《たゆうのげん》は田舎者《いなかもの》丸出しで強引に迫ってきます。玄関先で下手《へた》な和歌を詠んで玉鬘《たまかずら》にプロポーズです。

これに困った乳母《めのと》は玉鬘《たまかずら》を連れて九州をたち、やっとの思いで都にたどり着いたのでした。

プロポーズ
大夫監は玉鬘の乳母子（めのとご）を買収して玉鬘を手に入れようとした。

玉鬘《たまかずら》の乳母《めのと》は
玉鬘《たまかずら》の幸せを願うために
大和《やまと》の長谷《はせ》寺の
初瀬観音《はつせかんのん》にお参りにいきます
すると
早速開運です！
なんと
同じく玉鬘《たまかずら》のことを思って
祈願《きがん》に来ていた
侍女右近《じじょうこん》と
18年ぶりに
再会したのです
もしや
あなた方は…

右近《うこん》は主人夕顔《ゆうがお》の
死のことや
光源氏が
玉鬘《たまかずら》を捜《さが》していること
などを話します
乳母《めのと》は玉鬘《たまかずら》の
実の父親である
内大臣（昔の頭《とう》の中将《ちゅうじょう》）に
娘《むすめ》として迎《むか》えてもらいたい
と右近《うこん》にお願いしました
そうして右近《うこん》は
玉鬘《たまかずら》に再会し
あの紫《むらさき》の上《うえ》にも劣《おと》らないほどの
気品をそなえた様子に驚《おどろ》きます
お美しくなられて…
ホロリ…

右近《うこん》は光源氏に早速このことを報告します。もちろん光源氏は大喜びです。夕顔《ゆうがお》ゆかりの人～。やったとばかりに実父内大臣《ないだいじん》にも知らせずに、自分の娘として玉鬘《たまかずら》を六条院にひきとってしまいます。光源氏は玉鬘《たまかずら》を花散里《はなちるさと》のいる夏の町に預け、大切に世話をします。

突如栄華の六条院に現れた玉鬘《たまかずら》は、あっという間に有名になります。太《だ》政大臣《じょうだいじん》光源氏の娘であり、教養が高くすばらしい美しさ…貴公子たちはみな玉鬘《たまかずら》にハートマークです。中でも好き者の螢の宮《ほたるのみや》、柏木《かしわぎ》（頭の中《とうのちゅう》将《じょう》の息子《むすこ》）、鬚黒の大将《ひげぐろのたいしょう》（東宮《とうぐう》の叔父《おじ》）が頑張っていました。柏木《かしわぎ》は玉《たま》鬘《かずら》が実の姉とも知りもせず…。逆に夕霧《ゆうぎり》は実の姉だと信じているので手が出せません。

玉鬘《たまかずら》に夢中なのがここにもいます。好き者代表の光源氏です。玉鬘《たまかずら》に教育をするふりをして一緒に添い寝なんかしてヤラシイ親父です。しかし玉鬘《たまかずら》は光源氏の好色めいた態度をうざ～く思います。玉鬘《たまかずら》が自分のものにはならないと知った光源氏は、本命の螢《ほたる》の宮《みや》をからかうことにしました。暇なんだね～。

花散里
光源氏に信頼され、夕霧の養母役も任されている。

螢の宮
光源氏の弟。風流を解する趣味人。玉鬘争奪戦で敗れたのちに鬚黒の大将の娘真木柱と結婚するが、結婚後しばらく不和が続く。

鬚黒の大将
東宮（後の今上帝）の叔父。名のとおり色黒で鬚が多い容貌の持ち主。螢の宮と対照をなすように野蛮な人物として設定される。

ある夜、螢《ほたる》の宮《みや》が玉鬘《たまかずら》の所にやってきた時に、光源氏が螢《ほたる》を部屋いっぱいに放ったのです。螢《ほたる》の光でうつしだされた玉鬘《たまかずら》のこの世のものとは思えない美しさに螢《ほたる》の宮《みや》はクラクラ。光源氏の悪巧みです。螢《ほたる》の宮《みや》はまんまと光源氏の思うツボにはまり、玉鬘《たまかずら》への想いを煽《あお》られ、思わず歌を贈ります。ところが玉鬘《たまかずら》は冷たく返歌します。螢《ほたる》の宮《みや》は、がっくりです。

夏のある日、玉鬘《たまかずら》が光源氏に「物語」について問いかけます。光源氏が物語なんて作り物だから興ざめですよ、と答えると玉鬘《たまかずら》は猛反撃に出ます。気圧《けお》された光源氏はあわてて**物語擁護論**を述べますが、結局玉鬘《たまかずら》に一本取られて終わります。

12月の或《あ》る日、冷泉帝《れいぜいてい》の大原野**行幸**《みゆき》があり、玉鬘《たまかずら》も見物に出かけます。そこで初めて実の父内大臣《ないだいじん》の姿を見た玉鬘《たまかずら》は、その立派な姿にカンド～します。なんて素敵な人なんでしょう…。逆に鬚黒《ひげぐろ》の大将《たいしょう》は武骨な感じだったので、すごくガッカリしてしまいます。

翌年23歳になった玉鬘《たまかずら》はまだ**裳着**《もぎ》（成人式）を済ませていなかったので、

物語擁護論
当時「物語」は、漢詩や和歌のような「文学」ではなく、婦女子のなぐさみもの程度の地位でしかなかった。しかし「螢」の巻で、光源氏は物語の価値を和歌や日本書紀と同等かそれ以上だと述べ、物語の架空性も人間の真実を言うためのものだと「物語を擁護」している。

行幸（みゆき・ぎょうこう）
帝のおでかけ。「御幸（ごこう・みゆき）」と書くと、院（上皇）・法皇・女院のおでかけを表す。

裳着
女子の成人式。12～14歳ごろ、配偶者の決まった場合に行うことが多い。

早速行うことになりました。光源氏はここで突然腰結役《こしゆいやく》を内大臣《ないだいじん》に頼みます。驚いたのは内大臣《ないだいじん》です。何の関係で自分が腰結役《こしゆいやく》なのか、ということで一度は断ります。が、光源氏が内大臣《ないだいじん》に真実を話し、ここで実父内大臣《ないだいじん》と玉鬘《たまかずら》の初対面となります。

20年ぶりにわが娘に再会した内大臣《ないだいじん》は、涙を押さえることができませんでした。久々の対面、無事に美しく成長していることへの感動もありましたが、放っておいたわりにこんなにかわいく育つなんてラッキ～と思ったりもします。玉鬘《たまかずら》のほうも実父との対面に感激しますが、光源氏のほうを「父」だと思っている自分に気がつきます。

世間にもその話は伝わります。焦ったのは柏木《かしわぎ》です。知らずに実の姉に言い寄っていたことになります…。夕霧《ゆうぎり》もショックを受けた一人です。姉だと思ったからこそ我慢していたのに…。そこで急いで玉鬘《たまかずら》に藤袴《ふじばかま》の花を贈ってアピールしますが、時すでに遅し。

腰結役
裳の腰ひもを結ぶ「腰結役」は、身分の高い人間が果たす。

美女玉鬘《たまかずら》（23歳《さい》）が
宮廷《きゅうてい》に出仕となると
間違《まちが》いなく冷泉帝《れいぜいてい》に
愛されることになります
となると
今まで
言い寄っていた
男たちは
手が出せません
そこで行動にでたのが
ちょっと待ったーっ
無骨男《ぶこつおとこ》鬚黒《ひげぐろ》の大将《たいしょう》（32歳）
玉鬘《たまかずら》は大ショック！
してやったりの
鬚黒《ひげぐろ》の大将《たいしょう》は大喜び
ドカーン
強引に押《お》し入り
玉鬘《たまかずら》をものにして
しまったのです！
あ〜れ〜
ショック
なんで
どうして…

もちろん光源氏も冷泉帝《れいぜいてい》も大ショック
残念だな…
がっくり
内大臣だけは
ん？いいんじゃない？
意外なことに賛成です
こうなった以上玉鬘《たまかずら》は鬚黒《ひげぐろ》の大将《たいしょう》の奥《おく》さんになったわけですがトーゼン打ち解けるつもりはありません
しかし鬚黒《ひげぐろ》の大将《たいしょう》は真心を込《こ》めて玉鬘《たまかずら》に接します

実はこの鬚黒《ひげぐろ》の大将《たいしょう》にはもともと北《きた》の方《かた》がいました。紫《むらさき》の上《うえ》の異母姉なのですごく美人です。ところが不幸なことにこの人は物《もの》の怪《け》におかされていてノイローゼ状態。鬚黒《ひげぐろ》の大将《たいしょう》との夫婦の仲も終わっていました。

ある時、鬚黒《ひげぐろ》の大将《たいしょう》が玉鬘《たまかずら》のもとに出かけようとした夜、物《もの》の怪《け》に取り付かれた北《きた》の方《かた》は、鬚黒《ひげぐろ》の大将《たいしょう》に向かって灰を浴びせます。このことによってこの夫婦は離婚となりました。北《きた》の方《かた》は娘たちをつれて実家に戻っていきます。

晴れて鬚黒《ひげぐろ》の大将《たいしょう》の正妻となった玉鬘《たまかずら》は、熱心に愛を注いでくれる鬚黒《ひげぐろ》の大将《たいしょう》に次第に打ち解けるようになります。見た目は不格好でも心は優しい男だったんですね。

こうして玉鬘《たまかずら》は鬚黒《ひげぐろ》の大将《たいしょう》との間に三男二女をもうけ、幸せになっていきます。魔性の女としてフェロモンを振りまいた玉鬘《たまかずら》は、予想外の相手と結婚し、さらに良き妻・母として家庭に収まる、という意外な結末を迎えます。

北の方
式部卿の宮の正妻の娘で、紫の上の異母姉にあたる。

和歌

「若菜《わかな》上」の巻。光源氏の四十の賀で、玉鬘《たまかずら》が若菜《わかな》を進上して詠んだ歌。

若菜さす野べの小松をひきつれて
もとの岩根をいのるけふかな

若菜《わかな》の芽が吹く野辺の小松（二人の子）を引き連れて、あなた様（光源氏）のいつまでも変わらぬご繁栄をお祈りする今日です。※「若菜」は「若葉」とする本もある。

入試ポイント

「小松」を「子供」にたとえるというのは和歌では多い手法。光源氏は返歌として「孫にあやかって私も長生きしますよ」と答えている。

和歌の技法

「若菜さす野べ」は「小松」を言うため。「ひき」は「小松」の縁語《えんご》。「もとの岩根」に光源氏をたとえている。

入試頻出古文

光源氏が玉鬘を相手に物語論を展開している場面である。

殿も、こなたかなたにかかる物どもの散りつつ、御目に離《はな》れねば、「あなむつかし。女こそものうるさがらず、人に欺《あざむ》かれむと生《む》まれたるものなれ。【中略】」とて、笑《ゑ》ひたまふものから、また、「かかる世の古事《ふるごと》ならでは、げに何をか紛《まぎ》るることなきつれづれを慰めまし。【中略】またいとあるまじきことかなと見る見る、おどろおどろしくとりなしけるが目驚きて、静かにまた聞くたびぞ憎けれど、ふとをかしきふし、あらはなるなどもあるべし。このごろ幼き人の、女房などに時々読ますするを立ち聞けば、ものよく言ふ者の世にあるべきかな、そらごとをよくし馴《な》れたる口つきよりぞ言ひ出だすらむとおぼゆれど、さしもあらじや」とのたまへば、「げにいつはり馴れたる人や、さまざまにさも酌《く》みはべらむ。ただいとまことの事とこそ思うたまへられけれ」とて、硯《すずり》を押しやりたまへば、「骨《こち》なくも聞こえおとしてけるかな。神代《かみよ》より世にある事を記《しる》しおきけるななり。日本紀《にほんぎ》などはただかたそばぞかし。これらにこそ道々しく詳《くは》しきことはあらめ」とて、笑ひたまふ。

現代語訳

殿（光源氏）も、あちらこちらにもこうした物（絵や物語）などがかずかず散らばっていて、たえずお目につくので、「ああ、うっとうしいことだ。女というものは、めんどうくさがりもしないで、人にだまされるように生まれついているものですね。【中略】」と言って、お笑いになるものの、また、「このような古物語を読むのでなくては、なるほど、ほかの事ではどうにもまぎらせようもない所在なさを慰めようもないでしょう。【中略】また、まったくありそうもないことだなと思って読みすすんでいくにつれて、大げさに誇張して書いてあるのが目をみはる思いで、落ち着いてもう一度聞いてみると、だまされたと腹立たしくなりますが、それでもひょっと感心させられるところが、明らかに書かれていることなどもあるでしょう。このごろ幼い人が女房などにときどき読ませているのを立ち聞きすると、世間には話の上手《じょうず》な者がいるようですね。それは嘘《うそ》偽りを言いなれた口から言い出すのだろう、と感じますが、そうとも限らないのでしょうか」とおっしゃると、姫君（玉鬘《たまかずら》）は、「仰せのとおりいつも嘘《うそ》を言っている人が、さまざまにそうやって解釈するのでございましょうか。私にはどうみてもまったく本当の出来事のように思われるのでございますよ」と言って、硯《すずり》を押しやりなさるので、「いかにも無風流に物語をけなしてしまいましたね。物語というものは神代《かみよ》の時代以来この世にあることを書き残したものだといいます。日本紀などはそのうちのほんの片はしにすぎないものですよ。これら物語にこそ、かえって政道に役立ち、委細を尽くした事柄が書かれてあるのでしょう」と言って光源氏はお笑いになる。

ダイジェスト玉鬘

1. 頭《とう》の中将《ちゅうじょう》と夕顔《ゆうがお》との間の隠し子で筑紫《つくし》で育つ。
2. 十数年ぶりに夕顔《ゆうがお》の侍女《じじょう》右近《うこん》と劇的な再会。
3. 光源氏に引き取られ六条院のアイドルに。
4. 裳着《もぎ》の日に実父内大臣《ないだいじん》と20年ぶりに対面。
5. 鬚黒《ひげぐろ》の大将《たいしょう》に強引に迫られ、いやいや結婚。
6. その後は3男2女をもうけ平穏に暮らす。

玉鬘にホレた♥男たち

玉鬘

実姉だと思っていたのに

未出走	5	4	3	2	1
—	除外	大穴	本命	対抗	超大穴
夕霧	柏木	鬚黒の大将	冷泉帝	螢の宮	光源氏
	実姉とも知らず…	武骨者ですが…	僕に入内して！	螢の光で見た顔が	あわよくば

大夫監

逃げられた～

←筑紫時代

玉鬘の物語はかぐや姫を真似ているけど、鬚黒の大将と結婚して子供を産むところが違うニャー

15

女《おんな》三《さん》の宮《みや》

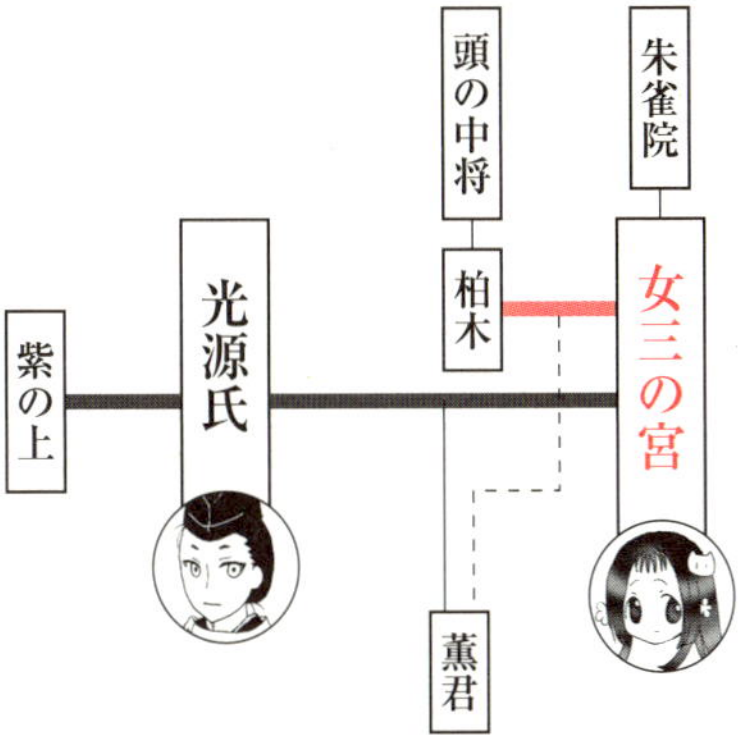

女三の宮
朱雀院の第三皇女。光源氏に降嫁するが幼稚で失望され、柏木と密通し不義の子薫君を出産後出家。

いはけなくあえかなる人
…子供っぽくきゃしゃな人

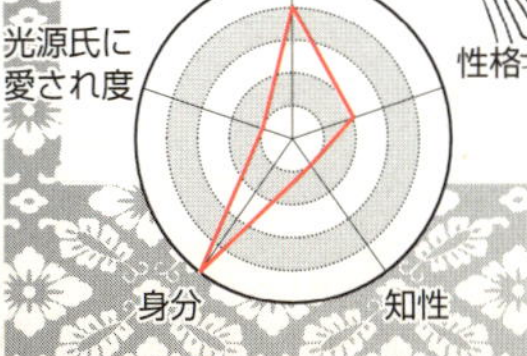

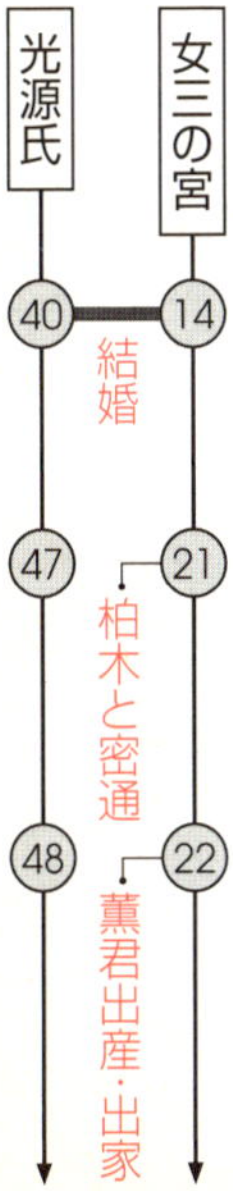

女三の宮物語

女三《おんなさん》の宮《みや》…、この女性をめぐる物語は多くの人がまき込まれるような形で不幸になっていきました。この女性が登場するのは『源氏物語』の第二部のはじめとされている34巻「若菜上《わかな》」です。

光源氏は四十歳の祝賀を来年にひかえ、この世の極楽浄土のごとき六条院の栄華の中にありました。

ある日、兄朱雀院《すざくいん》（42歳）に光源氏はとんでもないことを頼まれます。なんと朱雀院《すざくいん》の最愛の娘、女三《おんなさん》の宮《みや》を嫁にもらってくれと頼まれたのです。この時女三《おんなさん》の宮《みや》はまだ13歳、光源氏とは20歳以上の年の差です。

朱雀院《すざくいん》（42歳）は冷泉帝《れいぜいてい》に譲位した後、次第に病気が重くなり出家を決意していましたが、母親の亡くなってしまっている最愛の娘女三《おんなさん》の宮《みや》の結婚問題がとっても心配でした。

四十歳の祝賀
当時は40歳で老人とみなされ、四十の賀を祝う。以後十年ごとに長寿を祝う賀を行う。

母親
藤壺の女御。光源氏の愛した藤壺の中宮の妹。

花婿《はなむこ》候補の夕霧《ゆうぎり》（雲居《くもい》の雁《かり》とすでに結婚）・螢の宮《ほたるみや》（光源氏の弟）・柏木《かしわぎ》（頭《とう》の中将《ちゅうじょう》の息子《むすこ》）たちは女三の宮《おんなさんみや》の相手としては物足りず、適任者とはいえませんでした。だいたいこの三人はかつて玉鬘《たまかずら》をめぐって奪い合った関係です。

そこで朱雀院《すざくいん》が思いついたのが39歳の光源氏だったのです。今や准太上天皇《じゅんだいじょうてんのう》として栄華の絶頂にある義弟光源氏ならば安心できる。さらに光源氏が幼い紫の上《むらさきうえ》を理想的な妻に育て上げたということもその理由でした。

驚いた光源氏は当然断ります。だって、ジジイだし、生涯の伴侶《はんりょ》と決めた紫の上《むらさきうえ》（31歳）がいるし。でも死にかけている兄を目の前にして結局断り切れず承諾してしまいました。もう一つの理由として、女三の宮《おんなさんみや》があの藤壺の姪《ふじつぼめい》という理由も、もちろんありました。

40歳になった光源氏に、たった14歳の女三の宮《おんなさんみや》が正妻として六条院に降嫁《こうか》しました。ショックを受けたのはもちろんそれまで六条院の女主人公だった紫の上《むらさきうえ》（32歳）です。

准太上天皇
太上天皇は、天皇が譲位した後の称号。光源氏の場合は、即位していないが、冷泉帝の父親だったので、太上天皇に準ずる称号を得た。

幼い紫の上
11歳のころ二条院に引き取られ、光源氏の理想の妻になるべく大切に育てられた。

藤壺の姪
女三の宮の母は藤壺の女御。光源氏の愛した藤壺の中宮の妹。紫の上と女三の宮は従姉妹。

正妻
朱雀院の娘なので身分はとびきり高い。今まで正妻格だった紫の上よりも扱いは重くなる。

今まで光源氏の正妻格として
君臨してきた紫《むらさき》の上《うえ》でしたが
実は幼い頃《ころ》誘拐《ゆうかい》同然に
光源氏に連れてこられて
奥《おく》さんになっていた
だけの存在でした

そんなこんなで、
メチャクチャ焦《あせ》ってしまいますが
紫《むらさき》の上《うえ》は女三《おんなさん》の宮《みや》の降嫁《こうか》に
正妻じゃナイしー
若くナイしー
身分低いしー
(式部卿の宮の脇腹)
そこは品位ある
大人《おとな》の女
18歳《さい》も年下の女の子に
嫉妬《しっと》するわけにはいきません
哀《かな》しみを隠《かく》して何気なく振舞《ふるま》います
にっこり

光源氏が女三《おんなさん》の宮《みや》の降嫁《こうか》を引き受けたのは女三《おんなさん》の宮《みや》が永遠の恋人《こいびと》 藤壺《ふじつぼ》の姪《めい》だった事もありました
40歳《さい》にして色めき立つ光源氏…
でも実際は全《ぜん》～然《ぜん》似ていませんでした しかもなんか幼稚《ようち》くさくて
ボーっとしています
ぼーーー。
お人形遊びが好きです…
がっくり
ああいうの見ちゃうと紫《むらさき》の上《うえ》はやっぱりイイ女だよなあ…
うんうん
女三《おんなさん》の宮《みや》の降嫁《こうか》によって逆に今まで以上に紫《むらさき》の上《うえ》に愛情を感じる光源氏でした

しかし逆に紫《むらさき》の上《うえ》の方は光源氏への信頼感を失っていきます。愛ってはかないな~としみじみと感じ、出家を考えるようになってしまいます。

そんな中、光源氏は紫《むらさき》の上《うえ》と女三《おんなさん》の宮《みや》の板挟《いたばさ》み状態から逃避行するかのように、久々に朧月夜《おぼろづきよ》を訪ねたりします。

みんなが冷めているころ、一人熱い男がいました。それがこれから事件をおこす柏木《かしわぎ》(23歳)です。太政大臣《だじょうだいじん》(頭《とう》の中将《ちゅうじょう》)の長男である柏木《かしわぎ》は、かねてから女三《おんなさん》の宮《みや》に想《おも》いをよせていたのですが、光源氏と結婚しちゃって大ショックです。しかし女三《おんなさん》の宮《みや》が幸せではないという噂《うわさ》を聞いて、ならば私が、な~んて思うわけです。

そんな或《あ》る日、柏木《かしわぎ》(25歳)・夕霧《ゆうぎり》(20歳)・螢《ほたる》の宮《みや》らの貴公子たちが六条院で蹴鞠《けまり》で遊んでます。柏木《かしわぎ》がなんとな~く女三《おんなさん》の宮《みや》の部屋のほうを眺めていると、な、な、なんと!! 唐猫《からねこ》が走り出した時に御簾《みす》が巻き上がってしまったのです。そこには女三《おんなさん》の宮《みや》(15歳)が長く美しい黒髪をなびかせながら気高く可憐《かれん》な姿で立っていました。それを見た柏木《かしわぎ》は

朧月夜
かつてスキャンダルまで起こした光源氏の愛人。朱雀院の尚侍(ないしのかみ)。

蹴鞠
平安貴族に大人気の遊び。革製の鞠を地面に落とさないように、数人で次々と蹴りあげる遊び。

唐猫
中国から渡来した珍しい猫。

もう彼女の虜《とりこ》。もう誰《だれ》も彼を止められません。イケイケ！

しかし相手は准太上天皇《じゅんだいじょうてんのう》光源氏の正妻です。簡単には手を出せない柏木《かしわぎ》は、なんとあの時の唐猫《からねこ》を手に入れてかわいがります。女三の宮《おんなさんのみや》がかわいがっていた猫、ということで代理愛ですね。猫を愛する男、柏木《かしわぎ》。

さて月日は流れます。

朱雀院《すざくいん》の五十歳の祝賀に先立って行われたリハーサルで、六条院の女性たちによる女楽《おんながく》が催されます。明石の君《あかしのきみ》（38歳）は琵琶《びわ》、紫の上《むらさきのうえ》（39歳）は和琴《わごん》、明石の女御《あかしのにょうご》（18歳）は箏《そう》、そして女三の宮《おんなさんのみや》（21歳）は琴を演奏します。みなそれぞれに趣のある演奏の中にあって、若い女三の宮《おんなさんのみや》も練習のかいあって、なかなかの腕前を披露します。

しかしその翌日、紫の上《むらさきのうえ》が光源氏との夫婦生活に不安を感じ、ついに病床に倒れてしまいます。出家を願い出る紫の上《むらさきのうえ》に対し、光源氏は彼女の育った二条院に移し、つきっきりで看病するようになりました。

五十歳の祝賀
長寿のお祝い。当時は40歳で老人とみなされ、四十の賀を祝う。以後十年ごとに長寿を祝う賀を行う。

女楽
女性の奏する音楽。当時「遊び」と言えば「詩歌管弦（しいかかんげん）」を指したが、中でも「管弦＝音楽」が遊びの中心であった。光源氏自体が琴の名手であったが、ここでは六条院の女性達の異なる楽器によるハーモニーとなっている。

ということは、六条院には残された女三の宮《おんなさんのみや》（21歳）のみ。柏木《かしわぎ》（31歳）はチャ〜ンス！　とばかりに早速忍び込み、女三の宮《おんなさんのみや》を犯してしまいます。

しかし想《おも》いを遂げた柏木《かしわぎ》はかなりの小心者でした。罪の恐ろしさにおののきつつも、逢《あ》う前よりももっと苦しい思いの中に落ち込んでいきます。一方の女三の宮《おんなさんのみや》もあまりに突然の出来事に我が身の不運さを嘆き、光源氏に対する恥ずかしくつらい気持ちから、病床の人となってしまいます。

女三の宮《おんなさんのみや》の病気を聞いた光源氏はあわてて六条院にもどります。しかしその後、紫の上《むらさきのうえ》が亡くなったという知らせを受けた光源氏は急いで二条院にもどり、紫の上《むらさきのうえ》を生き返らせるために加持祈禱《かじきとう》を行います。

紫の上《むらさきのうえ》はなんとかふんばり、生き返ることができました。光源氏はそんな紫の上《むらさきのうえ》を案じながらも、ほおっておくわけにはいかない六条院の女三の宮《おんなさんのみや》を見舞います。するとなんと、女三の宮《おんなさんのみや》は柏木《かしわぎ》との度重なる逢瀬《おうせ》によって妊娠していたのです。

加持祈禱
仏の加護を祈る儀式。手で印を結び、金剛杵を握り、阿羅尼を唱え、護摩を焚（た）いて仏に祈る。加持祈禱を行い効験（こうげん）を表す行者を験者（げんざ）と呼んだ。

そうとは知らない
光源氏ですが
さすがに不審《ふしん》に思います
?
ひぃ ふぅ みぃ…
アレ?
おかしいな
紫《むらさき》の上《うえ》の看病ばっかりで
最近女三《おんなさん》の宮《みや》とは
してナイ…
はずなんだけど…
そして…
ん?
女三《おんなさん》の宮《みや》の軽率な
行動によって
光源氏は
柏木《かしわぎ》からの
恋文《こいぶみ》を
見つけてしまい
ペラ…
なっ…
全《すべ》てを知ることになります
柏木だとォ〜!?

ショックを受けた光源氏は
若き日に犯した自分への
罪の報いか一なんて一瞬《いっしゅん》
思いましたが
そこは自分を棚《たな》に
上げるのが得意な彼《かれ》
やはり
悪いのは柏木《かしわぎ》と
いうことにして
徹底《てってい》的に
厳しくします
ぐっ
朱雀《すざく》院五十歳《さい》の祝賀の予行練習での事
いやぁ
君は若くていいねぇ
でも君も
いつかは私《わたし》のような
みっともない
年寄りに
なっちゃうしねー
くど くど
くど くど
ねち ねち
光源氏の招きで参加した柏木《かしわぎ》に対して
光源氏は強烈《きょうれつ》な皮肉の言葉をあびせます
さらに厳しい目つきで柏木《かしわぎ》をにらみつけます
知ってるんだぞ
俺の妻を
よくもよくもよくもよくも
寝取ったなぁ
ゴゴゴゴ
ぶるぶる

そうでなくても罪の重さに堪え切れず病気になっていた小心者柏木《かしわぎ》は、この光源氏の言葉と態度でさらに弱り、明日をも知れぬ重病に倒れてしまいます。もう死ぬか出家しかないぞ、柏木《かしわぎ》！

一方の女三《おんなさん》の宮《みや》も、病床の柏木《かしわぎ》から送られてきた手紙を読んで、犯した罪の重大さにおののき、自らの運命の苛酷《かこく》さを哀《かな》しく思います。

その後男児（薫君《かおるぎみ》）を産んだ女三《おんなさん》の宮《みや》（22歳）は、光源氏の冷たい態度にいたたまれない気持ちになり、父である朱雀院《すざくいん》に出家を願い出ます。娘の過失を知らない朱雀院《すざくいん》は光源氏の冷淡な態度を怨《うら》みつつ、女三《おんなさん》の宮《みや》を出家させます。この時女三《おんなさん》の宮《みや》は、まだたったの22歳です。

愛する女三《おんなさん》の宮《みや》の出家を知った柏木《かしわぎ》（32歳）は、もはや生きる望みも失って衰弱し、そのまま死んでしまいます。かわいそ〜。柏木《かしわぎ》は最期に親友の夕霧《ゆうぎり》（27歳）に遺言として、光源氏へのお詫《わ》びと妻女二の宮（落葉《おちば》の宮《みや》）のことを託します。

薫君
光源氏晩年の子とされているが、実は女三の宮と柏木の不倫の子。出生の秘密の問題もあり、ネクラな性格。

朱雀院
娘思いの朱雀院は女三の宮の幸せを祈って光源氏に託したが、結局裏目に出た。桐壺帝の第一皇子として生まれ、祖父右大臣の後見により光源氏との東宮争いに勝利して朱雀帝となりながら、結局光源氏との戦いには「負けた」という感は否めない。

柏木《かしわぎ》の死の知らせを聞いた女三《おんなさん》の宮《みや》は涙し、また光源氏もさすがに後悔します。もちろん息子《むすこ》を失った致仕《ちじ》の大臣《おとど》（頭《とう》の中将《ちゅうじょう》）夫妻の嘆きは深いものでした。

その後女三《おんなさん》の宮《みや》（24歳）の持仏開眼供養《じぶつかいげんくよう》の際には、光源氏だけでなく紫《むらさき》の上《うえ》、さらには父朱雀院《すざくいん》や兄冷泉帝《れいぜいてい》の支援などもあって、盛大に営まれます。

また仲秋《ちゅうしゅう》の名月の折、光源氏が女三《おんなさん》の宮《みや》のところを訪れ、虫の声の批評をしながら琴を弾いていると、螢《ほたる》の宮《みや》や夕霧《ゆうぎり》が訪れて管弦の遊びとなることなどもありました。

こうして出家後の女三《おんなさん》の宮《みや》は、光源氏のあたたかな庇護《ひご》のもとに静かな修行生活に専念し、青年となった薫君《かおるぎみ》を頼りとして平穏な晩年を送りました。

☞**持仏開眼供養**
仏像や仏画を供養して、仏の魂を迎え入れること。

☞**仲秋の名月**
陰暦八月十五日の称。陰暦では八月が秋の真ん中の月にあたる。八月十五日は、「はづきもち」と読む。

☞**管弦の遊び**
管楽器や弦楽器を用いて音楽を奏でること。「管弦」の「弦」は「絃」とも書く。当時の管楽器としては横笛・笙（しょう）・篳篥（ひちりき）などがあり、弦楽器としては、琴・箏・琵琶・和琴があった。

☞**修行生活**
仏道修行を行う生活。古文で「行ふ」とあれば「仏道修行」をすることの場合が多い。「修行」を「修業」と書かないこと。

和歌

「柏木《かしわぎ》」の巻。女三《おんなさん》の宮《みや》と柏木《かしわぎ》との密通が光源氏にバレて柏木《かしわぎ》が重病になった時の女三《おんなさん》の宮《みや》の歌。

立ちそひて消えやしなましうきことを思ひみだるる煙くらべに

あなたの燃える煙（私へのあきらめられない思い）に立ちそって一緒に消えてしまいたいものです。私のつらい物思いの火に乱れる煙（悩み）は、あなたのとどちらが激しいかを比べるために。

入試ポイント

「いまはとて燃えむけぶりもむすぼほれ絶えぬ思ひのなほや残らむ＝これが最後、と私を火葬する時の煙も燃えずにくすぶって、あなたをあきらめきれない思いの火はいつまでもこの世に残ることでしょう」という柏木《かしわぎ》の歌への返歌。密通した二人のやりとりとして共に苦しんでいることを読み取るのがポイント。

和歌の技法

「思ひ」に「火」を掛ける。

四十歳の光源氏のもとに十四歳の女三の宮（朱雀院の第三皇女）が降嫁する場面である。

三日がほど、かの院よりも、主《あるじ》の院方《ゐんがた》よりも、いかめしくめづらしきみやびを尽くしたまふ。対《たい》の上《うへ》も事にふれて、ただにも思されぬ世のありさまなり。げに、かかるにつけて、こよなく人に劣《おと》り消《け》たるることもあるまじけれど、また並ぶ人なくならひたまひて、華《はな》やかに生ひ先遠くあなづりにくきけはひにて移ろひたまへるに、なまはしたなく思さるれど、つれなくのみもてなして、御渡りのほども、もろ心にはかなきこともし出でたまひて、いとらうたげなる御ありさまを、いとどあり難しと思ひきこえたまふ。姫宮は、げにまだいと小《ちひ》さく片なりにおはする中《うち》にも、いといはけなき気色《けしき》して、ひたみちに若びたまへり。かの紫のゆかり尋ねとりたまへりしをり思し出づるに、かれはざれて言ふかひありしを、これは、いといはけなくのみ見えたまへば、よかめり、憎げにおし立ちたることなどはあるまじかめりと思すものから、いとあまりもののはえなき御さまかなと見たてまつりたまふ。

現代語訳

婚儀の続く三日の間、あちらの院（朱雀院《すざくいん》）からも、主人である六条院（光源氏）の側からも、盛大ですばらしい優雅な催しをお尽くしになられる。対の上（紫《むらさき》の上《うえ》）も何かにつけて平静なお気持ちではいらっしゃれないご夫妻の有様である。なるほど、このようなこと（女三《おんなさん》の宮《みや》の光源氏への降嫁）になったからといって、まるで女三《おんなさん》の宮《みや》に気圧《けお》されて影がうすくなるということもないであろうけれども、今までは紫《むらさき》の上《うえ》の他に肩を並べる人もない日々が普通になっていらっしゃったところへ、女三《おんなさん》の宮《みや》ははなやかで将来のあるお若さで、しかも侮《あなど》りがたいご威勢をもってご降嫁になられたのであるから、紫《むらさき》の上《うえ》は、なんとなく居心地《いごこち》悪くお思いになるのであるが、どこまでも何気ない様子によそおって、女三《おんなさん》の宮《みや》のお輿入《こしい》れのときも、光源氏とご一緒に些細《ささい》なことまでお世話になって、とてもいじらしげなご様子なのを、光源氏は紫《むらさき》の上《うえ》を、いよいよこの世に得がたいお方であると思い申しあげなさる。姫宮（女三《おんなさん》の宮《みや》）は、なるほどまだほんとに子供で、大人にはほど遠いお姿でいらっしゃるが、そのうえ本当に幼いご様子で、まるきり子供子供していらっしゃる。光源氏はあの紫のゆかり（紫《むらさき》の上《うえ》が10歳のころ）を捜し出してお引き取りになられた折のことをお思い出しになると、紫《むらさき》の上《うえ》は機転があって相手にしがいがあったのに、女三《おんなさん》の宮《みや》はそれにくらべてただもう幼いだけだとご覧になるので、「まあそれもよいだろう、これなら憎たらしく我《が》を押し立てるようなこともあるまい」とご安心にはなるものの、まったくあまりにぱっとしない御有様ではないか、と女三《おんなさん》の宮《みや》のことを見申しあげなさる。

ダイジェスト女三の宮

1. 父朱雀院《すざくいん》が婿《むこ》選びに苦慮した末、光源氏に降嫁《こうか》。
2. 光源氏は「藤壺《ふじつぼ》の姪《めい》」ということで期待。
3. 14歳の女三《おんなさん》の宮《みや》の幼さに40歳の光源氏は失望。
4. 頭《とう》の中将《ちゅうじょう》の嫡男《ちゃくなん》柏木《かしわぎ》と密通の末薫君《かおるぎみ》を産む。
5. 不義密通が光源氏にバレ、罪の意識から出家。
6. 光源氏没後は息子の薫君《かおるぎみ》を頼みとして余生を送る。

魔性の女!?

女三の宮による被害者ランキング

1位	 柏木(女三の宮との密通がばれて死亡)
2位	 紫の上(光源氏との信頼関係崩壊)
3位	 朱雀院(女三の宮の出家にショック死)
4位	 光源氏(人生一気に転落)
5位	 薫君(柏木と女三の宮との不義の子)
番外	 女三の宮本人(22歳で出家)

光源氏の人生を栄華のままで終わらせず、
女三の宮を降嫁させて不幸にしたあたり、さすが紫式部だニャー

16

夕《ゆう》霧《ぎり》・柏《かしわ》木《ぎ》

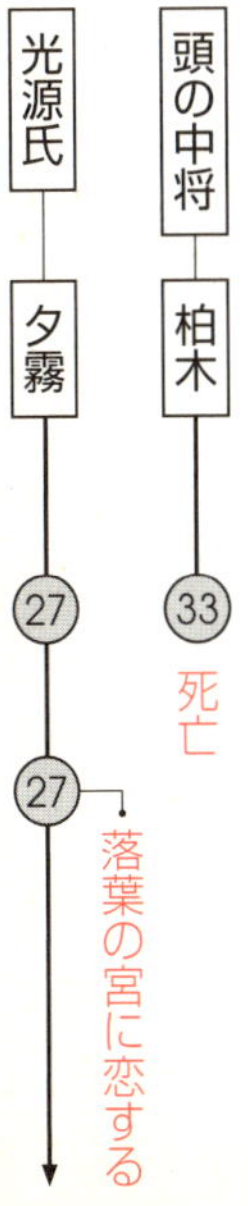

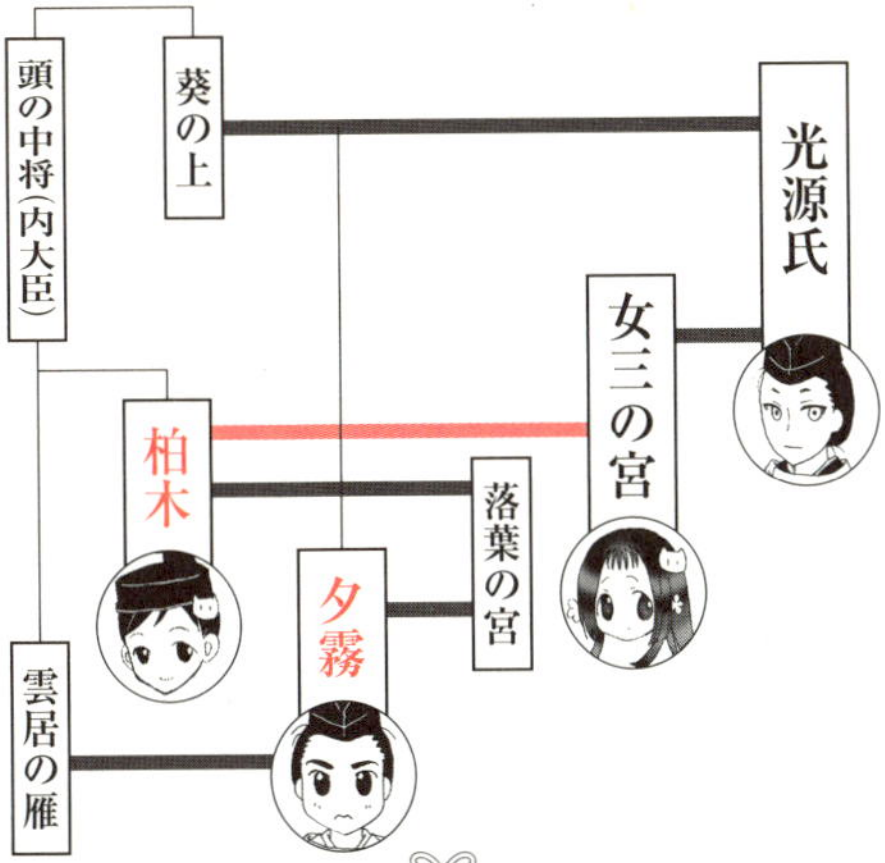

柏木

頭の中将の嫡男。女三の宮と密通し不義の子薫君を産ませるが、光源氏にバレた恐怖から病死。

夕霧

光源氏と葵の上との子。幼なじみの雲居の雁と結婚するが、後に柏木の未亡人落葉の宮に恋する。

おほけなく軽々しき人

…身分不相応で軽率な人

まめなる人

…真面目で誠実な人

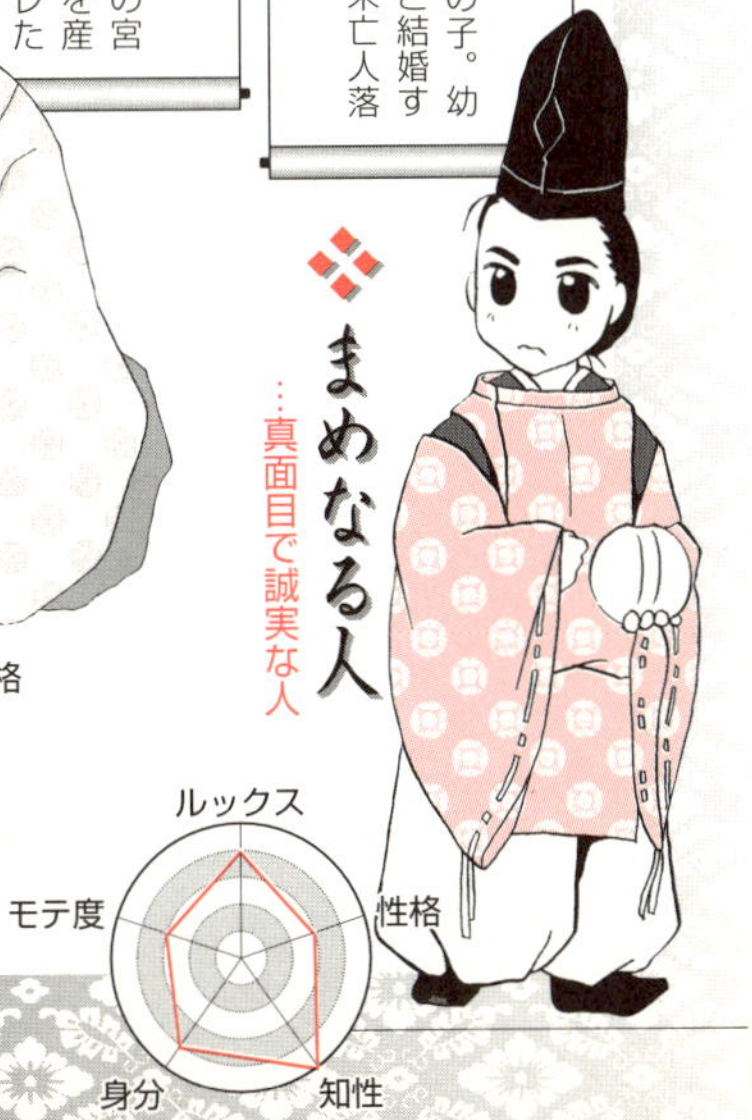

夕霧・柏木物語

光源氏が22歳のとき葵《あおい》の上《うえ》（26歳）は懐妊します。このころはだいぶ夫婦仲も良くなり、子供（夕霧《ゆうぎり》）も生まれてハッピーエンド、のはずが、葵《あおい》の上《うえ》は夕霧《ゆうぎり》を産んだ後、六条御息所《ろくじょうのみやすんどころ》の物《もの》の怪《け》によって急死してしまいます。

そこで夕霧《ゆうぎり》は、母親が亡くなったために、葵《あおい》の上《うえ》の母の大宮《おおみや》に育てられました。夕霧《ゆうぎり》にとってはおばあちゃんです。

さて、「少女」の巻で12歳の夕霧《ゆうぎり》は元服します。光源氏の長男なので当然貴族の出世コースに乗れるはずの夕霧《ゆうぎり》でしたが、光源氏は六位の位にとどめ、大学に行かせることにします。これによって夕霧《ゆうぎり》は二条東院に移り、花散里《はなちるさと》のもとでひたすら勉学に励むことになりました。貴族になれなかったことを恨んでいた夕霧《ゆうぎり》でしたが、勉強は真面目《まじめ》にやります。テストも楽々と合格していきます。偉いぞ夕霧《ゆうぎり》！

六位
殿上人（てんじょうびと）としては官位の最下位。正確には「殿上人」と言うのは「四位・五位・六位の蔵人（くろうど）」であり、殿上の間に昇って直接帝に接見することができた。さらに上級の貴族は「上達部（かんだちめ）」といい、一位・二位・三位（さんみ）の参議を指した。「殿上人」の中でも蔵人は出世コース。そのトップを蔵人の頭（くろうどのとう）と呼び、光源氏の義兄「頭の中将」はこの役職名がそのまま名前として付けられたもの。

夕霧《ゆうぎり》と一緒《いっしょ》に
大宮《おおみや》に育てられた
雲居《くも》《い》の雁《かり》という子が
いました
光源氏のライバル
内大臣（頭《とう》の中将《ちゅうじょう》）の
娘《むすめ》です
雲居《くも》《い》の雁《かり》は
両親が離婚《りこん》しており
どちらにも
捨てられてしまった
かわいそうな女の子です
大きくなったら
結婚《けっこん》
しよーね！
二人《ふたり》は互《たが》いに恋《こい》をしていました
ところが内大臣は…
私《わたし》には娘《むすめ》が
いるじゃ
ないか！
東宮《とうぐう》に
入内《じゅだい》させれば
出世に
使えるぞ！
ヒドイ
親です

しかし噂《うわさ》では…
かくかくしかじか
なにーっ
おのれ〜〜っ
今日から私《わたし》といっしょに暮らしなさい
内大臣は雲居《くもい》の雁《かり》を自邸《てい》に引き取って夕霧《ゆうぎり》と会えないようにしてしまいます
くすん
雲居《くもい》の雁《かり》ちゃん…
その後二人《ふたり》は内大臣に見つからないようにがんばって内緒《ないしょ》で愛の手紙の交換《こうかん》を続けるのでした
LOVE LETTER♡

光源氏はいつまでも独身でいる夕霧《ゆうぎり》に対して、早く結婚をするように言います。だって夕霧《ゆうぎり》ももう**18歳**ですから、当時としては遅い部類です。

夕霧《ゆうぎり》の縁談の噂《うわさ》をきいて焦ったのは内大臣《ないだいじん》（頭《とう》の中将《ちゅうじょう》）です。雲居《くもい》の雁《かり》を**東宮**《とうぐう》に入内《じゅだい》させようと思っていたものの、明石《あかし》の姫君《ひめぎみ》が東宮《とうぐう》に入内《じゅだい》することになった今となっては諦《あきら》めるしかありません。

こうなると**現金な内大臣**《ないだいじん》としては、雲居《くもい》の雁《かり》（20歳）を何としても夕霧《ゆうぎり》にもらってもらうしかありません。ということで、内大臣《ないだいじん》は夕霧《ゆうぎり》との和解を画策し、なんとか話をまとめて雲居《くもい》の雁《かり》と夕霧《ゆうぎり》と結婚させせました。

ようやく結ばれた夕霧《ゆうぎり》と雲居《くもい》の雁《かり》です。いよいよベッドイ〜ン、の時、なんと六年ぶりに雲居《くもい》の雁《かり》の顔を見た夕霧《ゆうぎり》は、愛する雲居《くもい》の雁《かり》が美しい大人の女性に成長していたのでメチャクチャ感激です。

その後二人は仲良く幸せに暮らしましたとさ…といきたいところなのですが、そうは問屋が卸《おろ》しません。夫婦の仲があやしくなったのは、光源

18歳
光源氏は12歳で葵の上と結婚している。18歳の頃は恋の季節ともいえる光源氏恋愛の全盛期。一方夕霧はまじめ。

東宮
後の今上帝。

現金な内大臣
娘を入内させ、さらに帝の子供（東宮）を産むことで、一家の栄華は約束される。どの女性もこれを狙っている。内大臣は長女を冷泉帝に入内させたが、中宮立后には失敗している（光源氏の養女が秋好中宮となった）。光源氏には負けっぱなしの内大臣であった。P160参照。

氏のもとに女三《おんなさん》の宮《みや》が降嫁《こうか》したことがきっかけでした。夕霧《ゆうぎり》（27歳）の親友柏木《かしわぎ》（32歳）が女三《おんなさん》の宮《みや》（22歳）との密通の後に病気で死んでしまいます。光源氏に睨《にら》み殺されたようなもんです。光源氏の眼力恐るべし！

夕霧《ゆうぎり》は柏木《かしわぎ》の死に疑問を抱いていました。というのは、柏木《かしわぎ》が死の直前に不思議な遺言を残したからです。一つは自分の死後、妻の**落葉《おちば》の宮《みや》**（女二《おんなに》の宮《みや》）の世話を頼むということで、これは納得のいく話です。もう一つは光源氏へのお詫《わ》びを頼むのですが、どうしてお詫《わ》びをするのかについてははっきり言わないまま亡くなってしまったのでした。

夕霧《ゆうぎり》は柏木《かしわぎ》の母から、柏木《かしわぎ》の形見として横笛をもらいます。するとその夜夢に柏木《かしわぎ》が出てきて、この横笛を「あの人」に伝えたい～なんて言ってます。あの人ってだれやねん、と不審に思う夕霧《ゆうぎり》は光源氏にもこの話をしますが、事情が事情なだけに光源氏も答えようがありません。

落葉の宮
朱雀院と一条御息所の娘。女三の宮の異母姉。柏木は女三の宮の代わりに落葉の宮と結婚した。柏木没後は夕霧と恋愛し、ごたごたの後、夕霧は雲居の雁と落葉の宮とに月十五日ずつ通うことになる。

そうです、「あの人」とは柏木《かしわぎ》と女三の宮《おんなさんみや》との不義密通の子、薫君《かおるぎみ》のことなのでした。夕霧《ゆうぎり》は薫君《かおるぎみ》を見ては柏木《かしわぎ》に似ていると感じ、疑念をつのらせてゆきました。

柏木《かしわぎ》の遺言通りに夕霧《ゆうぎり》（29歳）は柏木《かしわぎ》の未亡人落葉《おちば》の宮《みや》の世話をするようになりました。ところが、そのうちに落葉《おちば》の宮《みや》への恋心が芽生えてしまい、熱心に求愛するようになってしまいます。

怒るのはもちろん雲居《くもい》の雁《かり》（31歳）です。あれだけ苦労して一緒になったのにぃ〜、と怒るのも当然です。まして親友亡き後、その妻を世話しているうちに好きになるなんて許せません。落葉《おちば》の宮《みや》からの手紙を取り上げてしまったり、もう喧嘩《けんか》けんかケンカ。

でも結局夕霧《ゆうぎり》は、落葉《おちば》の宮《みや》の母一条御息所《いちじょうのみやすんどころ》が急死した後、落葉《おちば》の宮《みや》と結婚します。怒りが頂点に達した雲居《くもい》の雁《かり》は、子供を連れて実家に戻ってしまいました。父親の致仕《ちじ》の大臣《おとど》のところです。焦った夕霧《ゆうぎり》は戻ってくれ〜と頼みに行きますが、誰《だれ》も相手にしてくれません。が〜ん。

光源氏の死後、夕霧《ゆうぎり》は六条院に落葉《おちば》の宮《みや》を移し、三条邸《さんじょうてい》にいる雲居《くもい》の雁《かり》と月に15日ずつきっちり通うようになります。真面目《まじめ》な夕霧《ゆうぎり》らしい行動です。しかしこの二人との間に12人もの子供をもうけた夕霧《ゆうぎり》の精力にはびっくりです。さすが光源氏の息子《むすこ》…。

六位からスタートした夕霧《ゆうぎり》もやがて右大臣《うだいじん》、左大臣《さだいじん》を務め、栄華を極めるようになっていきました。

次は柏木《かしわぎ》です。彼は頭《とう》の中将《ちゅうじょう》と四《よん》の君《きみ》の息子《むすこ》です。

柏木《かしわぎ》は皇女を妻に、と思ってず～と独身でいました。なかでも朱雀院《すざくいん》の娘女三《おんなさん》の宮《みや》との結婚に憧《あこが》れていましたが、身分が低くてできませんでした。大好きな女三《おんなさん》の宮《みや》はたった14歳で40歳の光源氏(准太上天皇《じゅんだいじょうてんのう》)のもとに嫁《とつ》いでしまいます。

ここから光源氏をとりまく人たちの悪夢ともいえる物語が始まります。

六条院
光源氏の壮大な自邸。光源氏の死後は夕霧が住んでいる。

ある日六条院で夕霧《ゆうぎり》（20歳《さい》）たちと
蹴鞠《けまり》をしていた柏木《かしわぎ》（25歳《さい》）は
すってん
女三《おんなさん》の宮《みや》の飼っていた猫《ねこ》が
走り出した拍子《ひょうし》に
めくれてしまった
御簾《みす》の隙間《すきま》から
フギャー
気高《けだか》く立つ女三《おんなさん》の宮《みや》（15歳《さい》）を垣間見《かいまみ》てしまいます！

夕霧《ゆうぎり》の方は…
高貴な人が
あんなところに立っている
なんて不注意だなあ
なーんて
のんきなことを
思いますが
柏木《かしわぎ》は美しい想《おも》い人を
見て
宮さま…
大興奮です
その後柏木《かしわぎ》はなんと
垣間見《かいまみ》で大活躍《かつやく》した
唐猫《からねこ》を強引に引き取り
女三《おんなさん》の宮《みや》を想《おも》いながら
大切に世話をします
いくら女三《おんなさん》の宮《みや》に会えないとしても、
猫《ねこ》をかわりに愛するとは…
柏木《かしわぎ》、大丈夫《だいじょうぶ》か？
おまえは
ホントに
かわいーなー
かわいい
おちびさん
だなー
はぁあ

その後、このまま独身でいるわけにもいかなくなった柏木《かしわぎ》は女三《おんなさん》の宮《みや》の姉、女二《おんなに》の宮《みや》（落葉《おちば》の宮《みや》）と結婚します。姉妹だし～、と思って我慢していた柏木《かしわぎ》ですが、やっぱり本人がいいにきまってます。

そしてチャンスは訪れます。

女三《おんなさん》の宮《みや》の降嫁《こうか》以来病気がちだった紫《むらさき》の上《うえ》がいよいよ危険な状態になり、光源氏は紫《むらさき》の上《うえ》につきっきりで看病をするため六条院を留守にするようになりました。それを知って六条院にもぐりこんだ柏木《かしわぎ》は、ついに女三《おんなさん》の宮《みや》への想《おも》いを遂げてしまいます。

密通の結果、女三《おんなさん》の宮《みや》は懐妊してしまいます。しかも、女三《おんなさん》の宮《みや》の軽率な行動から、**柏木《かしわぎ》の手紙**を光源氏に見つかってしまい、ついにすべてがバレてしまうのです。

小心者の柏木《かしわぎ》は、密通がバレるのではないかと悩んで病気がちでした。そしてある日、光源氏にそのことを皮肉っぽく言われ、厳しく睨《にら》みつけ

柏木の手紙
女三の宮の幼稚な軽率さはいろいろあるが、ここが一番軽率な行動。夜具の下に隠していた柏木からの恋文を光源氏に発見されてしまう。

られた柏木《かしわぎ》は、自らの犯した罪の意識からついに寝込んでしまいます。そしてそのまま瀕死《ひんし》の状態になっていくのです。

女三の宮《おんなさんのみや》も罪の意識は同じでした。出産後の光源氏の冷たい態度に堪え切れず、ついに出家をしてしまいます。わずか22歳のことでした。

柏木《かしわぎ》は女三の宮《おんなさんのみや》の出家を知り、もはやこの世に何の未練もなくなってしまいます。そして33歳の短い人生を哀《かな》しく閉じたのでした。

光源氏は、柏木《かしわぎ》に同情して一周忌の法要を盛大に行います。そして3歳になった薫君《かおるぎみ》を大切に育てる決心をするのでした。しかし父柏木《かしわぎ》に似ている薫君《かおるぎみ》を見るにつけ、光源氏の心境には複雑なものがありました。

和歌

「夕霧《ゆうぎり》」の巻。夕霧《ゆうぎり》が落葉《おちば》の宮《みや》と浮気する事に対して、雲居《くもい》の雁《かり》が出家しようかしらという歌を詠んだのに対する返歌。

松島のあまの濡れぎぬなれぬとてぬぎかへってふ名をたためやは

私に長年連れ添って飽きがきたからといって私を見捨てて尼になったという噂がたってよいものですか。

入試ポイント

「なるる身をうらむるよりは松島のあまの衣《ころも》にたちやかへまし＝長年連れ添って飽きられたこの身を恨むよりは、いっそ尼衣《あまごろも》に着替えて出家しようかしら」という雲居《くもい》の雁《かり》の歌への返歌。夕霧《ゆうぎり》の落葉《おちば》の宮《みや》との浮気に対して雲居《くもい》の雁《かり》は子供を連れて里帰りしてしまう。

和歌の技法

「松島のあまの濡れぎぬ」は「なれぬ」の序詞《じょことば》。

入試頻出古文

内大臣の娘雲居の雁は、祖母の大宮のもとに引き取られ育てられている。大宮邸では雲居の雁の従兄弟にあたる夕霧も養育されていた。夕霧と雲居の雁は、互いに幼い恋情を抱いている。

冠者《くわざ》の君、ひとつにて生《お》ひ出でたまひしかど、おのおの十《とを》にあまりたまひて後は、御方異《こと》にて、「睦《むつ》ましき人なれど、男子《をのこご》にはうちとくまじきなものなり」と父大臣《おとど》聞こえたまひて、け遠くなりにたるを、幼心地《をさなごこち》に思ふことなきにしもあらねば、はかなき花紅葉につけても、雛遊《ひひなあそ》びの追従《ついしょう》をも、ねむごろにまつはれ歩《あり》きて、心ざしを見えきこえたまへば、いみじう思ひかはして、けざやかには今も恥ぢきこえたまはず。御後見《うしろみ》どもも、「何かは、若き御心どちなれば、年ごろ見ならひたまへる御あはひを、にはかにも、いかがはもて離れはしたなめきこえん」と見るに、女君こそ何心なくおはすれど、男は、さこそものげなきほどと見きこゆれ、おほけなくいかなる御仲らひにかありけん、よそよそになりては、これをぞ静心なく思ふべき。まだ片生《かたお》ひなる手の、生《お》ひ先《さき》うつくしきにて、書きかはしたまへる文どもの、心をさなくて、おのづから落ち散るをりあるを、御方の人々は、ほのぼの知れるもありけれど、何かはかくこそと誰《たれ》にも聞こえん、見隠しつつあるなるべし。

現代語訳

冠者《かじゃ》の君（夕霧《ゆうぎり》）はこの姫君（雲居《くもい》の雁《かり》）と同じ邸《やしき》でお育ちになったが、それぞれ10歳を過ぎてからは住む場所も別々になって、「親しい間柄の人であっても男の子とはうちとけてはいけないものだ」と父の内大臣は教訓なさって、二人は離れ離れの仲になってしまったものの、若君（夕霧《ゆうぎり》）は子供心にも慕わしい気持ちがないわけではないので、ちょっとした花や紅葉につけても、また人形遊びで相手をしてご機嫌をとるのにも、心をこめて姫君につきまとい、恋心をお見せ申しあげるので、お互いに深い情愛を抱いて、姫君は今でも若君から恥じ隠れるような態度をはっきりおとり申しあげることはない。姫君の後見役たちも、「いやいや、二人ともまだ子供っぽいお方同士なのだし、また長年親しんでおいでになった間柄を、どうして急に引き離してかわいそうな思いをおさせすることなどできよう」と様子を見ていると、女君のほうは、無邪気でいらっしゃるけれども、男君のほうは、いかにも子供のようには見えるけれども、お年にも似ずどのような御仲になっていたのだろうか、お二人が疎遠になってからは逢《あ》えないことばかりをお嘆きのようである。まだ未熟であるが、しかし将来どんなにかわいらしくなると思われる筆跡で互いに書きかわしたお手紙が、子供心の不注意からたまたま落ちて散っているのを見て、姫君付きの女房の中には二人の恋をそれとなく察している者もあったが、どうして、このようなことがあります、などとどなたに申しあげられようか、できはしないと思って、事情を知っていながら誰《だれ》も見て見ぬふりをしているようである。

夕霧はまず亡き柏木の妻の女二の宮（落葉の宮）とその母が暮らす一条邸を訪問し、女二の宮の母と歌を詠みかわした。その後、夕霧は柏木の父である致仕《ちじ》の大臣《おとど》の邸宅を訪ねた。

かの君は、五六年のほどの年上《このかみ》なりしかど、なほいと若やかになまめき、あいだれてものしたまひし。これは、いとすくよかに重々しく、男《を》々しきけはひして、顔のみぞいと若うきよらなること、人にすぐれたまへる。若き人々は、もの悲しさも少し紛《まぎ》れて見出だしたてまつる。御前《おまへ》近き桜のいとおもしろきを、「今年ばかりは」とうちおぼゆるも、いまいましき筋なりければ、「あひ見むことは」と口ずさびて、

時しあればかはらぬ色ににほひけり片枝《かたえ》枯れにし宿の桜も

わざとならず誦《ず》じなして立ちたまふに、いととう、

この春は柳のめにぞ玉はぬく咲き散る花のゆくへ知らねば

と聞こえたまふ。いと深きよしにはあらねど、いまめかしうかどありとは言はれたまひし更衣《かうい》なりけり。げにめやすきほどの用意なめりと見たまふ。

やがて致仕《ちじ》の大殿に参りたまへれば、君たちあまたものしたまひけり。「こなたに入らせたまへ」とあれば、大臣《おとど》の御出居《いでゐ》の方に入りたまへり。ためらひて対面《たいめん》したまへり。旧《ふ》りがたう清げなる御容貌《かたち》いと痩《や》せおとろへて、御髭《ひげ》などもとりつくろひたまはねばしげりて、親の孝《けう》よりもけにやつれたまへり。

現代語訳

あの君（柏木《かしわぎ》）は、夕霧《ゆうぎり》よりも五つ六つ年長であったけれども、それでもまことに若々しくて優美で、人なつこくていらっしゃった。この君（夕霧《ゆうぎり》）は、とてもきまじめで重々しく、雄々しい様子をしていて顔だけがとても若々しく美しいことは格別でいらっしゃる。若い女房たちは、もの悲しい気持ちも少し紛れてお見送り申しあげる。夕《ゆう》霧《ぎり》は、お庭前《にわさき》の桜がまことに美しく咲いているのをご覧になって、「今年ばかりは」と、ふと心に浮かんでくるが、不吉ではばかられることであったので、「あひ見むことは」と口ずさんで、

　時しあれば…季節がめぐってくると、昔と変わらない色に咲きにおうものなのですね。片枝が枯れてしまった宿の桜も

夕霧《ゆうぎり》はわざとらしくないように吟じてお立ちになると、御息所《みやすんどころ》（女二の宮の母）はすぐさま、

　この春は…今年の春は、柳の芽に露の玉を貫《ぬ》くように、目に涙を浮かべています。深い悲しみにひたって咲き散る花の行く方もわかりませんで

と申し上げなさる。それほど深い風情《ふぜい》があるわけではないが、当世風で才気のあるお方と評判されていらっしゃった更衣《こうい》なのであった。なるほど、ほどよい心づかいがおありのようだと、お思いになる。

夕霧《ゆうぎり》はそのまま致仕《ちじ》の大臣《おとど》（頭《とう》の中将《ちゅうじょう》）の所へ参上なさると、君たちが大勢おいでになっているのであった。「どうぞこちらにお入りください」とあるので、大臣の表座敷のほうにお入りになった。大臣は悲しみを静めて夕霧《ゆうぎり》とご対面になられた。いつまでも老いを知らない、美しいお顔立ちがひどく痩《や》せおとろえて、御髭《ひげ》などもお手入れなさらないのでいっぱいにはえてしまい、親の喪に服するよりも、いっそうおやつれになっていらっしゃる。

ダイジェスト夕霧

❶ 光源氏と葵《あおい》の上《うえ》との嫡男《ちゃくなん》で漢学を修める。

❷ 幼なじみの雲《くも》居《い》の雁《かり》との愛を貫いて結婚。

❸ 親友柏木《かしわぎ》の未亡人落《おち》葉《ば》の宮《みや》と不倫する。

ダイジェスト柏木

❶ 内大臣（頭《とう》の中将《ちゅうじょう》）の嫡男《ちゃくなん》。

❷ 女三《おんなさん》の宮《みや》と密通し不義の子薫君《かおるぎみ》を産ませる。

❸ 光源氏にバレて罪の意識から病死する。

女三の宮と柏木の 不義密通のその後

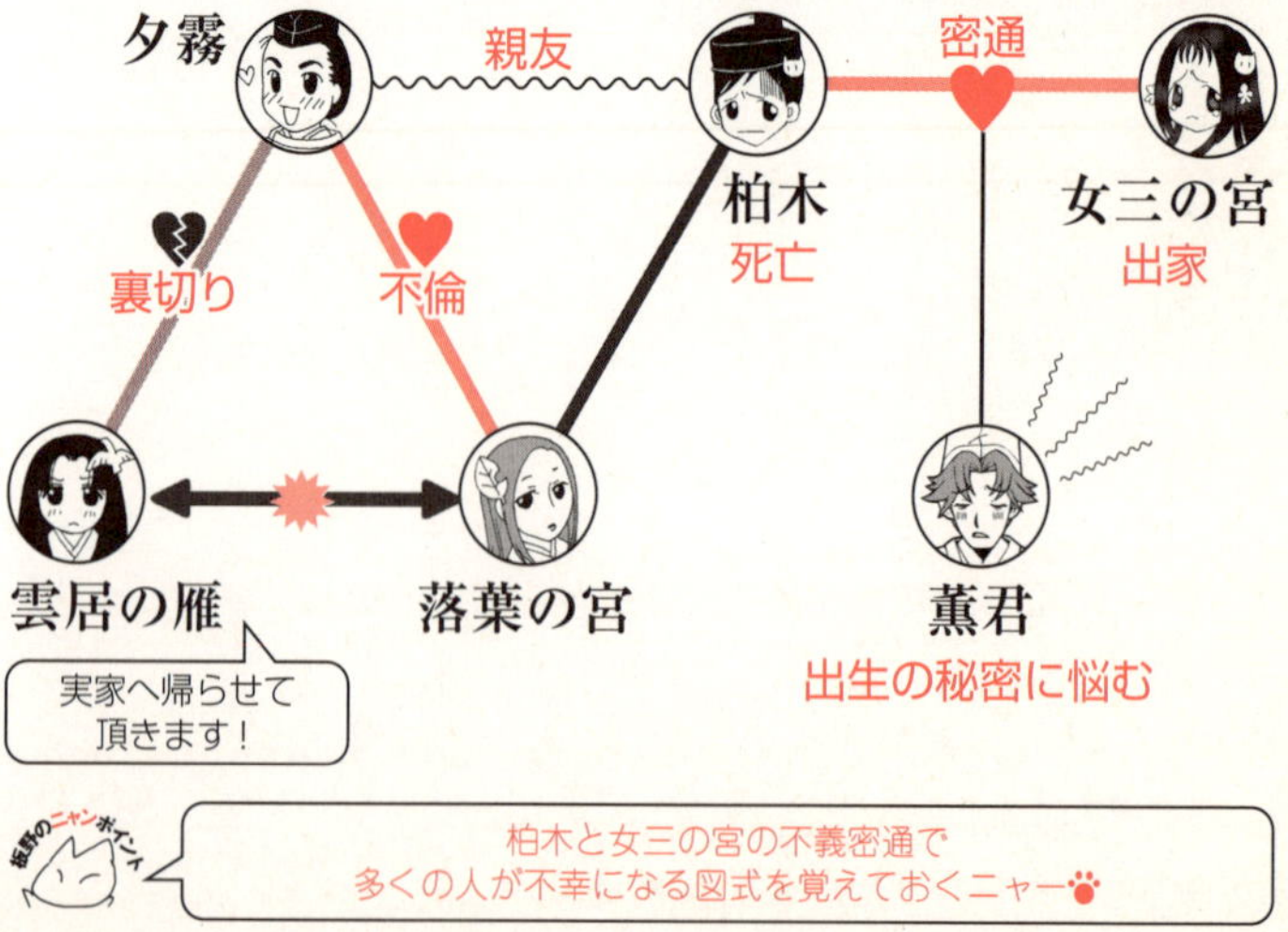

板野のニャンポイント
柏木と女三の宮の不義密通で多くの人が不幸になる図式を覚えておくニャー

17

薫君《かおるぎみ》・匂《におう》の宮《みや》

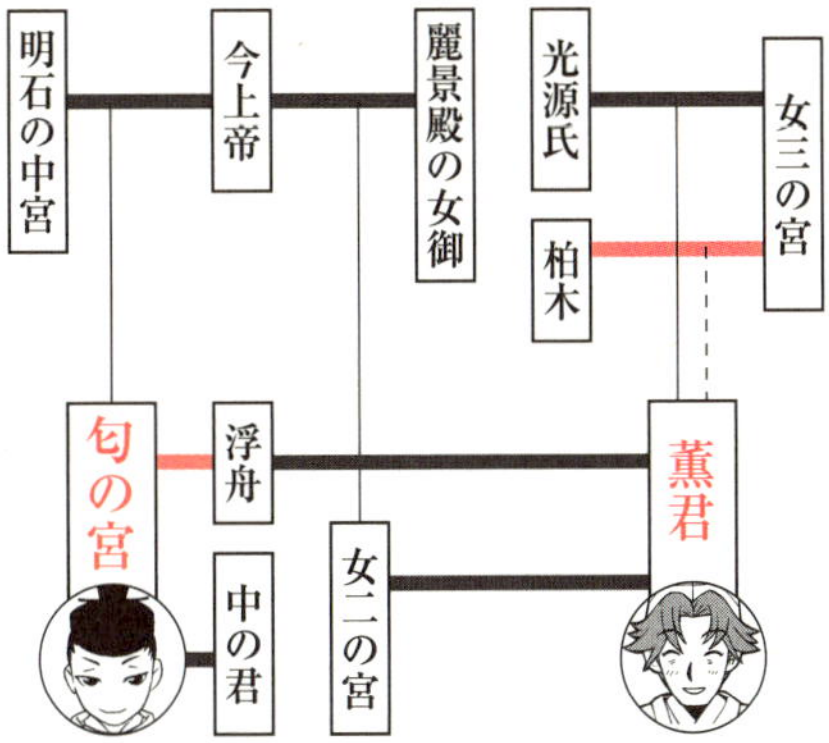

香ばしくおよすけたる人

…香高く老成した人

薫君

光源氏晩年の子とされるが、実は柏木と女三の宮との不義の子。宇治の姫君達を愛するが成就せず。

匂の宮

今上帝と明石の中宮との皇子。宇治の中の君と結婚するがその後浮舟をめぐり薫君と三角関係になる。

きよらにて匂ふ人

…美しい様子で芳しく匂う人

薫君・匂の宮物語

薫君《かおるぎみ》と匂《におう》の宮《みや》の登場する『源氏物語』の第三部は、光源氏がこの世を去って十年の月日がたってからです。宮廷社会は右大臣夕霧《うだいじんゆうぎり》（46歳）と明《あか》石《し》の中宮《ちゅうぐう》（39歳）という光源氏の子供たちが政治の実権を握っています。

しかし光源氏ほどに輝かしい人もなく、なんとなく寂しくなっています。かろうじて光源氏の後を継ぐと言えるのは薫君《かおるぎみ》と匂《におう》の宮《みや》の二人でした。この貴公子二人が第三部の主役です。

薫君《かおるぎみ》は光源氏晩年の息子《むすこ》とされていますが、実は女三《おんなさん》の宮《みや》と柏木《かしわぎ》の息《むす》子《こ》です（P224参照）。冷泉院《れいぜいいん》と秋好中宮《あきこのむちゅうぐう》に可愛《かわい》がられ、14歳で元服した後は、右近《うこん》の中将になりました。生まれつき体からなんともいえない良い香がするので薫君《かおるぎみ》と呼ばれています。一種の異常体質ですね。

薫君《かおるぎみ》のライバルが1歳年上の匂《におう》の宮《みや》です。光源氏の娘明石《あかし》の中宮《ちゅうぐう》と今《きん》

☞第三部
第一部
「桐壺」から「藤裏葉」
光源氏の青春・挫折・栄華
第二部
「若菜上」から「幻」
光源氏の晩年・不幸
第三部
「匂宮」から「夢浮橋」
光源氏の死後、薫君と匂の宮の青春。
「橋姫」以降の十帖を特に「宇治十帖」と呼ぶ。

☞右近の中将
右近衛府の次官。

上帝《じょうてい》の三の宮です。薫君《かおるぎみ》への対抗心から、いつもセンスの良い高価なお香を衣類にたきつけていました。あの紫《むらさき》の上《うえ》に可愛《かわい》がられて育ったために、彼女の遺言通りに二条院に住んでいます。

世間では二人の貴公子を「匂《にお》ふ兵部卿《ひょうぶきょう》、薫る中将」なんて呼んでいました。「匂《にお》ふ」というのはあたりを照らすような積極的な美しさで、「薫る」というのはほんのり漂う奥深い美しさという意味ですが、まさにこの二人の貴公子の性格をそのまま名前にしたようでした。つまり匂《におう》の宮《みや》はネアカ、薫君《かおるぎみ》はネクラという対照的な性格でした。

薫君《かおるぎみ》は母である女三《おんなさん》の宮《みや》が若くして出家したことを不審に思っていました。噂《うわさ》で自分は光源氏の実の子供ではないということを聞いて、自らの出生について悩みまくっていました。だから20歳そこそこで出家したいなんて考えてます。厭世《えんせい》的な薫君《かおるぎみ》は結婚にも消極的です。

対する匂《におう》の宮《みや》は両親に愛されて育ったので、それはそれは自由奔放。さすが光源氏の孫。

厭世的
世の中や人生を悲観し、生きることを嫌うさま。

話変わって玉鬘《たまかずら》を覚えているでしょうか。夕顔《ゆうがお》と頭《とう》の中将《ちゅうじょう》の娘で、鬚黒《ひげぐろ》の大将《たいしょう》に突然襲われたのに、その後家庭に収まり幸せになった美人です。

玉鬘《たまかずら》（47歳）は夫鬚黒《ひげぐろ》の大将《たいしょう》に先立たれた後、二人の姫君の身の振り方に悩んでいました。上の大君《おおいぎみ》は今上帝《きんじょうてい》、冷泉院《れいぜいいん》、夕霧《ゆうぎり》の息子《むすこ》である蔵人《くろうど》の少将というそうそうたるメンバーから求婚されていました。誰《だれ》を選んでも超ー玉の輿《こし》です。いいな～。

しかし今上帝《きんじょうてい》は、明石《あかし》の中宮《ちゅうぐう》とラブラブなはずなので、気がひけます。また冷泉院《れいぜいいん》は、かつて玉鬘《たまかずら》を鬚黒《ひげぐろ》の大将《たいしょう》に奪われた男で、今は弘徽殿《こきでん》の女御《にょうご》（頭《とう》の中将《ちゅうじょう》の娘）とラブラブらしい…。となると夕霧《ゆうぎり》の息子《むすこ》である蔵人《くろうど》の少将《しょうしょう》がいいかしら。いや待てよ、時々来る薫君《かおるぎみ》（14歳）も若くていいかも～。あ～、誰《だれ》に娘を!?

と悩んだ末に、結局玉鬘《たまかずら》は大君《おおいぎみ》を冷泉院《れいぜいいん》に入内《じゅだい》させます。

がっかりしたのは薫君《かおるぎみ》です。薫君《かおるぎみ》は大君《おおいぎみ》を垣間《かいま》見て思いを募らせてい

明石の中宮
光源氏と明石の君との娘。今や夕霧とともに政界を支配している。

たのです。残念無念、でも相手が冷泉院《れいぜいいん》では仕方がない、と諦《あきら》めていました。しかし薫君《かおるぎみ》は冷泉院《れいぜいいん》にかわいがられていたので、大君《おおいぎみ》に近づくチャンスが何度かあり、ひそかに未練を残していました。

さて、匂《におう》の宮《みや》のほうにも縁談がきました。頭《とう》の中将《ちゅうじょう》の次男紅梅大納言《こうばいのだいなごん》の娘です。この紅梅大納言という男は、娘二人（大君《おおいぎみ》・中《なか》の君《きみ》）を残して奥さんに先立たれてしまったので再婚しました。相手は真木柱《まきばしら》です。真木柱《まきばしら》というのは、髭黒《ひげぐろ》の大将《たいしょう》が玉鬘《たまかずら》と結婚する前の北《きた》の方《かた》との間に生まれた女の子なんです。なんだかややこしいところですから、下の系図をよお～く見て理解してくださいね。

真木柱《まきばしら》は螢《ほたる》の宮《みや》と結婚して姫君（宮《みや》の御方《おんかた》）ももうけたのですが、螢《ほたる》の宮《みや》は先に亡くなってしまい、今は未亡人です。ってことで真木柱《まきばしら》（46歳）と紅梅大納言（54歳）とは子連れ同士の再婚でした。

紅梅大納言は娘二人のうち大君《おおいぎみ》は東宮《とうぐう》に入内《じゅだい》させた後、中《なか》の君《きみ》は匂《におう》の宮《みや》の奥さんにと考えました。ところが匂《におう》の宮《みや》（25歳）は、真木柱《まきばしら》の連れ子

下の系図

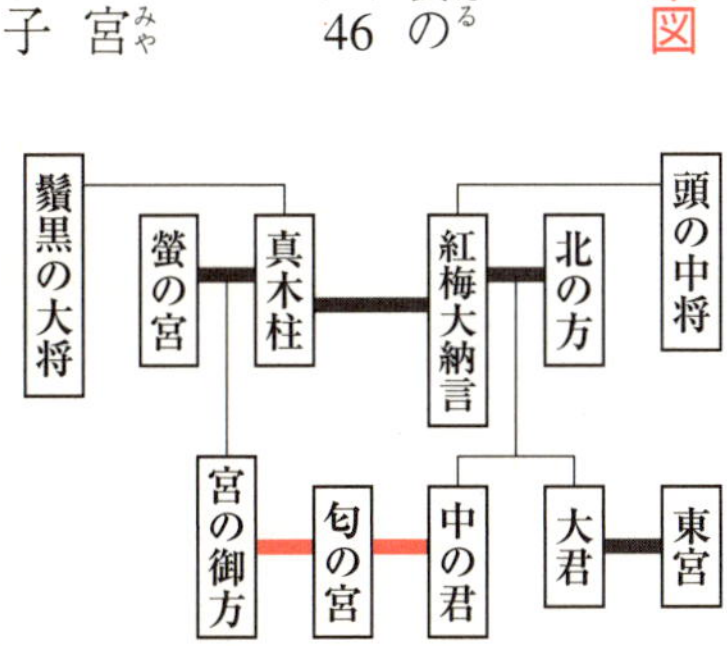

である宮《みや》の御方《おんかた》に気がありました。しかし宮《みや》の御方《おんかた》は継父にすら姿を見せないような恥ずかしがりな性格です。好き者で有名なネアカな匂《におう》の宮《みや》とはうまくいくはずもない…本人も母真木柱《まきばしら》もそう考えて悩むのでした。

さて、ここまではイントロダクションに過ぎません。いよいよ第三部のメインである「**宇治十帖**《うじじゅうじょう》」に入ります。

「宇治《うじ》＝憂《う》し」と掛詞《かけことば》になっているように、『源氏物語』の最後の10巻である「宇治十帖《うじじゅうじょう》」はけっして幸せな物語ではありません。ここでは薫君《かおるぎみ》と匂《におう》の宮《みや》が**宇治《うじ》の女性**をめぐって激しく争うことになるのです。

出家を志していたネクラな薫君《かおるぎみ》は同じく出家を志す老齢の宇治《うじ》の**八の宮**《はちのみや》と出会います。八《はち》の宮《みや》は光源氏の異母弟（つまり桐壺帝《きりつぼてい》の息子《むすこ》）でしたが**政治的陰謀**に巻き込まれ、今は落魄《らくはく》しています。

八《はち》の宮《みや》には娘が二人いました。大君《おおいぎみ》と中《なか》の君《きみ》です。八《はち》の宮《みや》は出家したいと思いつつも、この二人の娘の将来を案じて出家の願いがかなわない

宇治十帖
「橋姫（はしひめ）」「椎本（しいがもと）」「総角（あげまき）」「早蕨（さわらび）」「宿木（やどりぎ）」「東屋（あずまや）」「浮舟（うきふね）」「蜻蛉（かげろう）」「手習（てならい）」「夢浮橋（ゆめのうきはし）」の十帖を「宇治十帖」と呼ぶ。

宇治の女性
八の宮の娘たち、大君・中の君姉妹と異母妹浮舟。

八の宮
桐壺帝の息子。つまり光源氏の兄弟。

政治的陰謀
その昔、弘徽殿の女御が東宮（冷泉帝）を退けて八の宮を東宮に立てようとした。光源氏が明石から帰京したためにこの計画は失敗に終わり政略に利用された八の宮は落魄（らくはく）して宇治に移った。

まま宇治《うじ》で仏道に精進していました。この八《はち》の宮《みや》の噂《うわさ》を聞いた薫君《かおるぎみ》は宇《う》治《じ》へ通うようになり、仏道の師弟関係として親交を深めます。そして宇《う》治《じ》に通い始めて3年が過ぎたある日、月光のもとで琴を演奏する大君《おおいぎみ》と中《なか》の君《きみ》の美しい姿を見て、大君《おおいぎみ》に恋をします。

ほぼ同じころ、薫君《かおるぎみ》（22歳）は自らの出生の秘密をとうとう知ってしまいます。やはり自分は光源氏の子供ではありませんでした。実の父 柏《かしわ》木《ぎ》の形見の手紙を受け取った薫君《かおるぎみ》は、母 女三《おんなさん》の宮《みや》が若くして出家した理由をようやく理解したのでした。

その後八《はち》の宮《みや》が亡くなりますが、遺言として娘二人に軽はずみな結婚をしないようにと訓戒を残します。そのため、薫君《かおるぎみ》が何度大君《おおいぎみ》に想いを伝えても、大君《おおいぎみ》は取り合ってくれません。大君《おおいぎみ》は父の教えにしたがって、一生を独身で通すつもりでした。大君《おおいぎみ》としては妹の中《なか》の君《きみ》を薫君《かおるぎみ》と結婚させたいと考えていました。

出生の秘密
本当は柏木と女三の宮の不義密通の子。

じれったい薫君《かおるぎみ》は大君《おおいぎみ》を自分になびかせる作戦を考えました
う～ん
う～ん
妹が匂《におう》の宮《みや》様なら私《わたし》は薫君《かおるぎみ》に
本命ゲット！
ポム
そこで匂《におう》の宮《みや》に薫君《かおるぎみ》のかっこうをさせて
顔を隠《かく》せば完璧《かんぺき》だ
いわばだまして中《なか》の君《きみ》と契《ちぎ》りを交わさせてしまいます
ガバッ
その結果
妹をだますような方とは思っておりませんでしたのに……
かえって大君《おおいぎみ》の恨《うら》みを買うことになりました
失敗！

一方せっかく中《なか》の君《きみ》を手に入れたのに
高貴な御方《おかた》が
夜遊びはなりませぬ
中《なか》の君《きみ》～！
母上も望んでいるしまっいいか！六《ろく》の君《きみ》も意外にかわいいし
夕霧《ゆうぎり》の六《ろく》の君《きみ》との正式な結婚《けっこん》話が進みます
happy wedding
その噂《うわさ》を聞いた大君《おおいぎみ》は男性不信に陥《おちい》り病気になってしまいます
男は結局お金と地位が欲しいだけなのね～お父様のおっしゃった通りこの世は醜《みにく》いだけね
もう死んじゃいたいわ…
そのまま26歳《さい》の若さで死んでしまいました

大君《おおいぎみ》の死で悲しみにくれていた薫君《かおるぎみ》でしたが、今上帝《きんじょうてい》から娘の女二《おんなに》の宮《みや》との結婚を頼まれます。乗り気ではないものの、帝《みかど》からの話を断れるはずもなく、正妻として迎えとりました。

一方の匂《におう》の宮《みや》も夕霧《ゆうぎり》の娘の六《ろく》の君《きみ》との縁談を承知します。匂《におう》の宮《みや》としては、薫君《かおるぎみ》に変装までして手に入れた中《なか》の君《きみ》にぞっこんのはずだったのですが、逢《あ》ってみると六《ろく》の君《きみ》の魅力にとりつかれてしまいます。そこで妊娠中の中《なか》の君《きみ》をほっといて六《ろく》の君《きみ》のところにばかり通っていました。

そんなわけで匂《におう》の宮《みや》に浮気《うわき》された中《なか》の君《きみ》は薫君《かおるぎみ》に泣きつき、宇治《うじ》に帰りたいと訴えますが、薫君《かおるぎみ》はどうすることもできずにいました。ところがそんな二人の関係を怪しむ匂《におう》の宮《みや》は、薫君《かおるぎみ》への嫉妬《しっと》から再び中《なか》の君《きみ》のもとに通うようになり愛情復活、子供も生まれて結果論としてはオッケーなわけです。

さて、薫君《かおるぎみ》は結ばれないまま逝《い》ってしまった
大君《おおいぎみ》のことを忘れられず暗い気持ちでした
ザザザザ
大君の人形を作って祭りたい
なんてクライこと
考えたりします
ぎゅむ～
ホント発想が
後ろ向きな奴《やつ》…
紹介《しょうかい》してくれ！
隠し玉ですわ
それを聞いた中《なか》の君《きみ》は
大君《おおいぎみ》に生き写しの異母姉妹
浮舟《うきふね》の存在を明かします
早速大君《おおいぎみ》ゆかりの人浮舟《うきふね》を垣間見《かいまみ》て
感動した薫君《かおるぎみ》は結婚《けっこん》を申《もう》し込《こ》みます
しかし浮舟《うきふね》としては身分違《ちが》いのため
恐縮《きょうしゅく》するのみです
私《わたし》田舎《いなか》育ち
だし…

そうこうしているうちに
好き者匂《におう》の宮《みや》も浮舟《うきふね》の存在を知り
ナンパモード
強引に迫《せま》ります！
まぁ、なんて情熱的な御方《おかた》♥
焦《あせ》る薫君《かおるぎみ》は匂《におう》の宮《みや》に負けじと
やっとのことで浮舟《うきふね》と
一夜を過ごし
ちゅ
幸せ〜
匂《におう》の宮《みや》に見つけられないように
宇治の隠《かく》れ家《が》にかくまいます
しかし匂《におう》の宮《みや》は
浮舟《うきふね》の所在を突《つ》き止《と》め強引に
自分のものにしてしまいます
浮舟《うきふね》〜♥
知らぬは薫君《かおるぎみ》ばかりなり

しかしついに匂《におう》の宮《みや》との関係が薫君《かおるぎみ》にバレてしまい、薫君《かおるぎみ》から不倫を責める歌が贈られてくるに及んで、二人の愛に押《お》し潰《つぶ》されそうになった浮舟《うきふね》は、**宇治《うじ》の川**に身を投げて死んでしまいました。

浮舟《うきふね》を失った匂《におう》の宮《みや》は病床の人となってしまいます。薫君《かおるぎみ》も匂《におう》の宮《みや》に皮肉を言いつつも、深い悲しみの中にいました。薫君《かおるぎみ》は、大君《おおいぎみ》の身代りとして浮舟《うきふね》を愛しはじめましたが、今は本当に彼女を愛していたことに気づきました。

浮舟《うきふね》の**四十九日**も過ぎたころ、薫君《かおるぎみ》は匂《におう》の宮《みや》のお姉ちゃん女一《おんないち》の宮《みや》を垣間見《かいまみ》ます。紫《むらさき》の上《うえ》に可愛《かわい》がられて育った女一《おんないち》の宮《みや》はそれはそれは美人でした。薫君《かおるぎみ》は妻女二《おんなに》の宮《みや》に女一《おんないち》の宮《みや》と同じ格好をさせるなどして喜んだのでした。ネクラすぎる…。なにやってんの？

匂《におう》の宮《みや》のほうも、母明石《あかし》の中宮《ちゅうぐう》のもとにいた女房、宮の君に心を奪われたりして、彼なりに元気を取り戻していました。こちらもなにやってんの？

宇治の川
山城国の川。琵琶湖から現在の京都府宇治市付近を流れ、淀川に合流する。当時、宇治川は主要な水路。「宇治」は「憂し」＝「つらい」につながっている。

四十九日
人の死後の七日の7倍の期間。今生（こんじょう）と来世（らいせ）の生との間でさまよう霊魂が成仏できるよう、七日ごとに追善供養をする期間。

浮舟《うきふね》の一周忌が過ぎたころ、明石《あかし》の中宮《ちゅうぐう》のもとに浮舟《うきふね》らしき女性が比叡《ひえい》山《ざん》のふもとにいるという知らせがはいります。実は浮舟《うきふね》は入水自殺《じゅすい》直前に倒れ、それを比叡山《ひえいざん》の横川《よかわ》の僧都《そうず》に発見され助けられていたのです。

「浮舟《うきふね》生存」の噂《うわさ》を聞いた薫君《かおるぎみ》は、いてもたってもいられず、比叡山《ひえいざん》の僧都《そうず》のもとに出向きます。僧都《そうず》は浮舟《うきふね》発見以来の事情を薫君《かおるぎみ》に話します。それを聞いた薫君《かおるぎみ》はただただ涙します。そしてなんとか浮舟《うきふね》に会わせてくれるようお願いします。

浮舟《うきふね》はすでに出家をしていたので、僧都《そうず》はためらいますが、薫君《かおるぎみ》は自らも出家を志す身であり、決して過去のように愛したりはしない、と僧都《そうず》を説得し手紙を届けてもらいます。薫君《かおるぎみ》からの手紙を見た浮舟《うきふね》は懐かしさもこみあげ、大きく動揺しますが、人違いだと言って返事をしませんでした。

比叡山
京都市の北東、滋賀県との境にある山。山上には、天台宗総本山延暦寺がある。「山」と言えば「比叡山」を指した。

入水自殺
「にゅうすい」ではなく、「じゅすい」と読むと自殺の意味になる。

横川の僧都
近江国、現在の京都府と滋賀県の境にある、比叡山三塔の一塔で修行する僧都。

和歌

「夢浮橋《ゆめのうきはし》」の巻。浮舟《うきふね》の生存を知った薫君《かおるぎみ》が小君《こぎみ》を介して浮舟《うきふね》に贈った歌。

法の師とたづぬる道をしるべにて
思はぬ山にふみまどふかな

僧都《そうず》を仏法の師と思って訪ねてきた山道でしたが、その山道があなた（浮舟《うきふね》）のいる所に導いてくれる道しるべとなり、私は思いもかけない恋の山に踏み込み心を取り乱しています。

入試ポイント

浮舟《うきふね》生存の知らせに薫君《かおるぎみ》は手紙を贈る。浮舟《うきふね》はその手紙を読んで薫君《かおるぎみ》の昔のままのなつかしい筆跡などに動揺するが、人違いだと言って手紙を持ち帰らせるのだった。

入試頻出古文

薫君が、宇治《うじ》から京へ住み移る予定を翌日にひかえた中の君のもとを訪れ、亡き大君を二人でしのんでいる場面である。

御前《おまへ》近き紅梅の色も香《か》もなつかしきに、鶯《うぐひす》だに見過ぐしがたげにうち鳴きて渡るめれば、まして、「春や昔の」と、心をまどはしたまふどちの御物語に、をりあはれなりかし。風のさと吹き入るるに、花の香も客人《まらうと》の御匂ひも、橘《たちばな》ならねど昔思ひ出でらるるつまなり。つれづれの紛《まぎ》らはしにも、世のうき慰めにも、心とどめてもてあそびたまひしものをなど、心にあまりたまへば、

見る人もあらしにまよふ山里にむかしおぼゆる花の香ぞする

言ふともなくほのかにて、絶え絶え聞こえたるを、なつかしげにうち誦《ずん》じなして、

袖ふれし梅はかはらぬにほひにて根ごめうつろふ宿やことなる

たへぬ涙をさまよく拭《のご》ひ隠して、言多くもあらず、「またもなほ、かやうにてなむ。何ごとも聞こえさせよかるべき」など聞こえおきて立ちたまひぬ。

現代語訳

御前近くの紅梅が色も香もなつかしく咲いていて、鶯《うぐいす》さえも見過ごしにくそうに鳴いて飛び渡るようなので、なおさらのこと、「春や昔の」と亡き人（大君《おおいぎみ》）をしのぶ思いに心を惑わしていらっしゃるお二人の話し合いに、季節がらしみじみとした思いをなされるよ。風がさっと吹き入ると、花の香も客人（薫君《かおるぎみ》）の御芳香も、あの「五月《さつき》待つ花橘《はなたちばな》」の歌ではないけれども、昔の人を自然と思い出させる手掛かりとなるものである。女君（中の君《なかのきみ》）は、「所在ないさびしさをまぎらわすのにもこの世のつらさを慰めるのにも、姉君（大君《おおいぎみ》）はいつもこの梅に心をとめてお楽しみでいらっしゃったものを」などと、悲しみに胸がいっぱいになりになるので、

見る人も…花も、それを見るこの私（中の君《なかのきみ》）も嵐《あらし》に吹き迷わされておりますこの山里に、亡き人（大君《おおいぎみ》）を思い起こされる花の香が匂《にお》っていることです

言うともなくかすかな声でとぎれとぎれに申しあげたので、いかにもなつかしそうに口ずさんで、薫君《かおるぎみ》は

袖《そで》ふれし…かつて私が袖《そで》を触れたことのあるこの梅は、今も変わらぬ美しさに匂《にお》っていますのに、それが根ごと移って行く先は私の宿とは違うのですね

こらえきれない涙をさりげなく拭《ぬぐ》い隠して、言葉数も少なく、薫君《かおるぎみ》は「これから後もやはり、このようにお目にかかりましょう。何事も申しあげやすいでしょうから」などと申しあげておいてお帰りになった。

ダイジェスト薫君

❶ 柏木《かしわぎ》と女三《おんなさん》の宮《みや》との不義密通の子。

❷ 宇治《うじ》の大君《おおいぎみ》を愛するが結ばれず、中《なか》の君《きみ》に迫る。

❸ 大君《おおいぎみ》そっくりの浮舟《うきふね》に恋するが成就せず。

ダイジェスト匂の宮

❶ 今上帝《きんじょうてい》と明石《あかし》の中宮《ちゅうぐう》との間の第三皇子。

❷ ネクラな薫君《かおるぎみ》に対してネアカで情熱的。

❸ 薫君《かおるぎみ》と宇治《うじ》の姫君たちの争奪戦を繰り広げる。

薫君 VS 匂の宮

薫君　不思議な薫りを体から発散

高価な香を匂わせて勝負　匂の宮

薫君の愛した女性は順に大君→中の君→浮舟。
負けじと匂の宮が手を出していくのニャー

18

大《おおい》君《ぎみ》

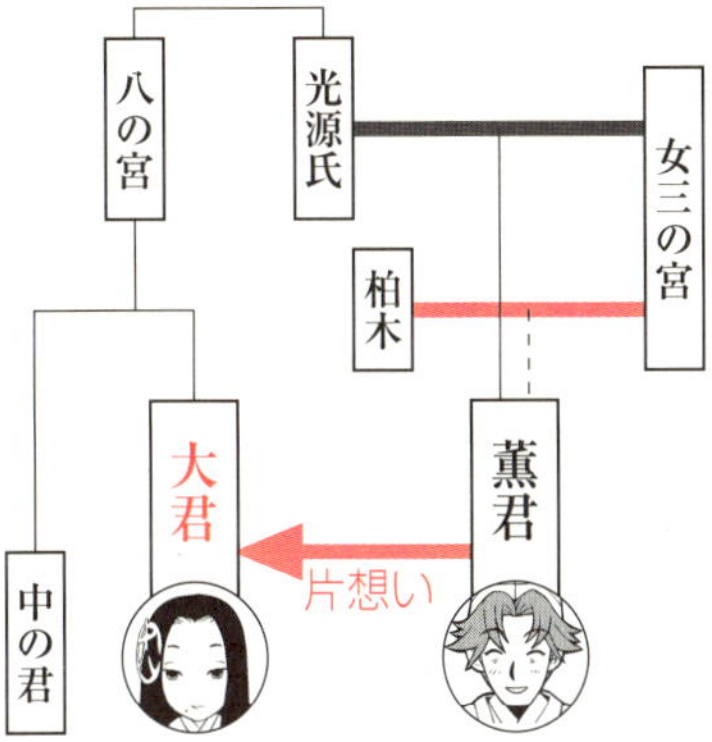

すきずきしきことになびかぬ人

…好色めいた事にはなびかない人

大君

八の宮の長女。薫君に求婚されるが父の遺言を守り軽率な結婚を拒否し、独身主義のまま若くして死亡。

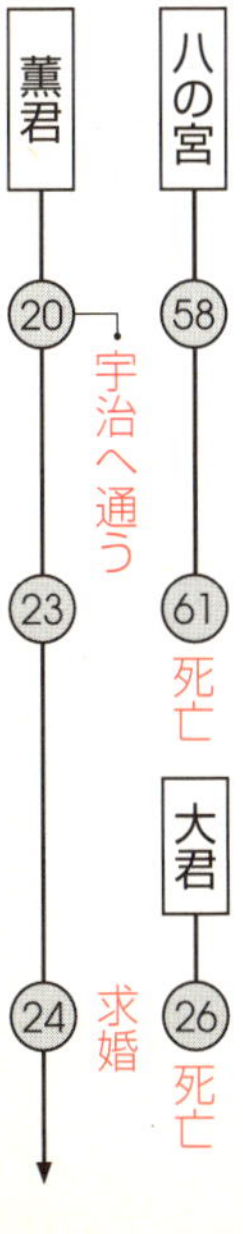

大君物語

昔々あるところに大君《おおいぎみ》と中《なか》の君《きみ》という美しい姉妹が人目を避けるように宇治《うじ》に住んでいました。と、突然言ってもわかるわけがないので、彼女たちのお父ちゃんのお話からします。この物語は45帖《じょう》目にあたる「橋《はし》姫《ひめ》」から始まります。

ちなみにこの帖《じょう》から後は「宇治十帖《うじじゅうじょう》」と言われています。

大君《おおいぎみ》・中《なか》の君《きみ》の父親である八《はち》の宮《みや》は、あの光源氏の父桐壺院《きりつぼいん》の息子《むすこ》です……ってことは、八《はち》の宮《みや》は光源氏の異母兄弟です。いつのまに弟なんて作ったのやら…。

その昔、あの恐《こわ》〜い弘徽殿《こきでん》の女御《にょうご》が光源氏一派を陥れるためにこの八《はち》の宮《みや》を利用しようとしたんですが、失敗に終わりました。こんなところにも弘徽殿《こきでん》の女御《にょうご》は出てくるんですね。

宇治
山城国の地名。現在の京都府南部の地名。「宇治」は同時に「憂し」＝「つらい」でもあった。

宇治十帖
宇治を舞台にした「橋姫」から「夢浮橋」の十帖。「橋姫（はしひめ）」「椎本（しいがもと）」「総角（あげまき）」「早蕨（さわらび）」「宿木（やどりぎ）」「東屋（あずまや）」「浮舟（うきふね）」「蜻蛉（かげろう）」「手習（てならい）」「夢浮橋（ゆめのうきはし）」の十帖。

弘徽殿の女御
右大臣の娘で、光源氏の属する左大臣側の政敵。

結局、八《はち》の宮《みや》も陰謀の片棒を担いだ形になり、光源氏の栄華の時代には世間から逃れて、人目を避けて北《きた》の方《かた》と静かに暮らしていました。ところが奥さんに先立たれ、しかも都の家が火事になってしまい、二人の娘を連れて宇治《うじ》に引っ越したってわけなんです。

不幸続きの八《はち》の宮《みや》は出家したいと願いますが、なんせ二人の美しい娘を俗世に残していくわけにもいかず、俗体のままで仏道に帰依《きえ》します。だから「俗聖《ぞくひじり》」なんて呼ばれます。

この八《はち》の宮《みや》の噂《うわさ》を聞いたネクラ薫君《かおるぎみ》（20歳）は、自分も日ごろから仏道に専心したいと思っていたので、早速宇治《うじ》の八《はち》の宮《みや》のもとに手紙を書き、師弟としてのつき合いが始まります。

薫君《かおるぎみ》が宇治《うじ》に通うようになってから三年がたちました。

仏道に帰依
神仏を深く信仰し、その教えに従い、力にすがること。

晩秋の月の美しいある日
薫君《かおるきみ》(22歳《さい》)は
突然《とつぜん》宇治《うじ》を訪問します
その日八《はち》の宮《みや》は留守《るす》でしたが
そのがわり
美しい琴《こと》と琵琶《びわ》の音色《ねいろ》が
聞こえてきました
庭に
忍《しの》び込《こ》んだ
薫君《かおるぎみ》は
サクッ…
そこで仲むつまじく語り合っている
美しい姉妹の姿を
垣間見《かいまみ》てしまいます

その二人《ふたり》こそ
大君《おおいぎみ》24歳《さい》
中《なか》の君《きみ》22歳《さい》
出家したくて仏道修行までしている薫君《かおるぎみ》も
美しい女の子にはちゃんと興味があります
姉の大君《おおいぎみ》は奥《おく》ゆかしく
気品を漂《ただよ》わせた物静かな女性
堅物《かたぶつ》とも言えるくらい
貞操《ていそう》の堅《かた》い
女性です
妹の中《なか》の君《きみ》は
可憐《かれん》な感じの
美しい女性
こんな美しい女性を二人《ふたり》も垣間見《かいまみ》て
薫君《かおるぎみ》は胸をときめかせます
ポッ

冬十月になり八《はち》の宮《みや》は、薫君《かおるぎみ》に自らの出家を打ち明け、二人の娘の後見《うしろみ》を依頼します。そして61歳になった八《はち》の宮《みや》は、この世を去ってしまいました。遺言として、軽薄な男の言葉に乗って不幸な結婚をしてはならない、と娘たちに残して。

この姉妹の後見《うしろみ》を引き受けた薫君《かおるぎみ》（23歳）は、残された姫君たちが寂しい様子をしているのを励ましているうちに同情が愛情に変わり、姉の大《おおい》君《ぎみ》（25歳）を深く愛するようになります。一方、薫君《かおるぎみ》のライバル匂《におう》の宮《みや》は、中《なか》の君《きみ》にお熱をあげます。

一年後、八《はち》の宮《みや》の一周忌となり、仏前の飾りの総角《あげまき》の糸を結んでいた大《おおい》君《ぎみ》に対して、薫君《かおるぎみ》は歌を詠んでプロポーズします。ところが大君《おおいぎみ》は亡き父親の遺言を守り、誰《だれ》とも結婚せずに生涯を終えるつもりでいたのです。ただ、妹の中《なか》の君《きみ》には幸せな結婚をさせてあげたいと思い、薫君《かおるぎみ》が中《なか》の君《きみ》と結婚することを望んでいたのでした。

薫君《かおるぎみ》は断られて、逆にますます大君《おおいぎみ》への愛を遂げようと熱心に迫《せま》ります

冬十月
陰暦では十月（かんなづき）、十一月（しもつき）、十二月（しはす）が冬にあたる。

総角
ひもの結びかた。左右に輪を作り、中を石畳に組んで結ぶ。

が、大君《おおいぎみ》のほうは彼を避け続けます。彼女は独身主義をあくまでも貫こうとしていました。それでも薫君《かおるぎみ》はがんばって夜中に姉妹の部屋に忍び込みます。ところが大君《おおいぎみ》はその気配に気づき、中《なか》の君《きみ》を残して逃げてしまいました。薫君《かおるぎみ》は大君《おおいぎみ》が逃げてしまったことを恨めしく思いつつも、残された中《なか》の君《きみ》をいたわって何事もなく一夜を明かしました。エライ！

そうです、ここはあの空蟬の物語《うつせみ》と同じシチュエーションです。ただ、光源氏はそのまま空蟬《うつせみ》の義理の娘、軒端の荻《のきば》《おぎ》と契ったのに対して、薫君《かおるぎみ》はそうはしませんでした。

その後、大君《おおいぎみ》を諦《あきら》め切れない薫君《かおるぎみ》は、中《なか》の君《きみ》が匂《におう》の宮《みや》と結婚してしまえば大君《おおいぎみ》もしかたなく自分になびくだろうと考え、策略によって二人を結婚させてしまいます。なんと、自分の姿を装わせた匂《におう》の宮《みや》を中《なか》の君《きみ》のもとへと導き、契りを交わさせてしまうのです。

大君《おおいぎみ》としては薫君《かおるぎみ》が中《なか》の君《きみ》と結婚することを望んでいたのに、薫君《かおるぎみ》に裏切られたことに深い怒りと哀《かな》しみを募らせ、男性不信に陥ります。

空蟬の物語
光源氏にヒジテツを食らわした人妻。小袿（こうちぎ）を残して逃げた。

軒端の荻
空蟬の夫、伊予の介の前妻との間の娘。

男性不信
元々堅い大君は、独身主義へと傾いていく。

さらに、幸せな結婚をしたはずの中《なか》の君《きみ》と匂《におう》の宮《みや》の間がギクシャクしていくのを見るにつけ結婚不信にも陥ります。浮気《うわき》者の匂《におう》の宮《みや》は中《なか》の君《きみ》を手に入れた後、次第に訪問が遠のき、ついには夕霧《ゆうぎり》の六《ろく》の君《きみ》との結婚の話まで聞こえてきます。大君《おおいぎみ》はますます結婚への不信を強く感じ、独身主義の決意をさらに固めたのでした。

中《なか》の君《きみ》と匂《におう》の宮《みや》との仲を心配しているうちに、大君《おおいぎみ》は病気になってしまいます。ついには食事もできないほどの重態に陥ります。薫君《かおるぎみ》は衰弱した大君《おおいぎみ》の枕元《まくらもと》でひたすら看病します。

薫君《かおるぎみ》の必死の看病もむなしく、大君《おおいぎみ》は26歳という若さで亡くなってしまいます。ついに独身を貫いたというべきでしょうか。でもあまりにはかなく短い人生です。

最愛の人を亡くした薫君《かおるぎみ》は、こんなことなら中《なか》の君《きみ》と結婚しておけばよかった、なんて今更ながら残念に思うのでした。

☞夕霧の六の君

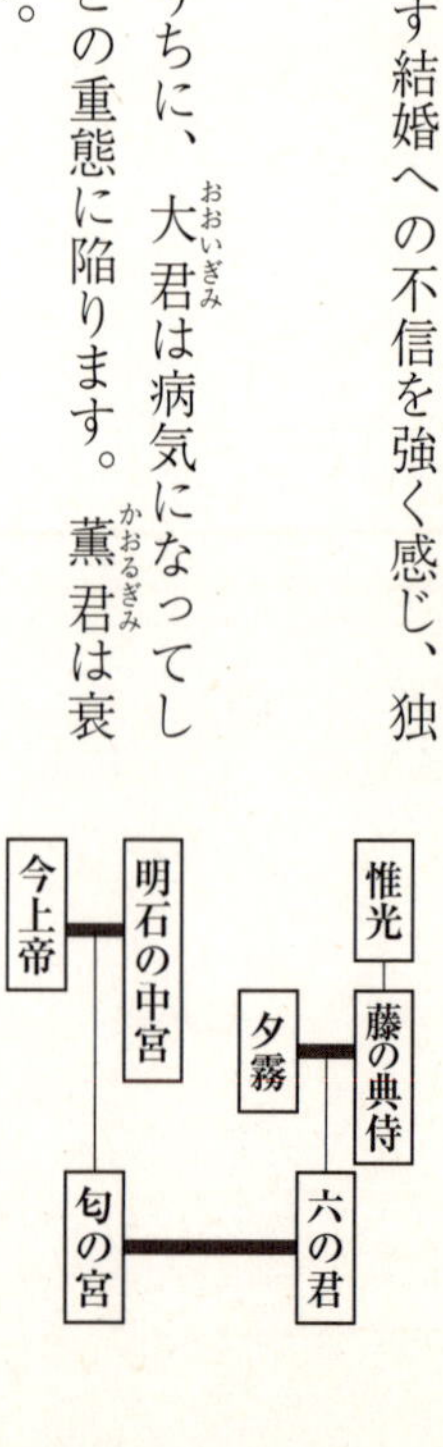

和歌

「総角《あげまき》」の巻。八《はち》の宮《みや》の一周忌が近づき、薫君《かおるぎみ》が宇治《うじ》を訪ねて大君《おおいぎみ》に求婚した時の歌。

ぬきもあへずもろき涙のたまのをに長き契りをいかがむすばん

糸に貫きとめることもできないほどもろく壊れやすい涙の玉のように消えやすい私の命なのに、どうして末長い契りを結ぶことができましょうか。

入試ポイント

「あげまきに長き契りをむすびこめおなじ所によりもあはなむ＝総角《あげまき》結びの中に末長い契りを結びこめて、結んだ糸が同じところで出合うように、あなたと私とがいつまでも一緒になっていたいものです」という薫君《かおるぎみ》の歌への返歌。「より」に「寄り」と「縒《よ》り」が掛かっている。

和歌の技法

「たまのを」に「玉」と「玉の緒《お》（＝短いことのたとえ、ひいては命）」とを掛ける。

入試頻出古文

宇治《うじ》の八の宮（光源氏の弟）と、その娘たち（大君、中の君）たちとの家族団欒《だんらん》の場面である。

姫君、御硯《すずり》をやをらひき寄せて、手習のやうに書きまぜたまふを、「これに書きたまへ。硯には書きつけざなり」とて紙奉りたまへば、恥ぢらひて書きたまふ。

いかでかく巣立ちけるぞと思ふにもうき水鳥のちぎりをぞ知る

よからねど、そのをりはいとあはれなりけり。手は、生《お》ひ先見えて、まだよくもつづけたまはぬほどなり。「若君も書きたまへ」とあれば、いますこし幼げに、久しく書き出《い》でたまへり。

泣く泣くもはねうち着する君なくはわれぞ巣守りになるべかりける

御衣《ぞ》どもなど萎《な》えばみて、御前《おまへ》にまた人もなく、いとさびしくつれづれなるに、さまざまいとらうたげにてものしたまふをあはれに心苦しう、いかが思さざらん。経を片手に持たまひて、かつ読みつつ唱歌《さうが》をしたまふ。姫君に琵琶《びは》、若君に箏《さう》の御琴《こと》を。まだ幼けれど、常に合はせつつ習ひたまへば、聞きにくくもあらで、いとをかしく聞こゆ。

現代語訳

姫君（大君《おおいぎみ》）が、御硯《すずり》をそっと引き寄せて、手習いのようにお書き散らしになるのを、八《はち》の宮《みや》は「これにお書きください。硯《すずり》には書きつけるものではありません」と言って、紙を差し上げなさると、大君《おおいぎみ》は恥ずかしそうにしてお書きになる。

いかでかく…どうしてこのように成人したのかと思うにつけても、水面に浮くつらい水鳥のような運命を思い知ることです

よい歌ではないけれども、折が折だけに父と娘の唱和する歌がしみじみと心にしみるのであった。筆跡は、これから先の上達が思いやられるが、まだ連綿《れんめん》たいはよくお書きになれないお年頃である。八《はち》の宮《みや》が「若君（中《なか》の君《きみ》）もいっしょにお書きください」と言うと、こちらはもう少し幼い様子で、長いことかかって書きあげなさった。

泣く泣くも…涙ながらも、羽を着せて育ててくださる父君がいらっしゃらなかったなら、私《わたし》は孵化《ふか》せず巣に残っている卵のようになってしまっていたことでしょう

二人の姫君のお召物なども着古していて、おそばにはまたお仕えする人もなく、じつにさびしく所在なげであるが、それぞれほんとにかわいらしい様子でいらっしゃるのを、どうしてしみじみといたわしく思わずにはいられようか。八《はち》の宮《みや》は経を片手にお持ちになって、一方でこれを読誦《どくじゅ》なさっては、また一方で唱歌をなさる。姫君（大君《おおいぎみ》）には琵琶《びわ》、若君（中《なか》の君《きみ》）には箏の御琴をお教えになる。まだたどたどしいけれども、いつも合奏しながらお習いになるので、聞きにくくもなく、まことに趣深く聞こえるのである。

ダイジェスト大君

1. 父八《はち》の宮《みや》は光源氏の異母弟。
2. 八《はち》の宮《みや》が政争に巻き込まれ親子で宇治《うじ》に隠棲《いんせい》。
3. 薫君《かおるぎみ》に言い寄られるが父の遺言を守って拒否。
4. 妹の中《なか》の君《きみ》は匂《におう》の宮《みや》に襲われ結婚。
5. 結婚後の匂《におう》の宮《みや》の中《なか》の君《きみ》への冷たい態度に絶望。
6. 大君《おおいぎみ》が死んだ後も薫君《かおるぎみ》は大君《おおいぎみ》を思慕《しぼ》し続ける。

宇治の恋愛模様

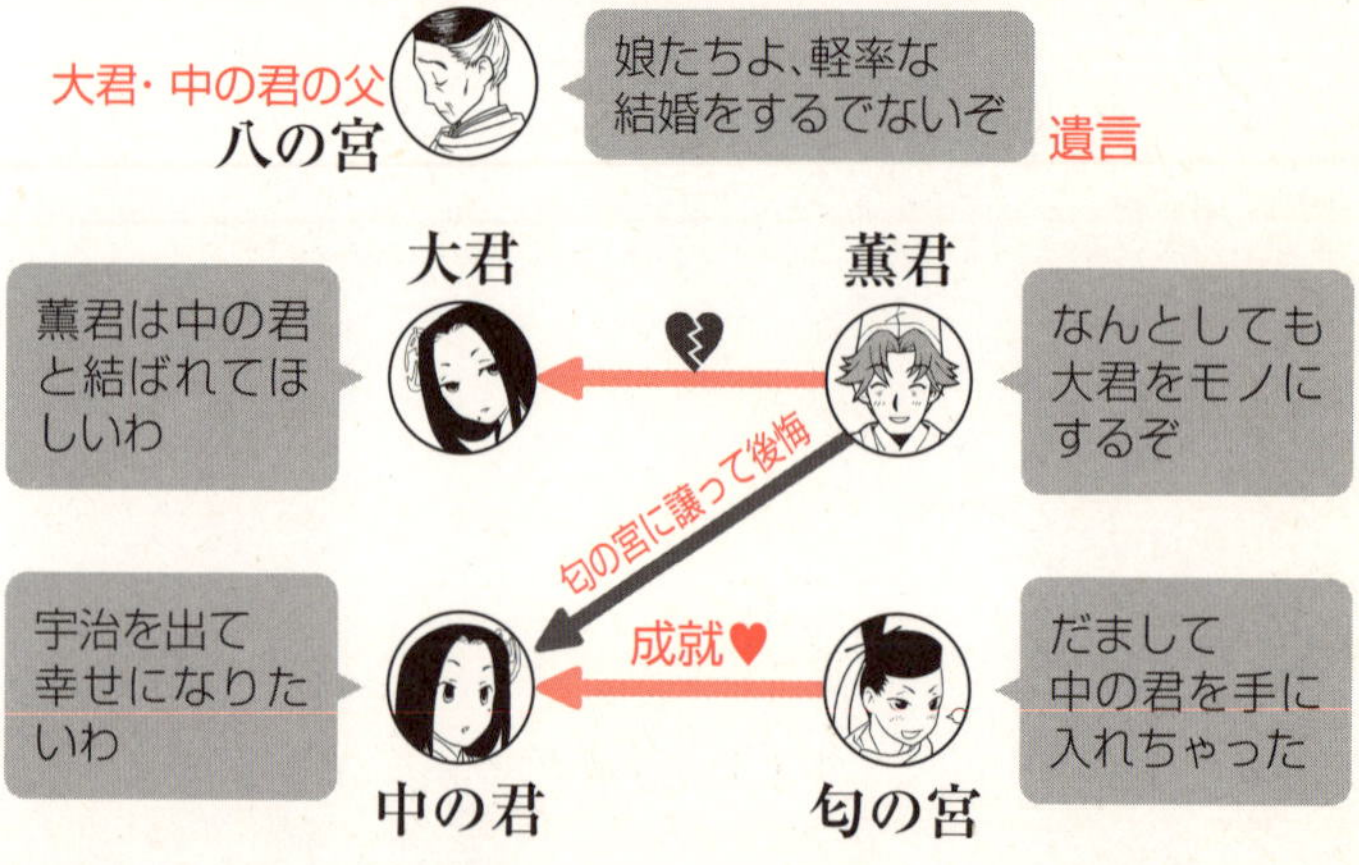
大君・中の君の父
八の宮
娘たちよ、軽率な結婚をするでないぞ
遺言
大君
薫君は中の君と結ばれてほしいわ
薫君
なんとしても大君をモノにするぞ
匂の宮に譲って後悔
成就♥
宇治を出て幸せになりたいわ
中の君
だまして中の君を手に入れちゃった
匂の宮

坂野のニャンポイント

父の遺言を守って薫君の求愛を拒んだ大君はエライ！といえるのかニャー？

19

中《なか》の君《きみ》

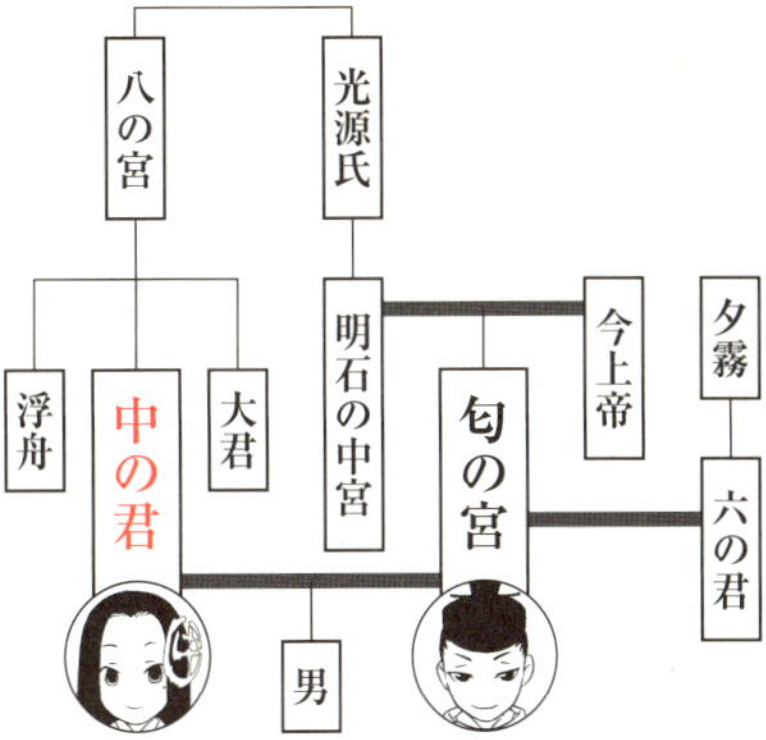

にほひ多くあてにをかしき人

…つややかに美しく上品で風情がある人

中の君

八の宮の次女、大君の妹。匂の宮と結婚し二条院で出産。異母妹浮舟と薫君を結びつける役割を果たす。

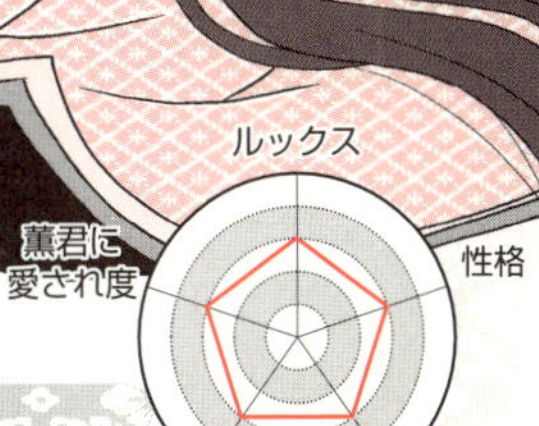

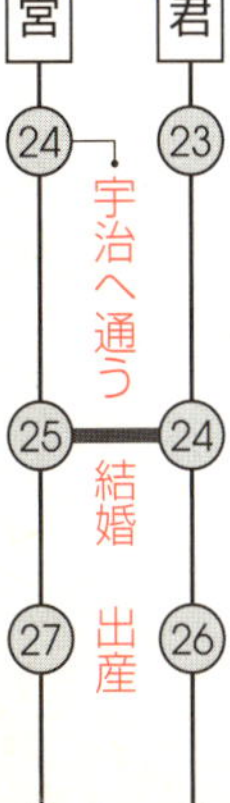

中の君物語

中《なか》の君《きみ》は宇治《うじ》の八《はち》の宮《みや》の二人の娘の妹のほうです。**姉の大君《おおいぎみ》**とは仲のよい美しい姉妹でした。

父八《はち》の宮《みや》（59歳）は光源氏の弟にあたりますが、政治的謀略に巻き込まれ、今は没落して宇治《うじ》で静かに俗世にいながら仏道修行をしてました。そこで八《はち》の宮《みや》は**俗聖《ぞくひじり》**と呼ばれるようになり、同じく修行中の薫君《かおるぎみ》（20歳）と知り合います。

薫君《かおるぎみ》が宇治《うじ》に通うようになって三年たったある日、薫君《かおるぎみ》はこの美しい姉妹を垣間《かいま》見て衝撃を受けます。その気品と優雅さにひかれた薫君《かおるぎみ》は、出家願望なんてどこへやら、早速大君《おおいぎみ》に交際を申し込みます。ただし、大君《おおいぎみ》は堅い女性でしたから、そう簡単には薫君《かおるぎみ》の誘いには乗ってきません。

そのころ、都では今上帝《きんじょうてい》と明石《あかし》の中宮《ちゅうぐう》の息子《むすこ》、匂《におう》の宮《みや》（24歳）が、薫《かおる》

姉の大君
薫君からの求婚を退け独身主義を貫いたまま26歳で死亡。

俗聖
俗人の姿のままで仏道修行をする人。

君《ぎみ》（23歳）から宇治《うじ》の姫君のことを聞きます。何かと薫君《かおるぎみ》をライバル視する匂の宮《におうのみや》は、早速口実をつくって宇治《うじ》を訪れ、中の君《なかのきみ》（23歳）と手紙を交わすようになります。

その年の晩秋、八の宮《はちのみや》が亡くなります。遺言として、軽薄な男の言葉に乗って不幸な結婚だけはするな、という言葉を娘たちに残します。それを聞いた大君《おおいぎみ》は、ますます独身主義を貫く覚悟を決めます。

八の宮《はちのみや》の一周忌が過ぎたころ、再び宇治《うじ》を訪れた薫君《かおるぎみ》は大君《おおいぎみ》への想《おも》いを遂げようと姉妹の部屋に忍び込みますが、なんと大君《おおいぎみ》はその気配に気づき、中の君《なかのきみ》を残して逃げてしまいます。残された中の君《なかのきみ》もビックリ。いるはずの大君《おおいぎみ》がいないので薫君《かおるぎみ》もビックリ。そこで中の君《なかのきみ》と薫君《かおるぎみ》の二人は、何事もなく朝まで語り明かしました。

薫君《かおるぎみ》と大君《おおいぎみ》の進展はないまま、匂の宮《におうのみや》のほうは中の君《なかのきみ》への思いをどんどん募らせていきます。夕霧《ゆうぎり》の六《ろく》の君《きみ》との縁談話がきても、このオイシイ話に見向きもせず、中の君《なかのきみ》のことばかり考えてしまいます。薫君《かおるぎみ》に

ライバル視
「匂ふ兵部卿、薫る中将」と呼ばれ、何かと比較されライバル関係にあった。

頼んで、なんとか中《なか》の君《きみ》との間を取り持ってもらうなんて、都合のいい計画まで考えます。その話を聞いた薫君《かおるぎみ》は、中《なか》の君《きみ》が匂《におう》の宮《みや》と結婚すれば大君《おおいぎみ》も自分になびくだろう、と考えます。そこで薫君《かおるぎみ》は匂《におう》の宮《みや》を中《なか》の君《きみ》と結び付ける計画を立てます。

ある日、薫君《かおるぎみ》と大君《おおいぎみ》が話し込んでいる隙《すき》をねらって、匂《におう》の宮《みや》が中《なか》の君《きみ》の部屋に忍び込み、契りを交わしてしまいます。こうなると中《なか》の君《きみ》としては匂《におう》の宮《みや》を夫として迎え入れるしかありません。大君《おおいぎみ》は中《なか》の君《きみ》をなぐさめつつも、この卑怯《ひきょう》な方法に怒ってしまいました。

さて、やっとのことで思いを遂げた匂《におう》の宮《みや》ですが、ここから先が大変でした。匂《におう》の宮《みや》はなんせ帝《みかど》の子供ですから、めちゃくちゃ身分が高いわけです。だから宇治《うじ》なんかに気軽に通える状況ではありませんでした。今までも母親の明石《あかし》の中宮《ちゅうぐう》の目を盗んで通っていたのです。

帝の子供
今上帝と明石の中宮との間の第三皇子。光源氏の孫にあたる。

当時は男女の契りの後、三日続けて通わなければ結婚が成立しません。匂《におう》の宮《みや》（25歳）は母親の明石《あかし》の中宮《ちゅうぐう》の反対を受けつつも薫君《かおるぎみ》に励まされ、やっとのことで宇治《うじ》へ三日通って中《なか》の君《きみ》（24歳）と結婚したのです。

しかし結婚以後、匂《にお》の宮《みや》は中《なか》の君《きみ》の所へなかなか通えずにいました。匂《にお》の宮《みや》としては中《なか》の君《きみ》を都へ引き取ろうと考えつつ、時だけが無駄に過ぎていきます。

一方、宇治《うじ》の田舎《いなか》で暮らしてきた姉妹に宮廷生活など想像できるわけがなく、中《なか》の君《きみ》は匂《にお》の宮《みや》の訪問が少ないことを単純に哀《かな》しみます。大君《おおいぎみ》は哀《かな》しむ中《なか》の君《きみ》を見て、ますます結婚への不信感を強めるのでした。

その後、姉の大君《おおいぎみ》が心労から重病に陥り、薫君《かおるぎみ》の手厚い看護も空《むな》しく26歳の若さで亡くなり、中《なか》の君《きみ》は独りぼっちになってしまいます。父八《はち》の宮《みや》はすでに亡く、姉大君《おおいぎみ》まで亡くした今、宇治《うじ》での生活の寂しさは中《なか》の君《きみ》を悲しみのどん底に陥れます。

さて、匂《にお》の宮《みや》（26歳）はなんとか宇治《うじ》に通おうと必死でした。そんな息子《むすこ》を見た明石《あかし》の中宮《ちゅうぐう》は、中《なか》の君《きみ》（25歳）を都に引き取ることを許します。

ということで年が明けた二月、宇治《うじ》に心を残しつつも、中《なか》の君《きみ》は匂《におう》の宮《みや》の住む二条院に引き取られることになりました。

ところが、やっと幸せになれる、と中《なか》の君《きみ》が思った矢先、匂《におう》の宮《みや》の縁談が本格化してしまいました。相手は夕霧《ゆうぎり》の娘六《ろく》の君《きみ》です。六《ろく》の君《きみ》は藤《とう》の典　侍《ないしのすけ》の産んだ、いわば脇腹《わきばら》の娘なんですが、落葉《おちば》の宮《みや》の養女になり、美しい女性に育っていました。つくづく運のない中《なか》の君《きみ》です。

匂《におう》の宮《みや》は初めはこの縁談に興味を示さず、中《なか》の君《きみ》一筋できたのですが、夕霧《ゆうぎり》の後ろ盾が必要だったので、ついにこの話を承諾します。匂《におう》の宮《みや》とて地位を守るのは楽じゃありません。妊娠中の中《なか》の君《きみ》にもこの縁談の話が伝わり、彼女はとても哀《かな》しみます。そして父の遺言に背いて都に出た軽率さを反省したのでした。

さて、六《ろく》の君《きみ》とはいやいや結婚したはずの匂《におう》の宮《みや》でしたが、意外にも六《ろく》の君《きみ》の魅力にひかれてしまい、中《なか》の君《きみ》のいる二条院から足が遠のきました。妊娠中の中《なか》の君《きみ》は、耐え切れず薫君《かおるぎみ》に「宇治《うじ》に帰りたい～」と訴えます。

一方薫君《かおるぎみ》は……
大君《おおいぎみ》を失うなら中《なか》の君《きみ》と結婚《けっこん》すれば良かった
はぁっ
なんて後悔《こうかい》中
だから哀《かな》しむ中《なか》の君《きみ》を見て
ムラムラしちゃいます
な、中《なか》の君《きみ》!
あ!
とうとう中《なか》の君《きみ》の御簾《みす》を巻き上げてまで熱い想《おも》いを伝えますが
なんせ中《なか》の君《きみ》は妊娠《にんしん》中
腹帯《ふくたい》をしています
ポッコリ

さすがに襲《おそ》うことは不可能です
トホホ…
ということで添《そ》い寝《ね》で我慢《がまん》します
その日匂《におう》の宮《みや》が久しぶりに二条院に帰ってきました
あんな事があったなんて知られたら……
ドキ
ドキ
ぷ〜ん
この香《かお》りは…！
しかも薫君《かおるぎみ》の移《うつ》り香《が》に気づかれ疑われてしまいます
薫君《かおるぎみ》め……私《わたし》のいない間に…！
匂《におう》の宮《みや》は嫉妬《しっと》しますが
私《わたし》のものは私《わたし》のもの
意外にもこのことで中《なか》の君《きみ》への愛着を深めるようになっていきました
災い転じて福となす！

その後、匂《におう》の宮《みや》の隙《すき》をついて中《なか》の君《きみ》に迫る薫君《かおるぎみ》でしたが、困ったのは中《なか》の君《きみ》。大君《おおいぎみ》の人形《ひとかた》を作って祀《まつ》りたいとまで語る薫君《かおるぎみ》に同情して、とっておきの女の子を紹介することにしました。

なんと大君《おおいぎみ》・中《なか》の君《きみ》には、異母姉妹がいたのです。八《はち》の宮《みや》が女房に産ませた子供でしたが、認知をしてあげませんでした。だから母親が再婚先で大事に育てていたのです。

それが浮舟《うきふね》です。

娘の幸せを願う母親が中《なか》の君《きみ》を頼ってきたので、このことが判明しました。中《なか》の君《きみ》はその異母妹浮舟《うきふね》を見て驚きました。亡き姉大君《おおいぎみ》に瓜《うり》二つの美人だったのです。

そこで中《なか》の君《きみ》は、薫君《かおるぎみ》からの恋慕をそらすために、妹（浮舟《うきふね》）の存在を打ち明けました。

☞大君の人形
こんな所にもネクラな薫君の性格が現れている。実父柏木は唐猫を偏愛し、薫君は大君の人形を作るなど、親子して暗い。

☞浮舟
大君・中の君の異母姉妹。母は中将の君。常陸の守の後妻となった母と共に常陸にいる。

二月、中《なか》の君《きみ》は男児を出産します。匂《にお》の宮《みや》の第一子を産んだことで中《なか》の君《きみ》の地位は安定し、誰《だれ》からも重んじられるようになりました。

浮舟《うきふね》（21歳）は中《なか》の君《きみ》（26歳）のもとに引き取られ、姉を慕っていました。ところが匂《にお》の宮《みや》（27歳）が偶然にも浮舟《うきふね》を見つけてしまい言い寄ります。この場は何もありませんでしたが、のちに浮舟《うきふね》をめぐって匂《にお》の宮《みや》と薫君《かおるぎみ》による壮絶なバトルが繰り広げられます。義理の妹に夢中になっていく夫匂《にお》の宮《みや》を見ながら、中《なか》の君《きみ》は何を思ったのでしょうねえ。

和歌

「宿木《やどりぎ》」の巻。薫君《かおるぎみ》と中《なか》の君《きみ》の仲を疑った匂《におう》の宮《みや》が疑惑の歌を詠んだのに対する中《なか》の君《きみ》の返歌。

みなれぬる中の衣とたのみしを
かばかりにてやかけはなれなん

着慣れた下着のように親しく交わってきた夫婦の仲と頼りにしていたのに、これくらいのことでご縁が切れてしまうというのでしょうか。

入試ポイント

薫君《かおるぎみ》の残り香がすることで、薫君《かおるぎみ》と中《なか》の君《きみ》の仲を疑った匂《におう》の宮《みや》が「また人に馴れける袖のうつり香をわが身にしめてうらみつるかな＝あなたが薫君《かおるぎみ》と馴れ親しんで袖に残したその移り香を、わが身に染ませながら私は身に染みてあなたをうらめしく思ったことです」と詠んだ歌への中《なか》の君《きみ》の返歌。

和歌の技法

「みなれぬる中の衣」は、着なれた下着の意に連れ添ってきた夫婦仲の意を掛けた。「かばかり」（これくらい）に、「香ばかり」を掛ける。

入試頻出古文

父宇治《うじ》の八の宮の死後、さらに姉の大君までも亡くした中の君が、大君死去の翌年二人を追憶しているところへ、阿闍梨《あじゃり》から見舞いの品と便りが届く場面である。

阿闍梨《あざり》のもとより、「年あらたまりては、何ごとかおはしますらん。御祈禱《いのり》はたゆみなく仕うまつりはべり。今は、一ところの御ことをなむ、やすからず念じきこえさする」など聞こえて、蕨《わらび》、つくづくし、をかしき籠《こ》に入れて、「これは童《わらは》べの供養じてはべる初穂《はつほ》なり」とて奉れり。手はいとあしうて、歌は、わざとがましくひき放ちてぞ書きたる。

「君にとてあまたの春をつみしかば常を忘れぬ初わらびなり

御前に詠《よ》み申さしめたまへ」とあり。大事《だいじ》と思ひまはして詠《よ》み出《い》だしつらむ、と思せば、歌の心ばへもいとあはれにて、なほざりに、さしも思さぬなめりと見ゆる言の葉をめでたく好ましげに書きつくしたまへる人の御文よりは、こよなく目とまりて、涙もこぼるれば、返り事書かせたまふ。

この春はたれにか見せむなき人のかたみにつめる峰のさわらび

使《つかひ》に禄《ろく》とらせさせたまふ。

現代語訳

阿闍梨《あじゃり》のもとから、「大君《おおいぎみ》がお亡くなりになってから年が改まりましたが、どうしていらっしゃいますか。御祈《き》禱《とう》は怠りなく勤めております。今となっては、ただあなた（中《なか》の君《きみ》）お一人のお身の上だけを気にとめて、一心にお祈り申しあげております」などと書いてあって、蕨《わらび》や土筆《つくし》を風情ある籠《かご》に入れて、「これは童《わらべ》たちが献上してくれましたお初穂でございます」と書いてこちらに献上してきた。筆跡はまったく下手《へた》で、歌は他の所と分けてわざとらしく行を改めて書いてある。

「君にとて…あなたの父宮に差し上げますと申して毎年春ごと春草を摘《つ》んでさしあげましたので、今年もその習わしを忘れずにお届けする初蕨《わらび》でございます

中《なか》の君《きみ》の御前でお詠《よ》み申しあげてください」とある。中《なか》の君《きみ》はそれを読んで、阿闍梨《あじゃり》は一生懸命に考えて詠み出したのであろうとお思いになると、歌の心づかいもほんとに心にしみて感じられるので、匂《におう》の宮《みや》のようにいいかげんに、さほど深いお気持ちではないように思われる言葉をただ表面上立派に飾って好ましい様子に書き尽くしていらっしゃるお手紙よりは、阿闍梨《あじゃり》の方がはるかにお心をひかれて、おのずと涙もこぼれてくるので、ご返事をお書きになる。

この春は…姉君（大君《おおいぎみ》）までお亡くなりになった今年の春は、いったい誰《だれ》に見ていただいたらよいのでしょうか、亡き父八《はち》の宮《みや》の形見として摘んでくださった峰の早蕨《さわらび》を

お使いに禄《ろく》をお授けになる。

ダイジェスト中の君

1. 八《はち》の宮《みや》の次女、大君《おおいぎみ》の妹。
2. 薫君《かおるぎみ》の策略で匂《におう》の宮《みや》に襲われ仕方なく結婚。
3. 匂《におう》の宮《みや》と夕霧《ゆうぎり》の娘（六《ろく》の君《きみ》）との結婚話に悩む。
4. 姉大君《おおいぎみ》の死を嘆きつつ宇治《うじ》を離れ二条院へ。
5. 匂《におう》の宮《みや》に二条院に迎えられ出産し安定する。
6. 薫君《かおるぎみ》の執拗《しつよう》な思慕《しぼ》に悩まされ異母妹浮舟《うきふね》を薫君《かおるぎみ》に紹介。

中の君をめぐる三角関係

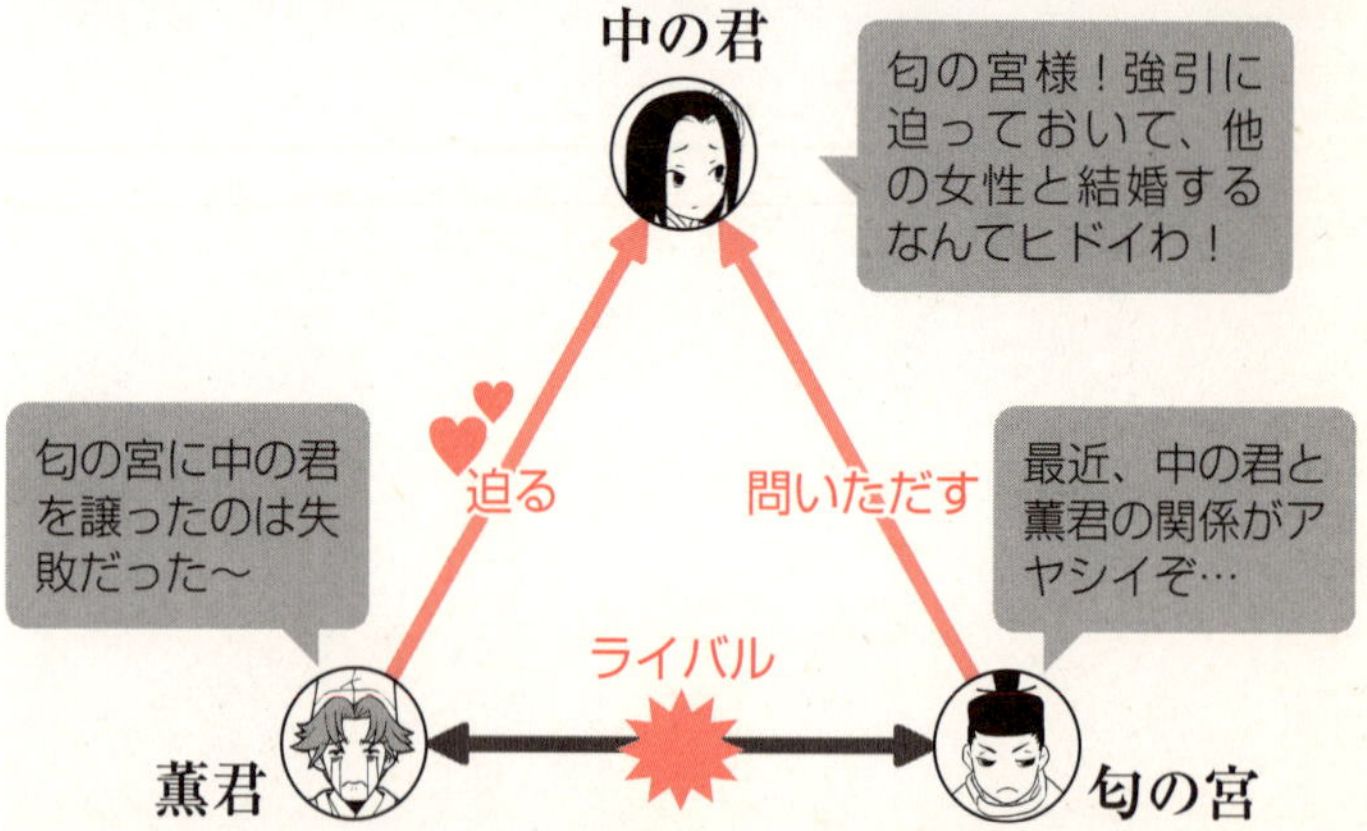
中の君
匂の宮様！強引に迫っておいて、他の女性と結婚するなんてヒドイわ！
匂の宮に中の君を譲ったのは失敗だった〜
最近、中の君と薫君の関係がアヤシイぞ…
迫る
問いただす
ライバル
薫君
匂の宮

坂野のニャンポイント
宇治の八の宮の娘二人と薫君・匂の宮との関係をしっかり押さえておくのニャー

20

浮舟《うきふね》

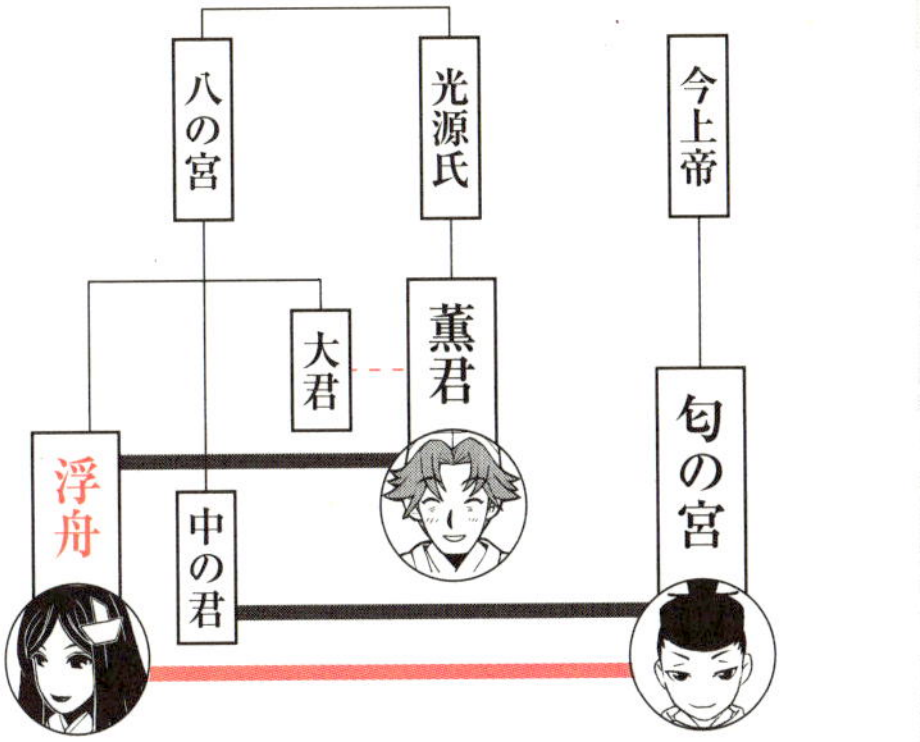

なまめかしく心まどふ人

…優美で心迷う人

浮舟
八の宮の三女で妾腹の娘。薫君と匂の宮に愛され三角関係に苦しみ、自殺を図るが未遂に終わり出家する。

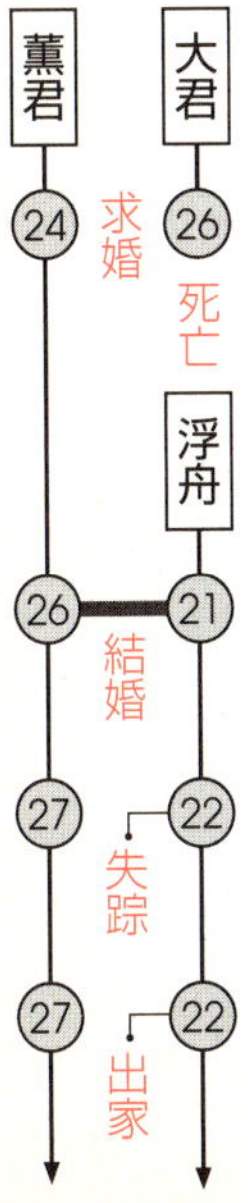

浮舟物語

54帖《じょう》からなる『源氏物語』の最後のヒロインは浮舟《うきふね》です。彼女はなんと宇治《うじ》の大君《おおいぎみ》、中《なか》の君《きみ》の異母姉妹です。

浮舟《うきふね》は八《はち》の宮《みや》が妾《めかけ》に産ませた女性で、認知をしてもらえなかった不幸な女性です。母親の再婚相手のもと、常陸《ひたち》で育った浮舟《うきふね》は、田舎《いなか》育ちとは思えないくらい美しく成長し、20歳になっていました。

薫君《かおるぎみ》（25歳）は帝《みかど》の女《おんな》二《に》の宮《みや》と婚約しましたが、いまだに亡き大君《おおいぎみ》を忘れられずにいました。そしてライバル匂《におう》の宮《みや》に譲ったはずの中《なか》の君《きみ》に迫ったりもしていました。そんな薫君《かおるぎみ》を見た中《なか》の君《きみ》は、義理の妹である浮舟《うきふね》の存在を明かしました。浮舟《うきふね》は大君《おおいぎみ》に似て、とても美しい人でした。

実は中《なか》の君《きみ》も、義理の妹浮舟《うきふね》の存在は、初めは知りませんでした。ところが浮舟《うきふね》の母親が都にいる中《なか》の君《きみ》を頼ってきたことから浮舟《うきふね》の存在が判

常陸　現在の茨城県。

帝の女二の宮　今上帝の娘。

明したのです。

翌年の春、再び宇治《うじ》を訪れた薫君《かおるぎみ》は、偶然そこに居合わせた浮舟《うきふね》に出会います。その姿はまさに亡き大君《おおいぎみ》の生き写しのようでした。薫君《かおるぎみ》はなつかしさで胸がいっぱいになり、思わず愛の告白をします。

浮舟《うきふね》の母親は薫君《かおるぎみ》と娘の縁談を喜びますが、不安もありました。浮舟《うきふね》は八《はち》の宮《みや》の娘ですから、もともとは高貴な血筋です。しかし結局は認知もされず、今はただの地方官の娘にすぎません。光源氏の息子《むすこ》（と思われている）薫君《かおるぎみ》とは身分が違いすぎました。

浮舟《うきふね》の母親は身分相応の結婚をさせることに決め、少将からの求婚話をうけることにしました。ところが少将が地方官の実の娘に乗り換えてしまったために、浮舟《うきふね》は行くところがなくなってしまいます。

娘があまりに可哀相《かわいそう》だと思った母親が都の中《なか》の君《きみ》に助けを求め、浮舟《うきふね》は二条院に住めることになりました。もちろん内緒にです。

ところが、運命的に（?）匂《におう》の宮《みや》に見つかってしまい、なんとかその場は逃げましたが、このまま二条院に住むわけにもいかず、母親が用意した三条の家に移ることになりました。

秋になって宇治《うじ》を訪れた薫君《かおるぎみ》（26歳）は、浮舟《うきふね》が三条の家にいることを知ります。そして思い余った薫君《かおるぎみ》は強引にこの家に忍び込み、浮舟《うきふね》と一夜を共にします。亡き大君《おおいぎみ》を思いながら…。その後彼女を宇治《うじ》に移して匂《におう》の宮《みや》から隠してしまいました。

二条院では、好き者匂《におう》の宮《みや》が浮舟《うきふね》を探していました。「あの美女をどこに隠したのですか～?」と妻の中《なか》の君《きみ》に聞く失礼な男です。中《なか》の君《きみ》は浮《うき》舟《ふね》と薫君《かおるぎみ》が結ばれたことを知っていたので、もちろんとぼけます。しかし女を追うことに命をかけている匂《におう》の宮《みや》は、薫君《かおるぎみ》が浮舟《うきふね》を宇治《うじ》に隠していることを知り、**薫君《かおるぎみ》のふり**をして浮舟《うきふね》の部屋に入り、彼女をモノにしてしまったのです。

浮舟《うきふね》は姉中《なか》の君《きみ》へのすまなさから泣いてしまいますが、匂《におう》の宮《みや》の強引で

薫君のふり
薫君の香を真似、声までそっくりに変えた。

情熱的な愛の虜《とりこ》となってしまいます。

このへんが浮舟《うきふね》の性格を表してますね～。

ところが薫君《かおるぎみ》に逢《あ》うと、静かで優しく自分を包み込んでくれる薫君《かおるぎみ》に再び心が傾くのです。薫君《かおるぎみ》の理性的な愛もいいし、匂《におう》の宮《みや》と感情にまかせて愛し合うのもいいし…、贅沢《ぜいたく》な悩みを抱えつつも苦悩する浮舟《うきふね》です。

その後、薫君《かおるぎみ》から都に迎え取ることを約束されます。薫君《かおるぎみ》が浮舟《うきふね》を引き取る準備をしていることを知った匂《におう》の宮《みや》が、二月に宇治《うじ》を訪れて浮舟《うきふね》を舟で対岸の家に連れ出しました。浮舟《うきふね》は二人の愛の間で揺れる自分を情けなく哀《かな》しく思います。

薫君《かおるぎみ》への想《おも》いもあった浮舟《うきふね》でしたが、目の前にいる匂《におう》の宮《みや》と甘美で情熱的な二日間を過ごしてしまいます。

その後薫君《かおるきみ》と匂《におう》の宮《みや》のそれぞれから
都に迎《むか》え取る知らせを受けた浮舟《うきふね》は
どうしていいかわかりません
匂《におう》の宮《みや》でーす
どちらか一方なんて選べない！
薫《かおる》でーす
私《わたし》って優柔《ゆうじゅう》なのよ
二人《ふたり》の愛の間でどんどん
追《お》い込《こ》まれていきます
ガーン
ゴーン
愛
愛
浮舟《うきふね》ははげしく流れる宇治《じ》川《がわ》へ……
フラ
フラ
そしてついに自殺を
決意してしまいました
もう疲《つか》れたわ…

翌朝
浮舟《うきふね》様～
チュン
チュン
浮舟《うきふね》様～
浮舟《うきふね》がいなくなり宇治は大騒《おおさわ》ぎになります
ザザザザ
おられませぬ
浮舟《うきふね》様～
おられぬとはどういう事だえ？
しかし遺書が見つかり自殺したことがわかります
亡骸《なきがら》のないまま葬儀《そうぎ》が行われました

浮舟《うきふね》を失った匂の宮《におうみや》は病床の人となり、一方の薫君《かおるぎみ》は仏道修行をしている身で俗世の愛欲にそまってしまったことを後悔します。

そのころ、比叡山《ひえいざん》のふもとの小野の山里に浮舟《うきふね》はいました。なんと生きていたのです。投身自殺のために宇治《うじ》川のほとりをさまよっていた浮舟《うきふね》は途中で気を失い、そこを通りかかった僧都《そうず》たちに助けられたのでした。

正気をとりもどした浮舟《うきふね》は助かってしまったことをなげき、僧都《そうず》たちに自らのことを語ろうとはしませんでした。そして二人の男性に愛され、結局破滅にむかった自らの哀《かな》しい運命を嘆きます。そしてついに現世に女性として生きる気持ちを捨て、横川《よかわ》の僧都《そうず》に頼んで出家してしまいました。

このまま仏道修行で静かな生活を…と思っていた浮舟《うきふね》でしたが、もう一波乱ありました。横川《よかわ》の僧都《そうず》たちは宮廷の明石《あかし》の中宮《ちゅうぐう》と関係があり、病気を治すためにやる祈禱《きとう》をやっていたのです。そこから宇治《うじ》川で助けた美女のことが薫君《かおるぎみ》の耳に伝わりました。

☞仏道修行
そもそも薫君は仏道修行のために宇治に通い八の宮と親交を深めたのだが、それが縁で大君・中の君姉妹を知り、ついに浮舟にまで到ってしまった。

薫君《かおるぎみ》は浮舟《うきふね》に違《ちが》いないと感じ
僧都《そうず》に頼《たの》んで横川《よかわ》を訪れました
道案内をためらう僧都《そうず》に
う〜む
出家した
浮舟《うきふね》に元恋人《こいびと》を
引き合《あ》わせるのは
のぅ
マズイ
実はボク
出家目指して
るんです
お力に
なりましょう
絶対に浮舟《うきふね》に手出し
しないと説得します
薫君《かおるぎみ》は浮舟《うきふね》の弟小君《こぎみ》に
自らの手紙と僧都《そうず》の手紙を託《たく》します
お前のお姉様に
渡《わた》しておくれ
は〜い
僧都《そうず》の手紙には
出家させたことへの後悔《こうかい》と
還俗《げんぞく》へのススメが書かれていました
人生やり直し
なされ〜

御簾《みす》越しに弟小君《こぎみ》を見た浮舟《うきふね》は
小君《こぎみ》!
一緒《いっしょ》に渡《わた》された薫君《かおるぎみ》の手紙の筆跡《ひっせき》を見て泣いてしまいます
うっ
うっ
あぁ!! なんて懐《なつ》かしいのでしょう
もう迷わないわ
キッ
しかし浮舟《うきふね》は昔の彼女《かのじょ》ではありませんでした
還俗《げんぞく》して前のように薫君《かおるぎみ》と愛し合うつもりは毛頭ありません
が〜ん
過去の人
あなたはもう過去の人なのよ!
そして弟小君《こぎみ》に対しても
人違《ちが》いでございましょう
そうですか…
小君《こぎみ》ごめんなさい
直接会おうとはしませんでした

和歌

「浮舟《うきふね》」の巻。匂《におう》の宮《みや》が浮舟《うきふね》に変わらぬ愛を誓う歌を詠んだことへの浮舟《うきふね》の返歌。

たちばなの小島の色はかはらじを
このうき舟ぞゆくへ知られぬ

橘の小島の緑の色は変わらないでしょうが、水に浮いている舟のように辛いこの私はどこへ漂ってゆくのでしょうか、これから先の行方を知ることはできません。

入試ポイント

浮舟《うきふね》は薫君《かおるぎみ》と匂《におう》の宮《みや》の二人の愛を受け入れて契り、その間を漂う浮舟《うきふね》となる。結局思い悩んで自殺未遂をしてしまうが、その浮舟《うきふね》の名の由来となるのがこの歌。

和歌の技法

「うき舟」に「浮舟《うきふね》」と「憂き舟」を掛ける。

入試頻出古文

薫君と匂の宮との三角関係に悩んで入水《じゅすい》をくわだてた浮舟は、助けられて比叡山のふもとの小野に住むことになった。

昔の山里よりは水の音《おと》もなごやかなり。造りざまゆゑある所の、木立《こだち》おもしろく、前栽《せんざい》などもをかしく、ゆゑを尽くしたり。秋になりゆけば、空のけしきもあはれなるを、門田《かどた》の稲刈るとて、所につけたるものまねびしつつ、若き女どもは歌うたひ興《きょう》じあへり。引板《ひた》ひき鳴らす音もをかしく、見し東国路《あづまぢ》のことなども思ひ出《い》でらる。

【中略】

尼君ぞ、月など明《あ》き夜《よ》は、琴《きん》など弾《ひ》きたまふ。少将の尼君などいふ人は、琵琶《びは》弾《ひ》きなどしつつ遊ぶ。「かかるわざはしたまふや。つれづれなるに」など言ふ。昔も、あやしかりける身にて、心のどかにさやうの事すべきほどもなかりしかば、いささかをかしきさまならずも生ひ出でにけるかなと、かくさだすぎにける人の心をやるめるをりをりにつけては思ひ出づ。なほあさましくものはかなかりけると、我ながら口惜しければ、手習《てならひ》に、

身を投げし涙の川のはやき瀬をしがらみかけてたれかとどめし

思ひの外《ほか》に、心憂ければ、行く末もうしろめたく、うとましきまで思ひやらる。

現代語訳

昔の山里よりは水の音もおだやかである。住まいの造りざまも風情《ふぜい》のある所で、木立も快く、庭の植込みなども趣があって、風情を尽くしている。しだいに秋になってゆくので空の様子も心にしみるようであるが、家の外の田の稲を刈り取るということで、その土地柄に合わせて別の土地の稲刈りをまねては若い女たちが歌をうたっておもしろがっている。引板をひき鳴らす音も情趣があって、浮舟《うきふね》が昔見た東国の暮らしなどもつい思い出されてくる。

【中略】

尼君は、月などが明るい夜には琴などをお弾《ひ》きになる。少将の尼君などという人は、琵琶《びわ》を弾いたりなどしては興じている。「このようなこと（琴を弾《ひ》くこと）はなさいますか。手もちぶさたでしょうに」などと言う。浮舟《うきふね》は「思えば昔もいやしかった身の上で、ゆったりとした気分でそのような芸事のできる身分でもなかったので、ほんの少しの風流の嗜《たしな》みも身につけず育ってしまったことよ」と、このように盛りを過ぎた年齢になっている人が気晴らしをしているような折々につけても昔のことを思い出すのである。浮舟《うきふね》は「やはり嘆かわしくむなしい身の上だったのだ」と、我ながらも情けなく思われるので、手習に、

身を投げし…涙にくれて身投げをした川の早瀬の中を、誰《だれ》がしがらみ（川の流れをせきとめるもの）をかけて私《わたし》をひきとめ救ってくれたのだろう

思いの外のことにも助けられたことがつらいので、これから先どうなるのかと心配で、わが身がいとわしいような思いにさえなる。

ダイジェスト浮舟

1. 八《はち》の宮《みや》の妾腹《めかけばら》の子で認知されず田舎で育つ。
2. 大君《おおいぎみ》や中《なか》の君《きみ》の異母妹で大君《おおいぎみ》に瓜《うり》二《ふた》つ。
3. 薫君《かおるぎみ》に愛されるが匂《におう》の宮《みや》とも契り、三角関係に。
4. 薫君《かおるぎみ》と匂《におう》の宮《みや》のはざまで苦しみ投身自殺未遂。
5. 横川《よかわ》の僧都《そうず》・小野の尼に助けられる。
6. 浮舟《うきふね》出家後、薫君《かおるぎみ》がその生存を知るが面会は拒否。

浮舟をめぐる三角関係

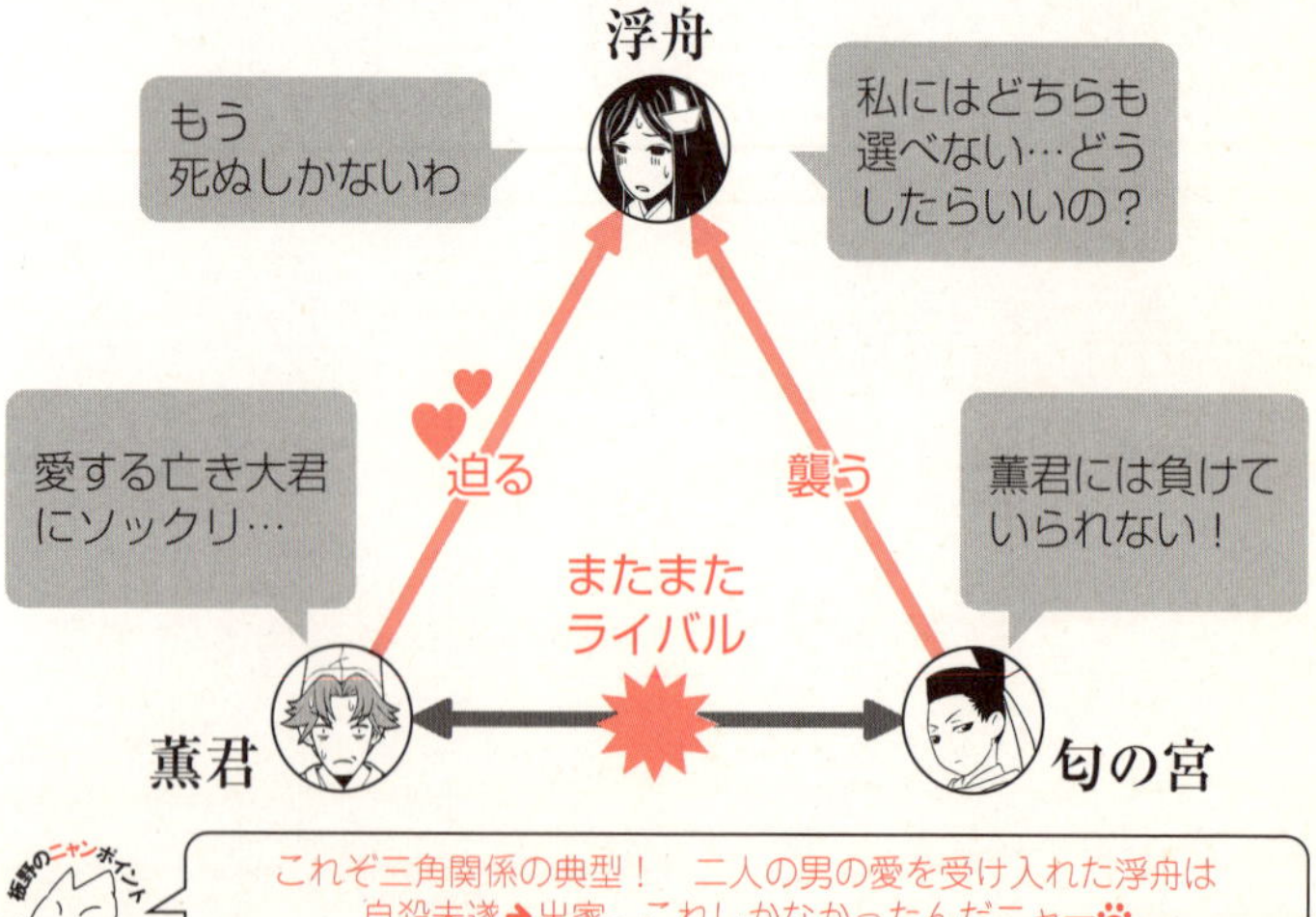
浮舟
もう
死ぬしかないわ
私にはどちらも
選べない…どう
したらいいの？
迫る
襲う
愛する亡き大君
にソックリ…
薫君には負けて
いられない！
またまた
ライバル
薫君
匂の宮

板野のニャンポイント
これぞ三角関係の典型！　二人の男の愛を受け入れた浮舟は自殺未遂➔出家。これしかなかったんだニャー

21

桐《きり》壺《つぼ》の更《こう》衣《い》

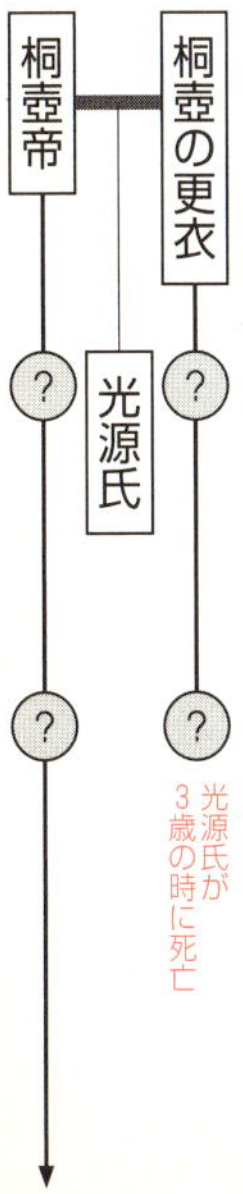

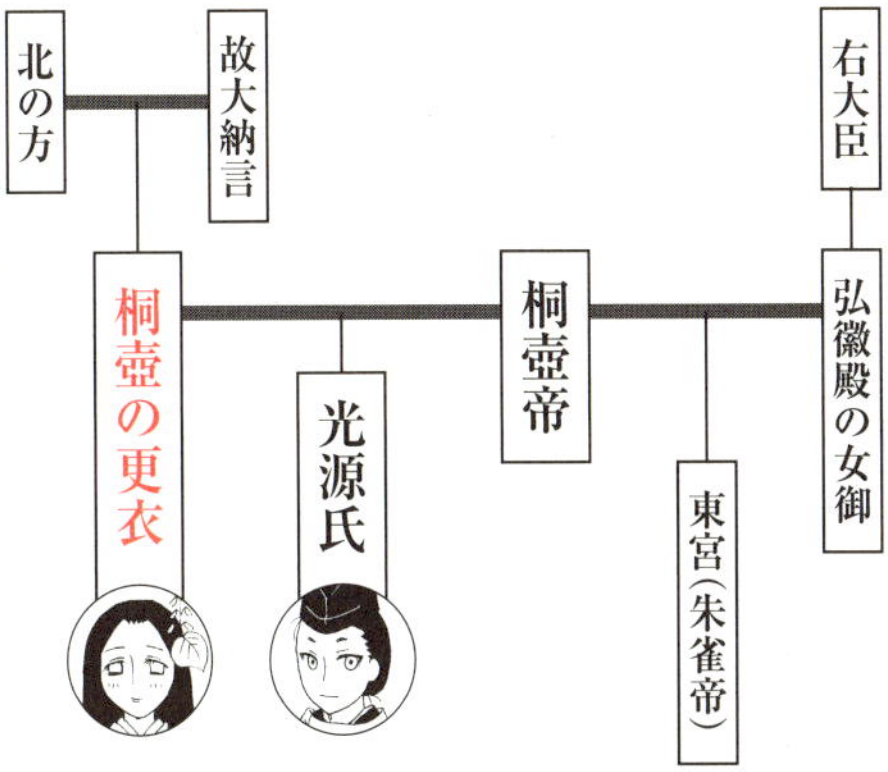

すぐれてときめきたまふ人

…帝の寵愛をとても受けなさる人

桐壺の更衣

桐壺帝から寵愛され光源氏を産むが、身分が低く後見がないため弘徽殿の女御のいじめにあい病死。

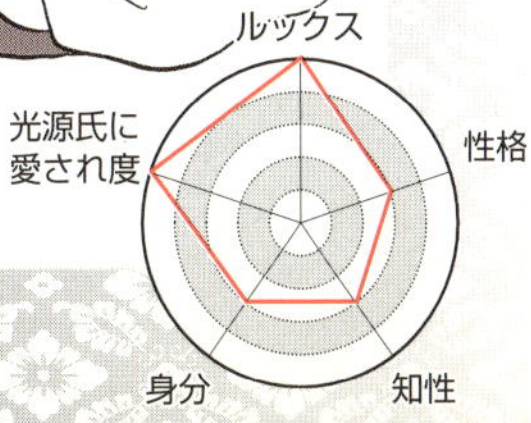

桐壺の更衣物語

「いづれの御時にか＝いつの帝《みかど》の時だったか〜」の超ー有名冒頭文で始まる『源氏物語』の主役は、もちろん光源氏です。桐壺《きりつぼ》の更衣《こうい》っていうのは、その彼を産んだ偉大なお母さんです。そして彼女の存在が光源氏の一生を決定づけたと言ってもいいくらい影響大なのです。

この桐壺《きりつぼ》の更衣《こうい》は身分は、低い（今は亡き大納言の娘）のですが、とってもスーパーメチャクチャきれいな女の人でした。中国の美女、楊貴妃《ようきひ》にもなぞらえられる美しさです。っていうことで桐壺帝《きりつぼてい》からの寵愛《ちょうあい》を一身に受けることになる幸せものです。

ちゃんちゃん。

とはいきませんでした。

☞源氏物語
『源氏物語』は「あはれの文学」と呼ばれる。「あはれ」は「しみじみとした情趣」と訳すことが多いが、その意味の幅はあまりに広い。基本的に、いわゆる感動したこと、心を動かされたものに対して使われる。複合語を除いて「あはれ」の用例は『源氏物語』の中で931例ある。江戸時代の国学者、本居宣長が『源氏物語』のことを「あはれの文学」と呼んだことはあまりに有名で、対して清少納言の『枕草子』は「をかしの文学」と呼ばれる。「をかし」という形容詞は知的な趣に対しての感動を表す言葉であり、随筆『枕草子』の中では批評的な意味を伴って使われる場合が多い。

☞楊貴妃
唐の玄宗の妃。才色すぐれ、

なぜなら桐壺帝《きりつぼてい》にはこわーい北《きた》の方《かた》、弘徽殿《こきでん》の女御《にょうご》がいます。彼女が黙っているわけがありません。桐壺帝《きりつぼてい》の寵愛《ちょうあい》を失うことは、自分の地位を脅かされることでもあります。そこで身分も低く、父親もいない桐壺《きりつぼ》の更衣《こうい》は弘徽殿《こきでん》の女御《にょうご》の手下たちにいじめられます。

宮中での女性の身分は、上から**中宮《ちゅうぐう》（＝皇后）⬇女御《にょうご》⬇更衣《こうい》**の順です。中でも中宮《ちゅうぐう》は別格的存在で、たった一人の帝《みかど》の正妻です。女御《にょうご》と更衣《こうい》とは**御息所《みやすんどころ》**と呼ばれる帝《みかど》の愛人たちです。そしてその御息所《みやすんどころ》たちはたった一人の帝《みかど》の正妻、中宮《ちゅうぐう》を狙《ねら》って争うのです。

その中にあって桐壺《きりつぼ》の更衣《こうい》は、いくら桐壺帝《きりつぼてい》の寵愛《ちょうあい》を受けているとはいえ、それだけで簡単に女御《にょうご》⬇中宮《ちゅうぐう》へと出世できるものではありません。

そして『源氏物語』中、唯一の悪役とも言える弘徽殿《こきでん》の女御《にょうご》の登場です。

玄宗の寵愛を受ける。「桐壺」の巻では白居易（はくきょい）の「長恨歌」が引用されており、桐壺帝と桐壺の更衣の関係は玄宗と楊貴妃との関係を踏まえている。

中宮⬇女御⬇更衣
中宮（皇后）＝１人＝帝の正妻。女御＝たくさん＝大臣家の娘。更衣＝たくさん＝納言の娘。

御息所
帝の寝所♥に仕える女性。女御・更衣など。

弘徽殿《こきでん》の女御《にょうご》の住む
弘徽殿《こきでん》というのは
帝の住むところに
一番近い建物です
さらに父は右大臣《うだいじん》です
…ということは
ここに住む弘徽殿《こきでん》の女御《にょうご》とは
ホーッボッボッホ
帝の御息所《みやすんどころ》の中のトップであり
中宮《ちゅうぐう》への最短距離にいる人物です
一方…
桐壺《きりつぼ》の更衣《こうい》の
部屋《へや》は
帝《みかど》の部屋《へや》から
一番遠くに
ありました
昼間は帝《みかど》が女性の部屋《へや》へ
遊びに行き
夜は気に入られた女性が
帝《みかど》の部屋《へや》に呼ばれていきます
しかし桐壺《きりつぼ》の更衣《こうい》は
こわ～い先輩《せんぱい》女御《にょうご》・更衣《こうい》
たちの部屋《へや》の前を
全部通過しないと
帝《みかど》のところに
たどり着けないのです

とーぜんのようにいじめによって
様々な障害が待ちかまえていました
う○こ
お〜よしよし
かわいそうに〜
そんな彼女《かのじょ》を帝《みかど》がますます寵愛《ちょうあい》した結果
玉のように美しい皇子が生まれます
これが光源氏です

しかし、エスカレートしていく弘徽殿《こきでん》の女御《にょうご》の嫌がらせに耐え切れなくなった桐壺《きりつぼ》の更衣《こうい》は病気になり、ついに死んでしまいます！　光源氏がわずか3歳のときです。

桐壺帝《きりつぼてい》は愛する更衣《こうい》を失い、悲しみに沈みまくります。そんな時、光源氏が預けられている桐壺《きりつぼ》の更衣《こうい》の実家に女官を派遣すると、女官は桐壺《きりつぼ》の更衣《こうい》の形見を持ち帰ります。

その後桐壺帝《きりつぼてい》は、亡き更衣《こうい》の忘れ形見である光源氏にますます愛を傾けます。世間では弘徽殿《こきでん》の女御《にょうご》の息子《むすこ》（第一皇子、後の朱雀帝《すざくてい》）をさしおいて光源氏が皇太子になるのでは、なんて噂《うわさ》します。

しかし帝《みかど》は、光源氏のことをちゃんと考えていました。朝鮮からきた人相見の予言に従って「源氏」の姓を与えて貴族にします。しっかりとした後見人《こうけんにん》がいない光源氏の将来を配慮した結果です。

光輝く美しさをもつ光源氏の物語はここから始まります。

人相見の予言
「この子供は帝になる相があるが、国が乱れることもある。が、単なる貴族では終わらないように見える」と高麗人の観相が予言した。

「源氏」の姓
源氏という姓を賜ることで臣下に下り、東宮（いずれ帝に）争いをすることから離脱。

和歌

「桐壺《きりつぼ》」の巻。自分をおいて死ぬなと訴える桐壺帝《きりつぼてい》に対して桐壺《きりつぼ》の更衣《こうい》が詠んだ最期の歌。

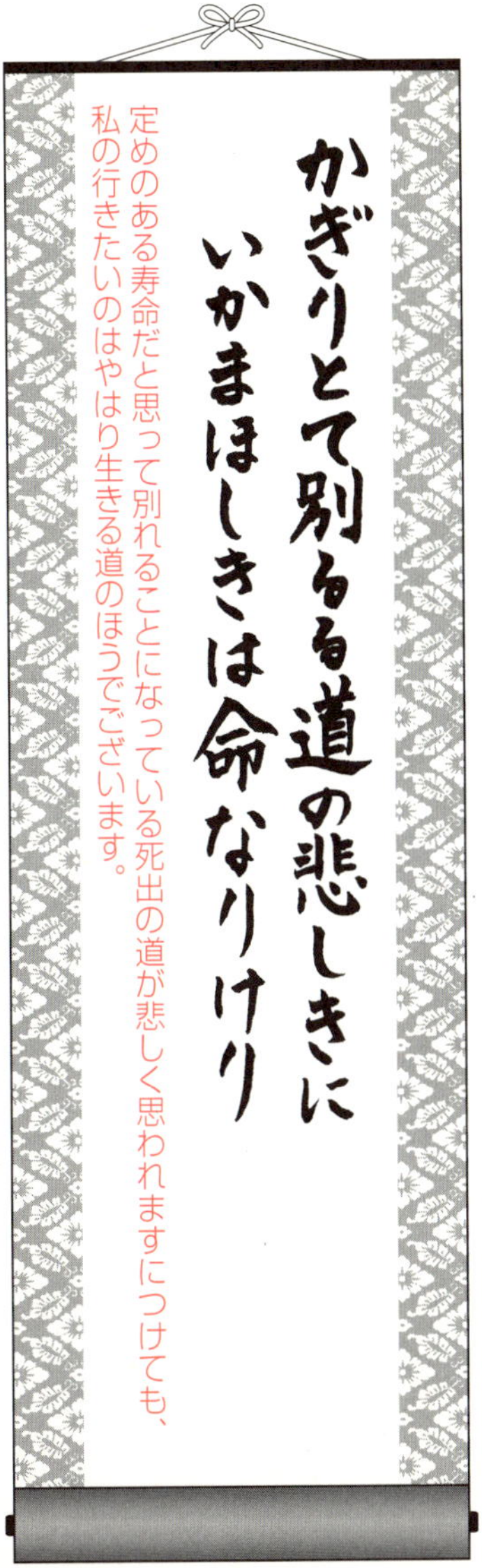
かぎりとて別るる道の悲しきに
いかまほしきは命なりけり
定めのある寿命だと思って別れることになっている死出の道が悲しく思われますにつけても、
私の行きたいのはやはり生きる道のほうでございます。

入試ポイント

光源氏が3歳の時に母桐壺《きりつぼ》の更衣《こうい》が死ぬ場面。桐壺帝《きりつぼてい》はこの歌に返歌をしていない。独詠的《どくえいてき》にすることで返歌すらできない帝《みかど》の悲嘆ぶりがよく伝わってくる。また死の穢《けが》れを忌《い》むべき宮中で、桐壺帝《きりつぼてい》はそれすら無視するほどの切迫した状況にあった。

和歌の技法

「いか」は「行か」と「生か」を掛ける。「道」と「行か」は縁語《えんご》。

入試頻出古文

超有名な『源氏物語』の冒頭部分。身分の低い女性（桐壺の更衣）が桐壺帝に寵愛されることから物語は始まる。

いづれの御時にか、女御更衣《にょうごかうい》あまたさぶらひたまひける中《なか》に、いとやむごとなき際《きは》にはあらぬが、すぐれて時めきたまふありけり。はじめより我はと思ひあがりたまへる御方々《かたがた》、めざましきものにおとしめそねみたまふ。同じほど、それより下臈《げらふ》の更衣たちは、ましてやすからず。朝夕《あさゆふ》の宮仕《みやづかへ》につけても、人の心をのみ動かし、恨みを負ふつもりにやありけん、いとあつしくなりゆき、もの心細げに里《さと》がちなるを、いよいよあかずあはれなるものに思《おも》ほして、人のそしりをもえ憚《はばか》らせたまはず、世の例《ためし》にもなりぬべき御もてなしなり。上達部上人《かむだちめうへびと》なども、あいなく目を側《そば》めつつ、いとまばゆき人の御おぼえなり。唐土《もろこし》にも、かかる事の起りにこそ、世も乱れあしかりけれと、やうやう、天《あめ》の下《した》にも、あぢきなう人のもてなやみぐさになりて、楊貴妃《やうきひ》の例《ためし》も引き出《い》でつべくなりゆくに、いとはしたなきこと多かれど、かたじけなき御《み》心ばへのたぐひなきを頼みにてまじらひたまふ。

【中略】

前《さき》の世にも、御契《ちぎ》りや深かりけん、世になくきよらなる玉の男皇子《をのこみこ》さへ生まれたまひぬ。いつしかと心もとながらせたまひて、急ぎ参《まゐ》らせて御覧《ごらん》ずるに、めづらかなるちごの御容貌《かたち》なり。

現代語訳

どの帝《みかど》の御治世の時であろうか、女御《にょうご》や更衣《こうい》が大勢お仕えなさっていた中に、それほど身分が高い家柄ではない方で、とりわけ帝《みかど》のご寵愛《ちょうあい》をこうむっていらっしゃる方があった。宮仕えの初めから、我こそは帝《みかど》の寵愛《ちょうあい》を受けるのだと自負しておられた方々は、この方を気にくわない者とさげすみねたみなさる。この方と同じ身分、あるいはそれより低い地位の更衣たちは、なおさら心穏やかでない。この方は朝夕の宮仕えにつけても、周りの人の気をもませてばかりいて、恨みを受けることが積もり積もったせいであったろうか、すっかり病弱になってゆき、淋《さび》しく頼りなげな様子で里下がりが多くなるので、帝《みかど》はいよいよもの足らなく不憫《ふびん》な者とお思いになって、人の非難をも遠慮なさる余裕さえもなく、世の中の前例にもなってしまいそうなご寵愛《ちょうあい》ぶりである。上達部《かんだちめ》や、殿上人《てんじょうびと》などまでも、あまりの帝《みかど》のご寵愛《ちょうあい》ぶりに、目をそむけていて、本当に見るに耐えないご寵愛《ちょうあい》ぶりである。中国でも、こうしたことがもとになって、世の中が乱れ、ひどいことになったのだと、このご寵愛《ちょうあい》ぶりがしだいに世間でも、苦々しいこととして、人々の悩みの種になって、ついには、楊貴妃《ようきひ》の例までも引き合いに出されかねないほどになっていく事態なので、桐壺《きりつぼ》の更衣《こうい》はたいへんいたたまれない思いのすることが多いけれども、畏《おそ》れ多い桐壺帝《きりつぼてい》のご愛情のまたとなく深いことを頼みとして宮仕えをしていらっしゃる。

【中略】

桐壺帝《きりつぼてい》とこの桐壺《きりつぼ》の更衣《こうい》とは前世においてもご宿縁が深かったのであろうか、またとなく清らかに美しい玉のような皇子までもがお生まれになった。帝《みかど》は、その若宮（光源氏）を早く見たいと待ち遠しくお思いになって、急いで宮中にお召し寄せになってご覧になると、めったになくすぐれた若宮のご器量である。

ダイジェスト桐壺の更衣

1. その美貌《びぼう》から桐壺帝《きりつぼてい》に寵愛される。
2. 後見《うしろみ》がないため先輩の女御《にょうご》達のいじめに遭う。
3. 桐壺帝《きりつぼてい》との間に光源氏を産む。
4. 弘徽殿《こきでん》の女御《にょうご》にいじめられて病気になり死亡。
5. 光源氏のマザコンの原因となる。
6. 桐壺帝《きりつぼてい》の嘆きは深く、ひたすら桐壺《きりつぼ》の更衣《こうい》を思慕《しぼ》する。

いづれの御時にか…

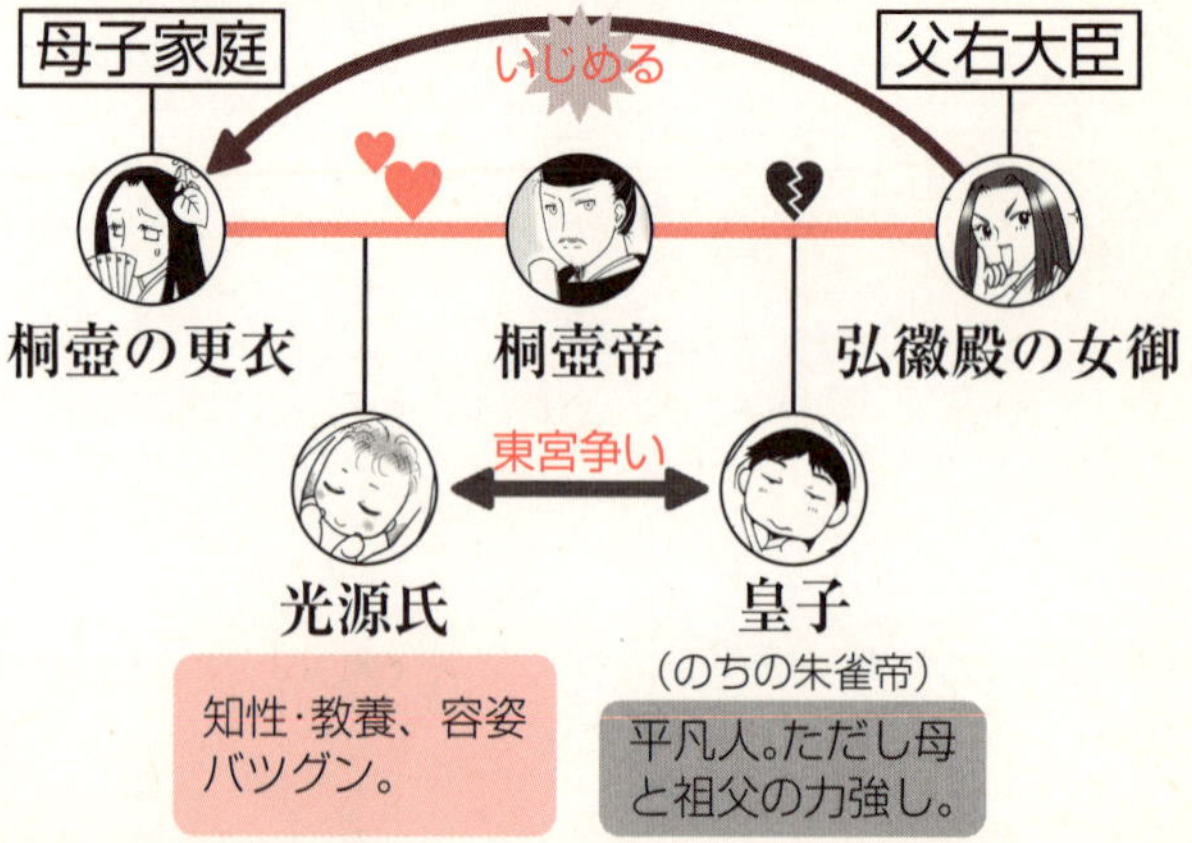

荻野のニャンポイント
『源氏物語』冒頭部分は暗記するつもりで繰り返し読むのニャぞ！

著者紹介

岡山朝日高校、京都大学文学部国文科卒。短くもハードなサラリーマン生活に別れを告げ予備校講師に転身。代々木ゼミナールを経て、97年度より東進ハイスクール、東進衛星予備校、東進デジタルスクール講師。実践的でわかりやすいことを最優先した授業は日本中の生徒から高い評価を受けている。

95年に受験研究所アルス工房を設立し、現代文・古文にとどまらずさまざまな教育研究を実施。携帯メルマガの配信数は月間80万件を超えた。

●主な著書
古文単語ゴロ565シリーズ（アルス工房刊）
現代文解法⑤⑥⑤パターンシリーズ（アルス工房刊）
ルパン三世の合格大作戦シリーズ（アルス工房刊）
パタスタ古文単語450（旺文社刊）
センター試験国語[現代文]の点数が面白いほどとれる本(中経出版)

●受験研究所アルス工房公式携帯サイト（最新情報はこちらまで）
http://gorogo.com/
ゴロゴメルマガ大好評配信中！

源氏物語を７日で制覇する

2002年11月14日　第１刷発行
2007年１月15日　第８刷発行

著者／板野博行

デザイン／河村美穂
イラスト／河村美穂
中口美保
中村　泉
美雲
企画・本文協力／沖田寛己
橋本紀美
和歌書道／板野嘉智子
板野博行
丹　緑
古屋千恵子
文様素材提供／「綺陽堂」http://www.geocities.co.jp/Milano-Aoyama/4661/
ＤＴＰ／アルス工房
製作・進行／ダイヤモンド・グラフィック社
印刷／加藤文明社(本文)・共栄メディア(カバー)
製本／宮本製本所

発行所／ダイヤモンド社
〒150-8409　東京都渋谷区神宮前6-12-17
http://www.diamond.co.jp/
電話／03-5778-7236(編集)　03-5778-7240(販売)

ISBN4-478-97046-7
落丁・乱丁本はお取替えいたします
Printed in Japan